中文社会科学引文索引（CSSCI）来源集刊

珞珈管理评论

LUOJIA MANAGEMENT REVIEW

2020年卷 第4辑（总第35辑）

武汉大学经济与管理学院主办

WUHAN UNIVERSITY PRESS
武汉大学出版社

图书在版编目(CIP)数据

珞珈管理评论.2020年卷.第4辑:总第35辑/武汉大学经济与管理学院主办.—武汉:武汉大学出版社,2021.1
ISBN 978-7-307-22012-6

Ⅰ.珞… Ⅱ.武… Ⅲ.企业管理—文集 Ⅳ.F272-53

中国版本图书馆 CIP 数据核字(2020)第 248904 号

责任编辑:陈 红 责任校对:李孟潇 版式设计:韩闻锦

出版发行:**武汉大学出版社** (430072 武昌 珞珈山)
(电子邮箱:cbs22@whu.edu.cn 网址:www.wdp.com.cn)
印刷:武汉市天星美润设计印务有限公司
开本:787×1092 1/16 印张:12.25 字数:290 千字
版次:2021 年 1 月第 1 版 2021 年 1 月第 1 次印刷
ISBN 978-7-307-22012-6 定价:48.00 元

版权所有,不得翻印;凡购买我社的图书,如有质量问题,请与当地图书销售部门联系调换。

目　录

1

CONTENTS

1

我国民营企业家社会地位、家族涉入 与企业慈善捐赠*

● 徐 黎[1,2] 刘明霞[3]

（1，3 武汉大学经济与管理学院 武汉 430072；
2 三峡大学经济与管理学院 宜昌 443000）

【摘 要】基于高阶理论和社会情感财富理论，采用 2010—2012 年全国私营企业调查数据，研究了我国民营企业家社会地位与企业慈善捐赠的关系并检验了家族涉入对上述关系的调节作用。研究发现：我国民营企业家社会地位对企业慈善捐赠行为和捐赠额度均有显著正向影响，家族所有权涉入增强上述关系，家族控制时间涉入减弱上述关系，而家族管理权涉入对企业家社会地位与慈善捐赠行为的调节不显著但对企业家社会地位与慈善捐赠额度的负向调节作用显著。

【关键词】民营企业家 社会地位 企业慈善捐赠 家族涉入

中图分类号：F270　　　　　文献标识码：A

1. 引言

改革开放以来，我国民营经济发展迅速，民营企业家的地位不断提升。2019 年全国工商联联合中央统战部推出了"改革开放 40 年百名杰出民营企业家"名单，柳传志、任正非等一批在我国民营经济发展过程中产生巨大社会影响和突出示范作用的优秀企业家入选，标志着国家对优秀民营企业家的认可和肯定。民营企业家地位提升的这几年，也是其慈善意识大大增强的几年。2019 年福布斯发布中国慈善家排行榜，入选榜单的 100 位企业家和所在企业在 2018 年共向社会捐赠 163.21 亿元，其中，有 42 位企业家的捐赠超过 1 亿元。慈善捐赠已成为民营企业家的一项重要业务活动。

民营企业家积极参与慈善捐赠的现象引起了学者的广泛关注。已有文献发现企业家的

＊ 基金项目：国家社会科学基金一般项目"中国情境下创业企业家心理资本的影响因素及开发对策研究"（项目批准号：16GBL108）的阶段性成果。

通讯作者：刘明霞，E-mail：liumingxia@whu.edu.cn。

1

特征与企业慈善捐赠具有因果关系，比如企业家性别(淦未宇和肖金萍，2019)、早期苦难经历(袁有赋和李珍，2019，许年行和李哲，2016)、宗教文化背景(徐细雄等，2020)、政治关联(周霖和蔺楠，2017)等。还有学者指出，企业家身份(政治角色)和经济条件能促进企业慈善捐赠(高勇强，2011)，而企业家政治角色和经济条件某种程度上反映的是企业家的社会地位，然而，作为企业家重要特征之一的企业家社会地位对慈善捐赠的影响机制还缺乏进一步的研究和实证检验。

本文以高阶理论和社会情感财富理论为基础，采用2010—2012年全国私营企业调查数据，研究企业家社会地位对企业慈善捐赠的影响及其机制。本文的主要贡献在于：第一，在以往企业家个人特征的基础上，我们引入了企业家社会地位的构念，并探究其对企业慈善捐赠的积极作用，这是对这一类研究的发展和深化，同时也是对企业家地位观视角的丰富和扩展；第二，基于社会情感财富理论，我们研究了家族涉入对上述关系的调节作用，并探究了家族涉入的三个不同维度——家族所有权涉入、管理权涉入和控制时间涉入对上述关系的差异化影响，进一步加深了对家族企业慈善捐赠现象的认识和理解，也扩宽了社会情感财富理论的应用边界；第三，本研究的结论为国家积极引导和规范民营企业开展慈善捐赠提供了一定的理论支持和实践启示：一方面要进一步提高企业家社会地位，释放企业家精神，另一方面还要保护民企私有产权，给予其更大的经营自主权。

2. 理论基础与研究假设

2.1 企业家社会地位

地位是指个体在社会系统中相对他人的位置或排序，一般来说是一个社会学概念。地位按照性质通常可分为政治地位、经济地位和社会地位，分别对应个人的权力、财富和声望(Kelly & Stein，2011)。企业家地位被认为是影响企业战略决策和绩效的重要因素，如创新(马骏等，2019；买忆媛等，2016)、企业政治关联(Mai et al.，2015)、新创企业绩效(汪金爱，2016)等。另外，拥有较高地位的个体通常具有更大的影响力(Piff et al.，2010)，获得的机会更多(Cohen，1994)，社会评价更好(Foschi，1992)，信用更高(Merton，1968)，获取的资源更多(Godoy et al.，2007)等。在本文中，我国企业家社会地位是一个综合反映企业家经济实力、政治背景和社会声誉等的客观存在的整体概念，不同于主观感知地位。因而，我们采用客观的，绝对的指标来衡量企业家社会地位，如企业家收入、人大代表或政协委员身份以及受教育程度。

2.2 企业家社会地位与企业慈善捐赠

高阶理论认为，企业高管的个人特征显著影响其认知和决策，进而影响企业战略和绩效(Hambrick，2007)。慈善捐赠日益成为企业的一项重要战略决策，因为一方面它是企业履行社会责任的重要组成部分，能让企业通过行善之举获得宝贵的声誉资本，扩大社会影响力；另一方面，它也在一定程度上成为某些声誉受损企业的补救策略或者充当"遮羞布"，即通过慈善捐赠来掩盖或挽救受损声誉带来的负面影响。因而，企业慈善捐赠兼有

"工具性"和"道义性"的双重动机(高勇强等,2012)。在我国,企业慈善捐赠一般由企业家个人或其代理 CEO 作出,故企业家的个人特征(如社会地位)在企业慈善捐赠的决策中起到重要的作用。

首先,良好的经济基础是企业家进行慈善捐赠的资本。福布斯富豪榜和胡润排行榜定期公布我国企业家的财富排名,同时还公布慈善榜单,我们发现排在慈善榜单上的企业家都是经济实力较为雄厚的企业家。另外,民营企业家财富不仅是企业家个人拥有的资源,也是企业宝贵的内部资源,被认为是企业实力的象征,在信息不对称和缺乏良好信任基础的经营环境下,慈善捐赠不仅使企业实力显性化,能为企业起到积极的背书作用,而且也能带来良好的社会声誉。同时,相对富有的企业家因为经济和心理上的安全感往往对社会怀有积极的情感,乐于回报社会。由此我们可以推断企业家经济基础越好,越倾向于进行慈善捐赠,且捐赠数额也更多。

其次,人大代表或政协委员身份是企业家进行慈善捐赠的外在压力。作为民营企业的一种政治战略,参政议政是企业家施加社会影响力的方式之一(张建君和张志学,2005),不仅能够提高企业知名度和声誉,还能基于经济和权力的联系产生更大的经济效益(Goodman,1999)。在我国,每次召开两会期间,一大批企业家作为人大代表或政协委员参会并提交各种涉及人民群众切身利益的议案和提案,积极参政议政。然而,伴随而来的是社会大众与舆论的监督、评价以及法律法规的诸多要求,给企业施加了一定的制度压力,企业不得不履行社会责任和义务,比如慈善捐赠。相比之下,那些没有相关政治背景的企业家尽管没有承担制度压力的风险,却也因"社会比较"承担着同僚压力,不得不从众进行慈善捐赠。因而我们认为企业家参政议政,行使人大代表或政协委员的权利在某种程度上能够助推企业履行慈善捐赠的义务。

最后,较高的受教育和认知水平是企业家进行慈善捐赠的内部动力。我国的新一代企业家是一批受过良好教育、拥有较高学历的群体。全国私营企业统计调查显示,截至 2002 年,我国民营企业家获得硕士学位的占 3.2%,获得博士学位的也占到 0.5%。最近十年,民营企业家群体的整体受教育水平不断提升(范晓光和吕鹏,2017)。受教育水平是个体认知能力和所掌握知识技能的反映(Wiersema & Bantel,1992)。受到良好教育的人往往对事物有更深刻和正确的认知,从而指导其作出更理性和符合社会规范的行为,带来更积极的社会效应。换言之,具有更高受教育水平的新一代企业家更可能具备较强的社会责任意识,从而更加主动地承担履行企业慈善捐赠的义务。综上所述,我们提出如下假设:

H1:企业家社会地位对企业慈善捐赠有积极影响。

2.3 家族涉入的调节作用

在我国,绝大多数民营企业受到家族的影响(李路路和朱斌,2014),家族涉入是家族企业的共同特征(陈凌和王昊,2013),可分为家族所有权涉入、管理权涉入和控制时间涉入三个维度(陈凌和陈华丽,2014)。根据社会情感财富理论,家族成员对家族声誉、地位、情感连接、家族控制、认同和传承等非经济利益的保护影响其风险偏好和战略决策(Gomez-Meijia,2007)。具体说来,家族所有权涉入以长期目标导向为出发点,家族管理权涉入影响企业实施家族利他主义行为（严若森和叶云龙，2014），而家族控制时间涉入则影响企业的传承意愿（陈凌和陈华丽，2014）。基于此，家族涉入的不同维度差异化地影响企业家社会地位与企业慈善捐赠的关系。

在家族所有权涉入较高的情况下，家族成员对企业通常具有较高的认同感，会理所当然地把维护家族社会情感财富当作首要任务，而企业的良好声誉和形象就是家族声誉和形象的体现（Zellweger et al.，2012）。由于企业慈善捐赠具有提升企业声誉和形象的工具性作用（高勇强，2012），家族成员对企业家慈善捐赠的认可和接受度更高。另外，家族成员的高认同感还有助于企业获取家族成员带来的财务、人力和社会资本的支持（陈凌和王昊，2013），为企业慈善捐赠提供了更坚实的经济基础。反之，家族内部对企业慈善捐赠的认同感不高，资源支持也较缺乏，则不利于企业慈善捐赠的开展。因此，在企业家社会地位对企业慈善捐赠的影响中，家族所有权涉入程度越高，其所起的正向调节作用越大。

在家族管理权涉入较高的情况下，高管团队中家族经理的比重较大。家族经理与家族所有者重叠能在一定程度上缓解代理问题，减少管理者的机会主义行为（叶云龙等，2019），而慈善捐赠往往被认为是具有一定风险和不确定性的战略决策，因而家族管理权涉入激发了更强的捐赠动机。另外，家族经理的利他主义倾向，即家族成员利益至上会让家族成员的行动具有更高的协同性（陈凌和王昊，2013），使其愿意为了家族的长期利益，如家族声誉和形象的维护、家族文化和价值观的传承等牺牲个人的短期利益，从而增加对企业慈善捐赠的认同，减少实施的阻力。反之，家族企业内部因无法较好地规避企业慈善捐赠的风险而难以对该项战略决策达成认同，家族成员间出现分歧，则会造成企业资源的低效率使用和浪费（朱仁宏等，2019），进一步削弱了企业开展慈善捐赠的物质基础。因此，在企业家社会地位对企业慈善捐赠的影响中，家族管理权涉入程度越高，其所起的正向调节作用也越大。

在家族控制时间涉入较高的情况下，家族企业成立的时间较长。相比新创企业，成熟的家族企业更加注重家族传承和家族财富的持续积累（陈凌和陈华丽，2014），此时企业已经渡过了较为艰难的创业期，对企业合法性和资源获取以求生存的需求逐渐减弱（眭文娟和张慧玉，2015），对控制企业运营成本以求基业长青的需求更大，而企业慈善捐赠又是资源消耗型的企业活动，需要考虑相应的成本支出（叶艳和李孔岳，2017）。另外，由于企业战略决策刚性随企业成立的时间而加强（何晓斌等，2013），成熟的家族企业在面对新兴事物时往往偏向思维保守，这些都明显削弱了企业开展慈善捐赠的动机。反之，企业则具有更强烈的慈善捐赠动机。因此，在企业家社会地位对企业慈善捐赠的影响中，家族控制时间涉入程度越高，其所起的负向调节作用越大。综上所述，本文提出如下假设：

H2a：家族所有权涉入正向调节企业家社会地位与企业慈善捐赠的关系，即家族所有权涉入程度越高，企业家社会地位对企业慈善捐赠的积极作用就越强。

H2b：家族管理权涉入正向调节企业家社会地位与企业慈善捐赠的关系，即家族管理权涉入程度越高，企业家社会地位对企业慈善捐赠的积极作用就越强。

H2c：家族控制时间涉入负向调节企业家社会地位与企业慈善捐赠的关系，即家族控制时间涉入程度越高，企业家社会地位对企业慈善捐赠的积极作用就越弱。

3. 研究设计

3.1 样本选择与数据来源

本文的数据来源于全国私营企业问卷调查 2010 年和 2012 年的数据。该问卷调查是由全国工商联、统战部和中国民(私)营经济研究会等部门共同开展的,面向全国范围的民营企业,采用多阶段抽样问卷的方法,调研企业家个人及企业的发展状况。其中涉及企业家个体层面的数据丰富,有大量关于企业家社会和政治特征的集中调查。自发布以来,该数据得到了广泛的应用(高勇强等,2012;陈凌和王昊,2013;陈凌和陈华丽,2014;许金花等,2018;梁建等,2010;眭文娟和张慧玉,2015),具有较好的信、效度。本文在对数据进行剔除极端值和用平均值替代缺失值的处理后共得到有效样本 6834 个。

3.2 变量解释

3.2.1 被解释变量

企业慈善捐赠行为、捐赠额度。参照许金花等(2018)对捐赠行为和捐赠额度的定义,将在 2009 年度和 2011 年度捐赠数额大于 1000 元的,定义为 1,小于 1000 元的,定义为 0;捐赠额度以 2009 年和 2011 年分别捐赠的具体数额的对数来衡量。

3.2.2 解释变量

企业家社会地位。参照高勇强等(2011)、Mai(2015)等人的研究,企业家经济实力、政治背景和社会声誉分别以企业家年收入、是否为人大代表或政协委员和受教育程度来测量,然后通过主成分分析法,提取一个社会地位公因子。

3.2.3 调节变量

参照陈凌和陈华丽(2014)、朱斌(2015)等人的研究,家族涉入包括所有权涉入、管理权涉入和家族持续控制时间涉入。家族所有权涉入是指企业家本人及家庭成员所掌握的所有权权益占企业权益总额的比例;家族管理权涉入是指企业重大决策是否由出资人本人或家族成员作出;家族控制时间涉入是指家族企业注册成立的时间年限。

3.2.4 控制变量

控制变量分为企业家层面和企业层面。企业家层面主要控制企业家年龄、性别等;企业层面主要控制企业规模、企业销售收入、企业杠杆(资产负债率)。另外还需要控制行业和地区虚拟变量。具体变量名称及定义参见表 1。

表 1   变量名称及定义

变量名称	变量定义
控制变量	
企业家年龄(Age)	问卷年份-企业家出生年份
企业家性别(Gender)	根据问卷,男性=1,女性=0

变量名称	变量定义
企业规模（Size）	企业全年雇用员工数的自然对数
企业销售收入（Sales）	企业营业收入的自然对数
企业杠杆（Lev）	企业资产负债率
企业所在行业（Industry）	根据问卷，按照行业性质分为农业、工业和服务业三大类
企业所在地区（Area）	按照企业所在省份划归到东部、中部和西部三大地区
企业家社会地位（Status）	通过对企业家收入、人大代表或政协委员身份和受教育程度三个维度提取公因子来衡量
企业慈善捐赠	
捐赠行为（Srr）	企业捐赠数额大于等于1000元定义为1，否则为0
捐赠额度（Insrr）	当年实际捐赠数额的自然对数
家族涉入	
家族所有权涉入（Fos）	企业主本人及家人所有者权益占权益总额的比例
家族管理权涉入（Fms）	企业重大决策由主要出资人本人作出或在有董事会的情况下，董事长由主要出资人本人和其家族成员担任，此时为1，否则为0
家族控制时间涉入（Fts）	企业注册为私营企业的时间年限

3.3 模型设定

为了验证本文的研究假设，本文设计的计量模型如下：

$$InSrr = \alpha + \beta_1 Status + \beta_2 Gender + \beta_3 Age + \beta_4 Size + \beta_5 Sales + \beta_6 Lev + \beta_7 Industry + \beta_8 Area + \varepsilon \quad (1)$$

$$Srr = \alpha + \beta_1 Status + \beta_2 Gender + \beta_3 Age + \beta_4 Size + \beta_5 Sales + \beta_6 Lev + \beta_7 Industry + \beta_8 Area + \varepsilon \quad (2)$$

$$InSrr = \alpha + \beta_1 Status + \beta_2 Status \times Fos + \beta_3 Status \times Fms + \beta_4 Status \times Fts + \beta_5 Gender + \beta_6 Age + \beta_7 Size + \beta_8 Sales + \beta_9 Lev + \beta_{10} Industry + \beta_{11} Area + \varepsilon \quad (3)$$

$$Srr = \alpha + \beta_1 Status + \beta_2 Status \times Fos + \beta_3 Status \times Fms + \beta_4 Status \times Fts + \beta_5 Gender + \beta_6 Age + \beta_7 Size + \beta_8 Sales + \beta_9 Lev + \beta_{10} Industry + \beta_{11} Area + \varepsilon \quad (4)$$

其中，模型（1）和模型（3）中的因变量是捐赠额度，模型（2）和模型（4）中的因变量是捐赠行为，由于捐赠行为是0，1变量，故模型（2）和模型（4）是Logit回归模型。两个模型的自变量均为企业家社会地位。

4. 实证结果与分析

4.1 描述性统计及相关系数分析

主要变量的描述性统计如表2所示。我们可以发现，在接受调查的民营企业中，捐赠行为的均值为 0.675，说明有近 70% 的企业有慈善捐赠行为，普及率较高；捐赠额度这一变量的均值为 6.632，标准差为 4.944，说明不同样本企业的捐赠水平存在一定差异。家族涉入三个维度中，家族所有权涉入的均值为 73.25%，这说明在我国，民营家族企业以对所有权的绝对控制为特征。另外，我们还可以发现，被调研的企业家中，年龄最小为 16 岁，年龄最大为 93 岁，跨度较大；男性企业家明显多于女性企业家，这些特征都与陈光金等（2018）的研究相符。

表2 主要变量的描述性统计

变量	观测值	均值	标准差	最小值	最大值
捐赠额度	6834	6.632	4.944	0	14.51
捐赠行为	6834	0.675	0.468	0	1
社会地位	6834	3.047	1.962	−1.543	9.793
家族所有权涉入	6834	73.25	33.92	0	100
家族管理权涉入	6834	0.668	0.471	0	1
家族控制时间涉入	6834	8.926	4.952	1	21
年龄	6834	45.86	8.790	16	93
性别	6834	0.847	0.360	0	1
销售收入对数	6834	6.601	2.494	0	11.74
企业规模	6834	3.824	1.566	0.693	7.601
资产负债率	6834	20.54	24.25	0	89

主要变量的相关系数矩阵如表 3 所示，从表中可知，除捐赠额度与捐赠行为高度相关外，各变量间的相关系数均小于 0.5，说明变量间存在共线性的可能性较小。其中，企业家社会地位与慈善捐赠额度（相关系数为 0.2285，$P<0.1$）和捐赠行为（相关系数为 0.1415，$P<0.1$）之间都存在显著的正向关系；家族涉入的三个维度与捐赠行为均存在显著的正相关关系；研究假设需进一步借助回归分析来检验。

表3 主要变量的相关系数矩阵

变量	捐赠额度	捐赠行为	社会地位	家族所有权涉入	家族管理权涉入	家族控制时间涉入
捐赠额度	1					
捐赠行为	0.9295*	1				
社会地位	0.2285*	0.1415*	1			

变量	捐赠额度	捐赠行为	社会地位	家族所有权涉入	家族管理权涉入	家族控制时间涉入
家族所有权涉入	0.0189	0.0252*	−0.0517*	1		
家族管理权涉入	0.1594*	0.0963*	0.1492*	−0.0353*	1	
家族控制时间涉入	0.3049*	0.2463*	0.1288*	0.0476*	0.1073*	1

注: * * * 表示 $p<0.01$, * * 表示 $p<0.05$, * 表示 $p<0.1$。

4.2 回归结果分析

表4展示了企业家社会地位与企业慈善捐赠的回归结果以及家族涉入的调节效应。模型1~模型4以捐赠额度为因变量,采用的是OLS回归;模型5~模型8以捐赠行为为因变量,采用的是Logit回归。其中,模型1和模型5分别报告了在控制其他影响因素的情况下,企业家社会地位对捐赠额度和捐赠行为的回归结果。结果表明,企业家社会地位对捐赠额度产生显著的正向影响($\beta=0.183$, $p<0.01$);企业家社会地位对捐赠行为产生显著的正向影响($\beta=0.0477$, $p<0.01$),这说明企业家社会地位对企业慈善捐赠有积极影响,假设1成立。

模型2和模型6分别报告了企业慈善捐赠额度与捐赠行为作为因变量,家族所有权涉入作为调节变量的回归结果。可以看出,家族所有权涉入与社会地位的交互项系数均显著为正($\beta=0.00471$, $p<0.01$; $\beta=0.00224$, $p<0.05$)。这说明,家族所有权涉入正向调节企业家社会地位与慈善捐赠额度和捐赠行为的关系,假设2a成立。

模型3和模型7分别报告了企业慈善捐赠额度与捐赠行为作为因变量,家族管理权涉入作为调节变量的回归结果。我们发现,当企业慈善捐赠额度作为因变量时,家族管理权涉入与社会地位的交互项系数显著为负($\beta=-0.202$, $p<0.05$),而当企业慈善捐赠行为作为因变量时,上述系数虽然为负,但不显著。这说明家族管理权涉入负向调节企业家社会地位与慈善捐赠额度的关系,但对企业家社会地位与捐赠行为关系的调节作用不明显,假设2b不成立。

模型4和模型8分别报告了企业慈善捐赠额度与捐赠行为作为因变量,家族控制时间涉入作为调节变量的回归结果。很显然,家族控制时间与社会地位的交互项系数均显著为负($\beta=-0.0104$, $p<0.05$, $\beta=-0.00865$, $p<0.01$)。这说明家族控制时间涉入负向调节企业家社会地位与企业慈善捐赠额度和捐赠行为的关系,假设2c成立。

控制变量方面,企业销售收入的回归系数显著为正,表明企业的绩效越好,捐赠越多且数额越大;从企业规模与资产负债率的回归系数可以看出,企业规模越大,现金流越充裕,越倾向于进行慈善捐赠且数额越大。另外,所有回归方程均进行了多重共线性检验,表明不存在严重的多重共线性问题。

表 4

企业家社会地位、家族涉入与企业慈善捐赠回归分析

变量	模型 1	模型 2	模型 3	模型 4	模型 5	模型 6	模型 7	模型 8
	捐赠额度	捐赠额度	捐赠额度	捐赠额度	捐赠行为	捐赠行为	捐赠行为	捐赠行为
社会地位	0.183***	0.181***	0.179***	0.190***	0.0477***	0.0470***	0.0476***	0.0490***
	(6.353)	(6.280)	(6.187)	(6.511)	(2.981)	(2.920)	(2.965)	(3.059)
家族所有权涉入		0.0060***				0.0005***		
		(0.0017)				(0.0002)		
家族管理权涉入			−0.123				0.0126	
			(0.0963)				(0.0097)	
家族控制时间涉入				−0.0277***				−0.0069***
				(0.0092)				(0.0009)
家族所有权涉入×社会地位		0.00471***				0.00224**		
		(0.719)				(0.524)		
家族管理权涉入×社会地位			−0.202**				−0.0332	
			(1.329)				(0.815)	
家族控制时间涉入×社会地位				−0.0104**				−0.00865***
				(−2.050)				(−3.031)
年龄	0.0114*	0.0114*	0.0113*	0.0114*	0.00385	0.00383	0.00383	0.00368
	(1.861)	(1.851)	(1.846)	(1.855)	(1.165)	(1.156)	(1.159)	(1.108)
性别	0.0695	0.0681	0.0649	0.0693	−0.00260	−0.00284	−0.00411	−0.00393
	(0.494)	(0.484)	(0.461)	(0.493)	(−0.0348)	(−0.0381)	(−0.0550)	(−0.0526)
销售收入对数	0.423***	0.423***	0.423***	0.424***	0.127***	0.127***	0.127***	0.128***
	(12.66)	(12.66)	(12.66)	(12.67)	(7.537)	(7.536)	(7.534)	(7.557)
企业规模	0.988***	0.988***	0.989***	0.987***	0.406***	0.406***	0.407***	0.405***
	(18.50)	(18.50)	(18.52)	(18.47)	(13.73)	(13.73)	(13.74)	(13.68)
资产负债率	−0.00975***	−0.00971***	−0.00974***	−0.00976***	−0.00485***	−0.00484***	−0.00485***	−0.00485***
	(−4.151)	(−4.137)	(−4.145)	(−4.154)	(−3.834)	(−3.829)	(−3.830)	(−3.823)
行业	控制	控制	控制	控制	控制	控制	控制	控制
地区	控制	控制	控制	控制	控制	控制	控制	控制
常数	−0.878***	−0.869***	−0.874***	−0.887***	−1.747***	−1.743***	−1.750***	−1.735***
	(−2.918)	(−2.885)	(−2.902)	(−2.944)	(−10.39)	(−10.35)	(−10.40)	(−10.33)
观测值	6834	6834	6834	6834	6834	6834	6834	6834
R-squared	0.263	0.263	0.264	0.264				
Pseudo R-squared					0.231	0.228	0.232	0.232

注：在 OLS 回归中，括号内为 t 值；在 Logit 回归中，括号内为 z 值；***表示 $p<0.01$，**表示 $p<0.05$，*表示 $p<0.1$。

4.3 稳健性检验

为了保证研究结果的可靠性，本文从以下几个方面进行稳健性检验：（1）采用捐赠占比即企业慈善捐赠总额占企业营业收入的比例来衡量企业捐赠。表5为捐赠占比作为因变量的回归结果，我们发现企业家社会地位与捐赠占比的回归系数显著为正，家族控制时间涉入与社会地位的交互项系数显著为负，家族所有权涉入与社会地位的交互项系数不显著，但是方向为正。家族管理权涉入与社会地位的交互项系数为负，但不显著。（2）在表4中，我们将企业慈善捐赠分为捐赠额度和捐赠行为两方面，分别列出了捐赠额度和捐赠行为作为因变量时的回归结果，在一定程度上也可以看作是对因变量置换的稳健性检验，结果总体上来看依旧稳健，具有较好的检验效果。

表5   稳健性检验

变量	模型 9	模型 10	模型 11	模型 12
	捐赠占比	捐赠占比	捐赠占比	捐赠占比
社会地位	0.0210**	0.0124**	0.0224**	0.0200**
	(0.0096)	(0.0059)	(0.0098)	(0.0095)
家族所有权涉入		0.0005***		
		(0.0002)		
家族管理权涉入			0.0062	
			(0.0097)	
家族控制时间涉入				−0.0061***
				(0.0009)
家族所有权涉入×社会地位		0.0001		
		(0.0002)		
家族管理权涉入×社会地位			−0.0004	
			(0.0032)	
家族控制时间涉入×社会地位				−0.0010**
				(0.0004)
性别	0.0073***	0.0074***	0.0075***	0.0075***
	(0.0136)	(0.0023)	(0.0024)	(0.0024)
年龄	0.0011*	0.0004*	0.0004*	0.0004*
	(0.0006)	(0.0002)	(0.0002)	(0.0002)

变量	模型 9	模型 10	模型 11	模型 12
	捐赠占比	捐赠占比	捐赠占比	捐赠占比
企业规模	0.0694***	0.0143**	0.0143**	0.0144**
	(0.0046)	(0.0070)	(0.0070)	(0.0070)
销售收入对数	−0.0018	−0.0177**	−0.0184**	−0.0184**
	(0.0043)	(0.0072)	(0.0076)	(0.0076)
资产负债率	−0.0009***	0.0002	0.0002	0.0002
	(0.0002)	(0.0002)	(0.0002)	(0.0002)
行业	控制	控制	控制	控制
地区	控制	控制	控制	控制
常数	0.208**	0.205**	0.223**	0.225**
	(0.0818)	(0.0803)	(0.0899)	(0.0913)
观测值	6834	6834	6834	6834
R-squared	0.021	0.021	0.021	0.022

注：括号内为 t 值，***表示 $p<0.01$，**表示 $p<0.05$，*表示 $p<0.1$。

5. 研究结论与启示

本文以民营企业家社会地位为研究对象，以全国私营企业调查数据为样本，实证检验了企业家社会地位对企业慈善捐赠的影响作用以及家族涉入对上述影响的调节效应。我们发现，企业家社会地位对企业慈善捐赠额度和捐赠行为均有积极影响，换言之，企业家社会地位越高，越倾向于进行企业慈善捐赠且捐赠数额越多。具体说来，经济条件好、有政治影响力和较高社会声望的企业家更加积极投身企业慈善捐赠，一方面可能在于经济条件好的企业家往往对社会怀有积极的情感（Stewart，2005），更愿意回报社会；另一方面，他们也受到比常人更多的关注，承受着更大的政治和社会压力；同时，通过受教育水平的提升不断提高其思想觉悟和认知，也能从根本上改变他们的慈善意识，进而影响慈善捐赠行为。

我国的民营企业绝大多数也是家族企业，企业家社会地位对慈善捐赠的积极作用受到家族涉入程度的影响。首先，家族成员对社会情感财富的保护影响企业家的风险偏好和战略决策，具体表现为：家族所有权涉入促使拥有较高社会地位的企业家在进行慈善捐赠决策时优先考虑家族声誉、地位、形象等非经济利益，在这种情况下，企业慈善捐赠更多地带有工具性的目的，企业家们倾向于作出较为激进的战略决策，从而更多地进行慈善捐赠，捐赠数额也越多。其次，根据 Kellermanns（2012）等人的研究，社会情感财富还有其

"阴暗性"的一面，过度地保护家族非经济利益也会给企业带来沉重的效益负担，家族企业存续时间越长，这种负担越明显。具体表现为：家族企业控制时间越长，企业家不得不更多考虑企业投资成本，战略决策偏向保守和审慎，从而导致企业慈善捐赠行为较少，数额也较小。最后，家族管理权涉入在影响企业家社会地位与慈善捐赠的关系上存在两面性，一方面负向调节企业家社会地位与慈善捐赠数额的关系，另一方面对社会地位与慈善捐赠行为的关系却没有显著影响，我们认为产生这种差别的原因可能在于家族经理的出现较好地解决了代理问题，从而触发了"管家效应"的产生(严若森和叶云龙，2014)。

本研究的理论贡献在于：(1)高阶理论中的高管人口统计学特征一般包括性别、年龄、任期、受教育水平等，本文引入的企业家社会地位是包含企业家权力、财富和声望的综合性构念，补充了高管人口统计学特征的内容，因而丰富了高阶理论。(2)从社会情感财富理论的视角引入家族涉入这一调节变量，探讨了企业家社会地位与企业慈善捐赠关系的边界条件，厘清了何种家族涉入方式更能促进上述关系发挥作用，不仅加深了对家族企业慈善捐赠现象的理解，而且扩展了社会情感财富理论的应用领域。

当然，本研究也存在一些局限性：(1)鉴于数据可得性和以往文献，我们以民营企业家经济实力、政治背景和社会声誉来衡量企业家社会地位，能在一定程度上体现出我国民营企业家社会地位的现状和自身特点，然而可能还不太全面，期待未来的研究中企业家社会地位的测量方式能更加多元化。(2)本文数据来自全国私营企业调查问卷，由被调查企业家自我报告企业慈善捐赠情况，可能存在一定的社会称许性偏差，未来可考虑采用更加客观的调研方式获取研究数据。

◎ **参考文献**

[1] 陈光金，吕鹏，林泽炎，等．中国私营企业调查25周年：现状与展望[J]．南开管理评论，2018，21(6)．

[2] 陈凌，王昊．家族涉入、政治联系与制度环境——以中国民营企业为例[J]．管理世界，2013(10)．

[3] 陈凌，陈华丽．家族涉入、社会情感财富与企业慈善捐赠行为——基于全国私营企业调查实证研究[J]．管理世界，2014(8)．

[4] 范晓光，吕鹏．中国私营企业主的社会构成：阶层与同期群差异[J]．中国社会科学，2017(7)．

[5] 淦未宇，肖金萍．女性高管、权力强度与企业慈善捐赠——基于我国民营上市公司的实证研究[J]．管理学刊，2019(4)．

[6] 高勇强，何晓斌，李路路．民营企业家社会身份、经济条件与企业慈善捐赠[J]．经济研究，2011(12)．

[7] 高勇强，陈亚静，张云均．"红领巾"还是"绿领巾"：民营企业慈善捐赠动机研究[J]．管理世界，2012(8)．

[8] 何晓斌，蒋君洁，杨治，等．新创企业家应做"外交家"吗？——新创企业家的社交

活动对企业绩效的影响[J].管理世界,2013(6).

[9] 李建华,江梓豪.陌生人社会与公共道德秩序的构建[J].中国治理评论,2020(1).

[10] 李路路,朱斌.家族涉入、企业规模与民营企业的绩效[J].社会学研究,2014(2).

[11] 梁建,陈爽英,盖庆恩.民营企业的政治参与、治理结构与慈善捐赠[J].管理世界,2010(7).

[12] 马骏,罗衡军,肖宵.私营企业家地位感知与企业创新投入[J].南开管理评论,2019,22(2).

[13] 买忆媛,李逸,安然.企业家行业地位对产品创新的影响[J].管理学报,2016,13(3).

[14] 眭文娟,张慧玉.新创企业的战略导向、企业可见性与慈善捐赠[J].管理学报,2015,12(9).

[15] 汪金爱.创始人初始社会地位与社会资本对创业绩效的影响研究[J].管理科学,2016,29(5).

[16] 徐细雄,龙志能,李万利.儒家文化与企业慈善捐赠[J].外国经济与管理,2020(2).

[17] 许金花,李善民,张东.家族涉入、制度环境与企业自愿性社会责任基于第十次全国私营企业调查的实证研究[J].经济管理,2018,40(5).

[18] 许年行,李哲.高管贫困经历与企业慈善捐赠[J].经济研究,2016,51(12).

[19] 袁有赋,李珍.CEO早期大饥荒经历、管理决断权与企业捐赠——基于烙印理论的实证研究[J].商学研究,2019,26(3).

[20] 严若森,叶云龙.家族所有权、家族管理涉入与企业R&D投入水平——基于社会情感财富的分析视角[J].经济管理,2014(12).

[21] 叶云龙,江诗松,潘国悦.家族控制权结构与研发投入——基于区域市场化差异的调节效应[J].珞珈管理评论,2019,29(2).

[22] 叶艳,李孔岳.企业规模、家族涉入与私营企业捐赠行为——基于战略性动机的研究[J].当代财经,2017(12).

[23] 张建君,张志学.中国民营企业家的政治战略[J].管理世界,2005(7).

[24] 周霖,蔺楠.政治关联、风险投资与企业慈善[J].山西财经大学学报,2018,40(1).

[25] 朱斌.自私的慈善家——家族涉入与企业社会责任行为[J].社会学研究,2015(2).

[26] 朱仁宏,伍兆祥,周琦.创业团队契约治理与战略决策——家族涉入的解释[J].经济管理,2019,41(2).

[27] Cohen E. *Designing groupwork: Strategies for the heterogeneous classroom*[M]. New York: Teachers College Press, 1994.

[28] Faccio, M., Masulis, R. W., McConnell, J. J. Political connections and corporate bailouts[J]. *Journal of Finance*, 2006, 61(6).

[29] Godoy, R. , Reyes-García, V. , Leonard, W. R. , et al. Signaling by consumption in a native Amazonian society[J]. *Evolution and Human Behavior*, 2007, 28(2).

[30] Goodman, E. The role of socioeconomic status gradients in explaining differences in US adolescents' health[J]. *American Journal of Public Health*, 1999, 89(10).

[31] Gómez-Mejía, L. R. , Haynes, K. T. , Maneul, N. , et al. Socioemotional wealth and business risks in family-controlled firms: Evidence from Spanish olive oil mills [J]. *Administrative Science Quarterly*, 2007, 52(1).

[32] Hambrick, D. C. Upper echelons theory: An update[J]. *Academy of Management Review*, 2007, 32(2).

[33] Kellermanns, F. W. , Eddleston, K. A. , Zellweger, T. M. Extending the socioemotional wealth perspective: A look at the dark side[J]. *Entrepreneurship Theory and Practice*, 2012, 36(6).

[34] Kelly, F. , Stein, J. *The real world: An introduction to sociology* (3rd ed.)[M]. New York: W. W. Norton&Company, 2011.

[35] Mai, Y. , Chan, X. , He, X. The Effects of Entrepreneurs' socioeconomic status and political characteristics on new ventures' establishment of formal political ties in China[J]. *Chinese Management Studies*, 2015, 9(2).

[36] Merton, R. K. The Matthew effect in science[J]. *Science*, 1968, 159(3810).

[37] Piff, P. K. , Kraus, M. W. , Côté, S. , et al. Having less, giving more: The influence of social class on prosocial behavior[J]. *Journal of Personality and Social Psychology*, 2015, 99(5).

[38] Stewart, D. Social status in an open-source community[J]. *American Sociological Review*, 2005, 70(5).

[39] Wiersema, M. F. , Bantel, K. A. Top management team demography and corporate strategic change[J]. *Academy of Management Journal*, 1992, 35(1).

Social Status of Chinese Private Entrepreneurs, Family Involvement and Corporate Philanthropic Donations

Xu Li[1,2]   Liu Mingxia[3]

(1, 3 Economics and Management School of Wuhan University, Wuhan, 430072;

2 Economics and Management School of Three Gorges University, Yichang, 443000)

Abstract: Based on the upper-echelon theory and socioemotional theory, using the data of 2010-2012 Chinese Private Enterprise Survey, this paper studies the relationship between the social status of Chinese private entrepreneurs and corporate philanthropic donation, and tests the moderation effect of family involvement on the above relationship. The results show that: the social status of Chinese private entrepreneurs has a significant positive impact on corporate philanthropic donation behavior and donation amount, family ownership involvement has an enhanced moderation effect on the above relationship, family control time involvement has a weakened moderation effect on the above relationship, while family management involvement negatively moderates the relationship between entrepreneurs' social status and corporate donation amount, but it has no significant effect on the relationship between the social status of entrepreneurs and corporate philanthropic donation behavior.

Key words:Private entrepreneurs; Social status; Corporate philanthropy; Family involvement

专业主编：陈立敏

制度环境质量变动下政治关联对企业技术创新的影响

——基于数字新媒体行业民营上市公司的实证考察*

● 赵奇伟[1]　李露琦[2,3]

（1，2 武汉大学经济与管理学院　武汉　430072；3 山东管理学院工商学院　济南　250357）

【摘　要】作为向政府寻求资源的一种企业战略，政治关联对民营企业技术创新的作用机制尚不明晰。基于此，本文首先从深度和广度两个维度来刻画企业政治关联，集中分析其对创新投入和创新产出等不同创新环节的影响，以便分离政治关联对企业创新的资源撬动效应和信息获取效应；进一步的，本文阐释了制度环境质量变动下企业政治关联深度和广度对企业创新效率所产生的影响。本文选取数字新媒体行业民营上市公司的数据进行实证检验，结果发现，政治关联深度体现出对企业创新的资源撬动效应，而政治关联广度则体现出对企业创新的信息获取效应；制度环境质量提升对政治关联深度和广度对企业创新的影响起着负向调节作用，即制度环境质量提升削弱了政商关系对市场化配置的挤出作用。

【关键词】政治关联　技术创新　制度环境质量　制度转型　数字新媒体行业

中图分类号：F420　　　　文献标识码：A

1. 引言

党的十九大报告倡导建立以企业为主体、市场为导向、产学研深度融合的技术创新体系，通过大力建设创新型国家来塑造中国经济发展的核心动力。在创新型国家的战略目标下，政府制定了相应的财政政策、税收政策以及政府采购政策对企业创新进行引导和支持，但作为一项长远的战略性投资行为，技术创新会给企业带来较大的风险和不确定性。

---

* 基金项目：教育部人文社会科学研究规划基金项目"工资扭曲、种群密度与企业成长：基于企业生命周期的动态分析"（项目批准号：17YJA630141），国家自然科学基金面上项目"实物期权理论下东道国政治不确定性对国际新创企业创新的影响机制：基于中国的经验研究"（项目批准号：72072136）。

通讯作者：赵奇伟，E-mail：zhaoqiwei2000@126.com。

政府的支持性政策能否真正转化为企业创新所必需的资源支持和利润保障就成为创新战略实施的关键所在。因此，民营企业如果能够与政府保持多方面的信息连接和沟通，甚至在政府政策中争取更多话语权就可能在企业创新过程中获取优势，那么，政治关联真的会成为民营企业技术创新的润滑剂吗？

企业的创新行为是决定企业未来发展的重要战略，对企业是否能开发和保有可持续竞争优势至关重要（Tian 和 Wang，2014），因此，在转型经济的情境下，民营企业如何借助政府方面的资源和信息来降低技术创新方面的风险和不确定性，提高创新的绩效一直为学界所关注。但是，既有研究对企业政治关联影响技术创新的探讨并没有形成一致的结论。一方面，有些学者支持政治关联会对企业创新产生积极效应的观点。与不具备政治关联的企业相比，具有政治关联的民营企业获取了更多创新所需要的资金储备和政策支持（Boubakri 等，2012），同时可以对创新成果进行更高程度的产权保护，这些激励使得企业更加积极地进行创新投入，促进企业专利成果的增加（蔡地等，2014；杨战胜和俞峰，2014），同时，有政治关联的企业相对更容易准确获知政府创新产业政策变化与创新战略举措等方面的若干信息（曾萍等，2016；江若尘等，2013）。对于这些信息及时有效与全面地了解，可以帮助企业把握先机，使其提前做好准备并获得先发优势，在随后对政府创新资源的竞争中占据有利地位，从而在企业创新方向的选择上与政府战略保持一致。由此来看，政治关联会对企业技术创新产生显著的促进作用（徐雪霞等，2013）。另一方面，Chen 等（2011）学者则认为政治关联会对企业技术创新产生不利影响。政治关联对民营企业的产权保护和政府偏袒效应使企业在低竞争的环境中参与市场（田利辉和张伟，2013），因此，拥有政治关联的民营企业更容易获取风险小、收益高的商业机会，从而对需要长期投资且具有极大风险的研发项目缺乏关注，企业的创新活动因此受到削弱（陈爽英等，2010）。同时，企业资源在政治行为中的大量消耗，导致企业对于创新的关注错位，从而创新效率低下。

政治关联是企业创新的润滑剂还是绊脚石？本文进一步探究企业政治关联的作用机理，发现学术界争议的产生主要源自如下原因。一方面，政治关联对于企业创新的影响机制可能不是单一的增强或削弱，企业寻求政治关联的动机不同可能对企业创新产生迥异的结果，以资源获取为目标的政治关联对企业创新存在诅咒效应（袁建国等，2015），而以信息获取为导向的政治关联可能促进创新效率的提升。另一方面，由于研究者角度选取和研究问题有所差异，政治关联对企业创新过程的不同环节造成的结果可能有所差异，在创新投入阶段政治关联影响创新资源的获取，在创新产出阶段政治关联影响的是企业创新效果，既有研究对创新的混杂造成了研究结论的分歧。虽然研发投入和研发产出之间存在显著的正向关系，但在不同企业间，其投入产出比也存在差异。政治关联的产生是企业管理者利用企业资源谋取个人利益的结果，而这个过程必然会干扰企业的正常运营（Khwaja 和 Mian，2005），从而降低企业利用研发投入进行创新的效率。管理者出任政府相关职位也可能是出于个人目标的考虑，因此他们可能会滥用研发投资以满足政府要求，从而降低创新产出（徐伟等，2018）。也就是说，民营企业的政治关联可以使企业获得关键的研发资源，但却使企业利用这些资源进行创新的效率降低（Zhou 等，2017）。因此本文认为，研究政治关联对技术创新的关系需要关注其对研发投入和产出两个层面的影响。为此，本文同时使用企业的研发投入和研发产出来区分创新的不同环节，对政治关联及其不同维度影响创新的作用机制进行深入研究。

此外，既有的研究还忽略了制度环境质量动态变化时企业政治关联对技术创新的作用（Sun 等，2010）。随着 2012 年以来中国政府反腐败行动的大力推进，传统政商关系存在的土壤被改变，企业政治关联对技术创新的影响也势必会经受冲击。那么，制度环境质量提升时，政治关联对技术创新的资源攫取作用和政策信息优势是否受到削弱？诚然，在提升的制度环境质量下，在位的政府官员不再轻易接受企业家的寻租，企业谋求新的政治关联和维护旧的政治关联的成本大大提高。制度环境质量的提升减少了企业的寻租行为，反过来也减少了政府官员将"掠夺之手"伸向企业的概率，使企业将资源更多地投入企业创新中。在制度环境质量的提升过程中，政治关联成本的上升带来企业创新成本的相对下降，为企业创新带来机会。但是，在制度环境质量的改变中，政治关联对企业创新的影响机制是否的确发生了改变？又是如何发生改变的呢？对这些问题的回答还需要对制度环境质量动态变化下政治关联对企业创新的作用机理加以详细阐述。本文在制度环境质量提升的条件下，来分析政治关联对企业创新效率的影响，并探讨其对企业自主创新能力的作用。

基于上述分析，本文重点阐释了企业政治关联深度和广度对企业创新投入和创新产出等不同创新环节的影响，并考察了制度环境质量的动态变化对该影响的冲击。通过对 2005—2015 年数字新媒体行业民营上市公司的政治关联和企业创新数据进行实证检验，本文发现：一方面，政治关联对企业创新因策略意图和作用方向的不同而体现出不同的效应。具体而言，政治关联深度与企业创新投入正相关，但与企业创新产出负相关，显现出企业基于政治关联来撬动政治资源进行创新投入的倾向；而政治关联广度与企业创新产出显著正相关，与企业创新投入的相关性并不显著，体现出政治关联基于信息优势对企业创新产生的积极效应。另一方面，制度环境质量的提升对政治关联深度和广度对企业创新的影响起着负向调节作用。也就是说，制度环境质量的提升削弱了企业借助政治关联为创新投入寻租的效应和信息获取优势。就对企业创新效率的影响而言，制度环境质量的提升降低了基于资源获取的政治关联深度的效用和基于信息获取的政治关联广度的效用，企业依靠自有资金进行的自主研发成为技术创新的主要渠道。

本文的贡献主要体现在：第一，对企业政治关联的相关理论进行了补充和拓展。本文从政治关联的深度和广度两个维度来刻画政治关联对企业创新的不同影响，以便于分离政治关联对企业创新的资源撬动效应和信息获取效应，丰富了对政治关联的理论论述。第二，对企业技术创新的文献进行了拓展。本文在区分政治关联不同维度的基础上，进一步分析了政治关联深度和广度对企业创新投入和产出等不同环节的影响，从而相对准确地识别了企业创新所经受冲击的方向和强度。第三，丰富了动态制度环境下企业政治关联选择的相关研究。制度环境质量的变化是对企业政治关联的直接冲击，为企业的政治选择和调整提供了动机和可能性。因此，本文从理论上对其内在机理进行了阐释。同时，在实证检验的角度上，反腐败行动的开展类似于一个自然实验，让本文有可能在相对外生的冲击下重新审视企业政治关联对技术创新的效果，这在一定程度上缓解了企业创新与政治关联的逆向因果关系所引致的内生性问题。

2. 理论基础和假设提出

2.1 政治关联对企业创新投入的作用

政治关联是指企业高管具有的政府工作经历，或与政府官员和各级议员有密切联系（Faccio，2006）。在中国经济转轨过程中，许多法律和机制尚不完善，市场化体制尚不健全，政治资本可以通过减少风险和提供优惠资源来使企业受益（Sun等，2016），因此，民营企业倾向于寻求政治关联作为技术创新产权保护的工具（罗党论和唐清泉，2009）。政治关联对企业创新的促进作用往往体现在影响政府补助和采购（徐业坤等，2013），使企业获得地方贸易保护（陈爽英等，2010），提供银行信贷支持（Houston等，2014）等诸多方面。具有政治关联的民营企业能够依赖政府创新政策的偏袒效应获得更多的管制资源（江雅雯等，2011），为企业技术创新创建良好的环境，同时在行动上与政府战略保持一致，通过在企业运营决策中加大研发投入，体现政府战略意图（Bass和Chakrabarty，2014）。政府对其资源分配的自由裁量权越大，企业越倾向于寻求政治关联（杨其静，2011）。在建设创新型国家的背景下，拥有政治关联的民营企业更普遍地响应政府的号召，并在研发活动中投入资源（Zhou等，2017）。

企业所构建的政治关联还是企业与政府信息沟通的重要渠道，有助于企业获得政府创新支持政策的变化与相关政策激励性工具的实施等较为全面的信息（曾萍等，2016；江若尘等，2013）。利用政治关联的信息优势，企业可以在创新的方向和策略上有所侧重，同时通过有目标性的创新计划，提高创新的效率。企业资源是有限的，国际化、多元化、技术创新等各项战略之间往往有资源竞争关系。通过政治关联获取的多渠道政府信号可以帮助企业在技术创新上有的放矢，抓住目前政府看重的创新项目寻求突破，减少在一些政府目前不太重视的项目上的创新资源投入，节约企业在技术创新上的投入。此外，政府官员通常会将政策倾斜或补贴优惠等涉及政策红利的政府行为视作与民营企业的资源交换，从而干涉企业的决策自由，要求企业的创新投入满足政府的政绩要求。如果企业政治战略的目标仅为获取信息优势，则政府不会过多干预企业战略，企业自身的决策自由度较大，产生的过度投入行为较少。

企业技术创新的效率在很大程度上由资源获取的多少和信息获取的速度来决定，政治关联的资源撬动效应使得企业获得政府的偏袒，促进企业技术创新的投入，政治关联的信息获取效应在一定程度上缓解了政企之间的信息不对称。企业可以在汇总分析多方面信息的情况下，对目前的政府目标有所了解，从而避免创新上的"广撒网"，有针对性地投入创新项目，在同等研发资源投入下提高创新效率。参考其他学者的做法（郭丽婷，2014），本文基于企业获取政治关联的动机不同将政治关联区分为政治关联深度和政治关联广度两个维度。政治关联深度体现的是企业政治嵌入程度的高低，企业以资源获取为目的，政治关联深度越高，企业在政治关系网络中的节点层次和质量就越高，从而越容易获得各级政府和官员的认同支持，有利于企业克服各种市场和行政障碍，获取创新所需的管制资源。高政治关联深度代表着企业投入资源与政府深层次接触，目的是在政府资源分配时获得更多优待，实现资源攫取的目的。政治关联广度体现的是企业与政府联系的密切程度，企业以信息获取为目标，政治关联广度越大，企业与政府的联系越广泛，获取政策信息的层次和来源越多，以此识别企业是否倾向于政企之间的广泛联系。高政治关联广度代表着企业董事会多位成员与政府有联系，浅层次的政治关联不以获取政策偏袒为目的，而是通过这种联系获取未来政策导向的信息，熟悉政府创新激励性工具，使企业技术创新不因为政策限制而受到制约。

政治关联深度可以为企业带来政府政策支持和财政补贴，从丰富企业创新资源的角度促进技术创新投入的增加。政治关联广度可以通过与政府的联系获取内部信息，使得企业创新战略更加具有方向和目标性，企业可以根据对政府的了解，削减一些未来政府在国家发展过程中不关注的创新项目投入，从而减少创新投入。基于以上分析，本文提出以下假设1：

假设1a：企业政治关联深度促进了技术创新投入，即政治关联深度与创新投入正相关。

假设1b：企业政治关联广度抑制了技术创新投入，即政治关联广度与创新投入负相关。

2.2 政治关联对企业创新产出的作用

政治关联对民营企业的产权保护和政府偏袒效应使企业在竞争程度较低的环境中参与市场(田利辉和张伟，2013)。同时，有政治关联的企业也承担了更多的社会负担，需要为地方官员对于高 GDP 增长率的期望出力，以满足其政治晋升需求，官员成功晋升后企业也会相应获得级别更高的政治关联(徐业坤等，2013)，两者存在利益交换关系(Faccio 和 Hsu，2017)。在腐败成本相对较低的环境中，建立和维持政治关联的收益大于成本，企业更愿意通过与政府建立特殊的政治关联来获取资源，从而忽视技术创新对于企业发展的长期作用。企业与政府的密切关系导致了较不保守的投资选择(Boubakri 等，2013)，与其他企业相比，取得政治关联的企业行为更为冒进，热衷于过度多元化或大量并购(潘红波等，2008)等短期利好行为。许多成功的民营企业家还倾向于在人大或政协等政府组织内任职或取得其他政治头衔(Li 和 Liang，2015)，同时追求商业成功和政治事业，并牺牲一部分公司利益。有政治关联的企业虽然得到了更多政府补贴和政策优惠，在创新投入方面具有一定优势，但是企业资源在政治活动和其他过度投资中被大量消耗，同时企业关注研发投入情况是否符合政府期望，致使企业对技术创新本身的结果不够重视(Chen 等，2011)，即使政治关联带来了额外的政府创新性补贴投资，企业对于创新战略实施的忽视仍然会导致创新效率的扭曲(Duchin 和 Sosyura，2012)，从而使创新产出低于其他企业。具有较大政治关联深度的企业获得了更强的资源攫取效应，进而容易形成对政治资源的依赖，企业家追逐政治地位带来的身份和荣耀，企业享受约束松弛的乐土，最终导致企业整体创新产出较低，因此对政治关联的过度投资对企业创新产出有挤出效应。

当然，企业家的高强度政治关联也可能会对创新产出有正向的促进作用，政治关联为企业带来的政府创新支持和创新补贴都可能增加企业技术创新投入，创新投入的增多也会对创新产出有一定的促进作用。但对于企业而言，政府补贴可能存在时滞，如地方政府政策规定对创新企业在几年内返还部分税费，因此，企业创新战略主要依靠的是企业自有资源，而非政府补贴。综合考虑政治关联深度对创新产出的两方面影响，本文认为在现实情境中，企业家投入在政治关联上的资源对创新产出的抑制作用，可能大于政府补贴通过增加创新投入对创新产出产生的促进作用。

不同类型的政府依赖性使企业面临不同的创新情境（Marquis 和 Qian，2014）。政治关联广度是企业通过创造浅层次的多点接触，构造与政府的广泛连接，并且不以获取政府偏袒效应为目的，仅为企业获取更多未来政策的信息创造优势，接触更全面、更丰富的信息会有利于企业创新成果的产生（Funk，2014）。也就是说，政治关联广度是民营企业拓宽信息获取渠道的重要途径，企业获得不同层次不同来源传递出的信号，得到更综合的信息，在分析各渠道信息的情况下制定企业创新战略，从而在技术创新的方向和力度上有所侧重，将有限的创新投资到最有前景和被政府看重的方向上，以提高创新产出。同时，以信息获取为目标的政治关联不过分追求企业家的政治身份和地位，对某些出于地方政府意志、但不符合企业规划、不利于企业发展的创新项目不会投入过多资源，一定程度上克服了政治资源的诅咒效应，使政治关联对企业技术创新产出的正效应发挥作用。

基于以上分析，本文提出假设2：

假设2a：企业政治关联深度抑制了技术创新产出，即政治关联深度与创新产出负相关。

假设2b：企业政治关联广度促进了技术创新产出，即政治关联广度与创新产出正相关。

2.3 制度环境质量对政治关联和技术创新的调节作用

政治关联深度和广度分别撬动了不同的政府资源，为企业技术创新准备了条件，企业的创新产出是技术创新过程的最终成果和企业绩效的来源，企业想要"领先半步进入无竞争领域"，就需要使用更少的资源投入创造更多的研发产出。而创新同时受到政治关联深度和广度不同方向的影响，其影响效果又随着外部制度环境的变化而改变。因此，本文在制度环境动态变化的背景下讨论企业技术创新的效果。

制度环境质量的提升改变了政治关联深度和广度分别对创新投入和创新产出的影响发生的环境，通过禁止公职人员兼任企业高管、曝光行贿受贿的灰色利益链等方式，切断了含有腐败行为的政治关联，致使政府官员以往的操纵政府行为的方式不可为继，在位官员也倾向于规范自己的行为，政治关联的资源攫取效应受到了很大的限制。对民营企业来说，政治关联变得脆弱并具有不可控性，追求政治关联的成本大幅提高，以往建立的政治关系网络节点层次越高，企业因为损失了关键政治资源受影响的程度越大。制度环境质量提升后，有政治关联的企业需要转变发展思路，通过技术创新重塑核心能力，谋求自身发展，变革企业资源配置，技术创新获得重视（党力等，2015），因此制度环境质量的提升在微观层面有利于企业增加创新投入。同时，制度环境质量的提升会释放政治关联所产生的政府偏袒效应，抵消政治关联造成的研发资源浪费，通过促进创新产出来提高企业创新资源的利用程度。因此本文预期政治关联深度在制度环境质量提升的背景下对企业创新的作用会被削弱。

政治关联广度代表的是企业与政府的多点接触渠道，是企业提高资源利用效率的有效途径，政治关联广度越大，民营企业获取信息和资源的渠道就越多(江若尘等，2013)。尽管不包含过多的灰色利益链，政治关联广度的信息获取效应仍然是一种信息腐败和政治力量过多影响市场行为的体现，制度环境质量的提升意味着政府行为和信息日趋公开，政治环境净化后，政治关联的信息获取效应被削弱。因此本文预期政治关联广度在制度环境质量提升的背景下对企业创新的作用会被削弱。基于以上分析，本文提出假设3：

假设3a：制度环境质量负向调节了企业政治关联深度与技术创新投入的关系，即制度环境质量提高后，企业政治关联深度与技术创新投入的正向关系被削弱。

假设3b：制度环境质量负向调节了企业政治关联广度与技术创新投入的关系，即制度环境质量提高后，企业政治关联广度与技术创新投入的负向关系被削弱。

假设3c：制度环境质量负向调节了企业政治关联深度与技术创新产出的关系，即制度环境质量提高后，企业政治关联深度与技术创新产出的负向关系被削弱。

假设3d：制度环境质量负向调节了企业政治关联广度与技术创新产出的关系，即制度环境质量提高后，企业政治关联广度与技术创新产出的正向关系被削弱。

3. 研究设计

3.1 样本选择与数据来源

考虑到不同类型或级别的政府目标有所差异(Wang等，2012)，为了克服使用虚拟变量或单一维度衡量企业政治关联的局限性，本文对企业董事会成员的政治关联级别进行细分，根据公司年度财务报告和董事会成员的个人资料，对董事会成员曾经担任或现在担任的最高行政职务进行赋值(郭思显和林爱梅，2016)，担任国家级行政职务的董事会成员政治关联赋值为7，省部级记为6，厅局级记为5，担任全国人民代表大会代表或政治协商会议委员记为4，省级人大代表或政协委员记为3，仅有政府官员任职经历，但行政级别低于厅局级的赋值为2，其他类型的政治关联，如在重要的非政府组织、行业协会等非政府机构担任重要职务的记为1，没有担任过行政职务赋值为0。本文采用政治关联深度(POLdepth)与政治关联广度(POLwidth)两个指标来测量政治关联程度，政治关联深度定义为董事会所有成员最高行政职务赋值的加总数(郭丽婷，2014)；政治关联广度定义为董事会中具有政治背景的董事比例(罗党论和甄丽明，2008)。

本文同时从创新投入(RD)和创新产出(PA)两个方面考察企业创新的不同阶段。对于创新投入，本文采用国内大部分研究使用的做法，将研发投入看作企业最重要的创新投入(党力等，2015；周小宇等，2016)，采用研发投入与企业营业收入之比作为测量创新投入的度量指标；对于创新产出，基于国内企业数据的可获得性，本文采用企业专利数衡量创新产出(温军和冯根福，2012)。

对于制度环境质量(ANTI)的度量，本文搜集了中共中央纪律检查委员会官方网站上公布的各省受执纪审查和党纪处分的中管干部和省管干部的人数，使用企业所在省份受审查和处分的干部总人数作为制度环境质量的代理变量(Pan和Tian，2017；王健忠和高明华, 2017)。

市场环境影响着政治关联对于企业的作用(李维安和徐业坤, 2012), 完善的市场制度可以为企业的稳定发展保驾护航, 部分替代政治关联对企业的作用, 使企业放松对政治关联的路径依赖, 本文引入区域市场发展质量(Market)指标描述地区市场环境的完善与否(Fan 等, 2011)。此外, 参考前人的研究, 本文加入了涉及企业相关指标(Rathert, 2016)和董事会成员个人特征(Zhang 等, 2016)的控制变量, 包括企业成长能力(Growth)、盈利能力(Lninc)、政府补助(Lngov)、企业规模(Lnsize)、企业业绩(ROA)、董事会成员平均学历(Degree)。具体变量指标的测度方法和数据来源见表 1, 变量的描述性统计在表 2 中详细给出。

表1　　　　　　　　　　　　　变量的测度方法和数据来源

变量类型	变量符号	变量名称	变量计量方法	数据来源
因变量	RD	创新投入	企业的年度研发费用占当年营业收入的比重	Wind 数据库
	PA	创新产出	公司在统计年度申请的专利数	CSMAR 数据库
自变量	POLdepth	政治关联深度	董事会所有成员最高行政职务赋值的加总数	手工整理
	POLwidth	政治关联广度	董事会中具有政治背景的董事比例	
调节变量	ANTI	制度环境质量	企业所在省份受审查和处分的中管干部和省管干部总人数	中共中央纪律检查委员会信息公示
控制变量	Market	区域市场发展质量	市场化指数	樊纲等《2011 年中国市场化进程》
	Growth	企业成长能力	营业收入增长率	Wind 数据库
	Lninc	盈利能力	企业当年营业收入的自然对数	
	Lngov	政府补助	企业当年获得政府补助的自然对数	
	Lnsize	企业规模	企业当年总资产的自然对数	
	ROA	企业业绩	总资产净利润率	
	Degree	董事会成员平均学历	董事会成员学历的平均值, 1 = 中专及中专以下, 2 = 大专, 3 = 本科, 4 = 硕士研究生, 5 = 博士研究生, 6 = 其他(以其他形式公布的学历, 如荣誉博士、函授等)	CSMAR 数据库

变量符号	平均值	标准差	最小值	最大值
RD	0.0545	0.0532	0.00003	0.7275
PA	36.3101	215.1617	0	4033
POLdepth	6.0037	4.6337	0	35
POLwidth	0.2632	0.1577	0	0.8182
ANTI	8.4911	17.6301	0	75
Market	8.0937	1.4501	2.53	9.95
Growth	20.4663	41.4879	−91.0423	645.9246
Lninc	20.5900	1.1298	15.0718	25.6813
Lngov	15.6563	1.3744	8.2940	21.0224
Lnsize	21.2501	0.9356	17.8787	25.5819
ROA	6.6918	7.8041	−146.162	43.6642
Degree	3.5810	0.5290	1.6667	5

表2 主要变量的描述性统计

考虑到行业所处领域的复杂性是衡量技术创新环境的重要指标，不同行业间的企业对待技术创新的重视程度和效率产出差异可能比较显著。本文的研究定位于数字新媒体行业，是指由电信（telecommunication）、媒体（media）、科技（technology）三个领域组成的TMT 行业，主要包括半导体、通信设备以及文化传媒等，所选取的样本为 2005 年 1 月至 2015 年 12 月在上交所和深交所主板上市的数字新媒体行业非国有上市公司，并剔除了在这期间被 ST 的公司，最终的研究样本为 292 家公司、含有 1299 个观测值的面板数据。在"互联网+"时代的中国，数字新媒体兴起，发展前景广阔，全行业在快速扩张的过程中急需创新。2017 年上半年普华永道的数据显示，私募及创投（PE/VC）在数字新媒体行业的总体投资数量和投资金额再次刷新半年度记录，IPO 数量进一步增加，显示出了市场对于数字新媒体行业的信心。现有的研究忽略了数字新媒体行业和传统制造业的异质性，由此得出的结论不能代表此类创新型产业的政治关联效应，本文基于数字新媒体行业民营上市公司的政治关联和企业创新数据，探讨政治关联对企业创新不同阶段的影响，以及制度环境质量动态变化下企业政治关联对技术创新的影响机制。

3.2 模型的构建

为了检验政治关联的两个维度对企业创新投入水平和创新产出水平的不同影响，设计模型（1）和模型（2）：

$$RD_{it} = \alpha + \beta_1 \times POL\,depth_{it} + \beta_2 \times POLwidth_{it} + \delta \times Control_{it} + \varepsilon_{it} \quad (1)$$

$$PA_{it} = \alpha + \beta_1 \times POL\,depth_{it} + \beta_2 \times POLwidth_{it} + \delta \times Control_{it} + \varepsilon_{it} \quad (2)$$

为了检验制度环境质量对政治关联与技术创新关系的影响，引入制度环境质量分别与政治关联的两个维度的交互调节项，设计模型（3）和模型（4）：

$$RD_{it} = \alpha + \beta_1 \times POLdepth_{it} + \beta_2 \times POLwidth_{it} + \beta_3 \times ANTI_{it} + \beta_4 \times ANTI_{it} \times POLdepth_{it} +$$
$$\beta_5 \times ANTI_{it} \times POLwidth_{it} + \delta \times Control_{it} + \varepsilon_{it} \tag{3}$$

$$PA_{it} = \alpha + \beta_1 \times POLdepth_{it} + \beta_2 \times POLwidth_{it} + \beta_3 \times ANTI_{it} + \beta_4 \times ANTI_{it} \times POLdepth_{it} +$$
$$\beta_5 \times ANTI_{it} \times POLwidth_{it} + \delta \times Control_{it} + \varepsilon_{it} \tag{4}$$

根据 Hausman 检验的结果，对模型（1）和模型（3）使用固定效应进行回归。由于模型（2）和（4）的因变量创新产出使用专利数衡量，符合计数模型，使用固定效应的面板泊松回归来估计模型是合适的。

4. 实证结果和分析

4.1 相关性分析

Pearson 相关性分析在表 3 中展示，政治关联深度与政治关联广度从不同角度刻画政治关联，确实存在一定的关系。为了进一步避免多重共线性问题，我们进行了 VIF 检验，结果显示，VIF 均值仅为 2.08，最大变量的 VIF 值没有超过 10 的上限，说明本文使用的变量之间不存在严重的多重共线性问题。

表 3　　　　　　　　　　　　　　　　主要变量的描述性统计

变量符号	RD	PA	POLdepth	POLwidth	ANTI	Market	Growth	Lninc	Lngov	Lnsize	ROA	Degree
RD	1											
PA	0.0202	1										
POLdepth	0.0339	0.1176	1									
POLwidth	0.0479	0.0137	0.7417	1								
ANTI	0.0234	0.0089	−0.1175	−0.0812	1							
Market	0.0429	−0.0092	−0.1526	−0.1268	0.2416	1						
Growth	−0.0741	0.0075	−0.0036	−0.0056	−0.0002	0.0159	1					
Lninc	−0.3042	0.3399	0.1763	0.0305	0.1201	0.1069	0.1272	1				
Lngov	0.0647	0.2248	0.1888	0.1329	0.0929	0.0317	0.068	0.512	1			
Lnsize	−0.1203	0.356	0.2	0.0751	0.1416	0.0678	0.0948	0.8833	0.5947	1		
ROA	−0.1022	0.0215	−0.0078	0.0274	−0.0479	0.0597	0.2806	0.1332	0.0432	0.014	1	
Degree	0.1728	0.1034	0.0583	0.0566	0.0437	−0.0988	0.0169	0.0884	0.1738	0.1665	−0.0783	1

4.2 主效应回归分析

表 4 的前两列报告了基于研发投入的面板固定效应估计，考察了政治关联深度和广度是如何影响企业创新投入的；后两列报告了基于专利总数的面板泊松估计，考察了政治关联深度和广度是如何影响创新产出的。模型（1）中政治关联深度对创新投入水平有显著的

正向影响，即企业的政治资源级别越大、强度越高，研发投入也就越多，政治关联深度的资源攫取效应明显，因此假设 1a 得到了支持。而政治关联广度对创新投入水平的影响不显著，假设 1b 没有得到数据验证。获得更多政治关系网络可以为企业寻租提供渠道，促进其创新投入增加(王健忠和高明华，2017)，政治关联深度高的企业凭借与政府的密切关系，获得更多创新资源，研发投入更多；而政治关联广度没有资源攫取的作用，企业信息获取的能力并不能对节约创新资源产生显著影响。企业在某一年度能够在创新中投入的资源可能是一定的，企业创新战略是企业自主的决策，政治关联广度会提供一些信息，但信息对企业节约创新资源的作用在现阶段并不明显，不会对企业决定在创新上投入多少资源有过多影响。

表4   政治关联、制度环境质量对企业创新的基本回归

因变量	创新投入		创新产出	
变量	Model 1	Model3	Model2	Model 4
POLdepth	0.0011^{**}	0.0015^{***}	-0.0144^{***}	-0.0298^{***}
(假设 1a、2a)	(0.0005)	(0.0005)	(0.0039)	(0.004)
POLwidth	-0.0225	-0.0385^{**}	1.329^{***}	1.349^{***}
(假设 1b、2b)	(0.0161)	(0.0167)	(0.153)	(0.163)
ANTI		-0.0003^{***}		-0.0018^{*}
		(0.0001)		(0.001)
POLdepth×ANTI		-0.00004^{**}		0.0019^{***}
(假设 3a、3c)		(0.00002)		(0.00009)
POLwidth×ANTI		0.0015^{***}		-0.0377^{***}
(假设 3b、3d)		(0.0005)		(0.004)
Market	0.0016	0.0034	-0.108^{***}	-0.181^{***}
	(0.0036)	(0.0038)	(0.0321)	(0.0344)
Growth	-0.00001	-0.00001	-0.0034^{***}	-0.0032^{***}
	(0.00002)	(0.00002)	(0.0002)	(0.0003)
Lninc	-0.0264^{***}	-0.0267^{***}	0.608^{***}	0.678^{***}
	(0.0039)	(0.0039)	(0.0371)	(0.0381)
Lngov	0.0023^{**}	0.0023^{**}	0.0646^{***}	0.0381^{***}
	(0.0011)	(0.0011)	(0.0115)	(0.0116)
Lnsize	0.0035	0.0037	-0.0082	0.0556
	(0.0042)	(0.0042)	(0.0440)	(0.0448)

因变量	创新投入		创新产出	
变量	Model 1	Model3	Model2	Model 4
ROA	-0.0006***	-0.0006***	0.0025	-0.0025
	(0.0002)	(0.0002)	(0.0017)	(0.0017)
Degree	0.0009	0.0010	-0.0618**	-0.0157
	(0.0034)	(0.0034)	(0.0313)	(0.0314)
常数项	0.488***	0.481***		
	(0.0735)	(0.0738)		
年份是否控制	✓	✓	✓	✓
观测值	1299	1299	1124	1124
组内 R-squared	0.175	0.187		
企业数量	292	292	228	228

注：＊＊＊表示 $p<0.01$，＊＊表示 $p<0.05$，＊表示 $p<0.1$。

模型(3)中政治关联深度与制度环境质量的交互项显著为负，说明制度环境质量提升后企业基于资源攫取效应获得的创新投入确实会受到抑制，假设 3a 得到验证。政治关联广度与制度环境质量的交互项为正且在统计水平上显著，但是政治关联广度在模型(1)中不显著，说明政治关联广度无法单独对创新投入产生显著影响，只有和制度环境质量共同作用才能对创新投入产生显著作用，验证了假设 3b。由于政治关联广度并不能使企业获得政府的偏袒效应，政治关联广度高和低的企业在制度环境质量变化前的差异不显著，但是当制度环境质量提升后，政治关联广度对于创新投入的信息获取效应被释放，同时，由于部分政治关联被削减，企业更加重视创新战略，导致其创新投入增加。

模型(2)中政治关联深度对创新产出有显著的负向影响，政治关联广度对创新产出有显著的正向影响，即高水平的政治关联深度削弱了创新产出，而高水平的政治关联广度对创新产出有显著的促进作用，假设 2a 和假设 2b 都得到了支持。政府补贴和政策倾斜会对企业创新带来积极的影响，但是，企业也可能需要通过寻租来获得高额补贴，这种对于政治资源的寻求会在一定程度上损害创新效率，导致创新产出低下。而政治关联广度对政治资源的寻求没有太大帮助，它代表的是政治关联的信息获取效用。信息获取的渠道和程度对提高创新效率、增大创新产出的效果是显著的，即企业的政治关系网络越大，越能获取全面而准确的信息，致使政治关联的信息获取效应得到发挥，从而促进创新产出水平的提高。

模型(4)中政治关联深度与制度环境质量的交互项具有正向作用，在制度环境质量提升时，政治关联深度对创新产出的负向影响被削弱，制度环境质量的增强提高了企业创新产出水平，假设 3c 被验证。政治关联广度与制度环境质量的交互项具有负向作用，说明制度环境质量削弱了政治关联广度对创新产出的促进效应，即在政治关联广度一定的情况下，制度环境质量程度的提高抑制了政治关联的信息获取效应，假设 3d 得到支持。

假设 1a 和假设 2a 均得到验证，说明高政治关联深度大幅提高了企业研发投入，但是抑制了创新产出，政治关联深度导致了低效率的创新。假设 1b 没有得到支持而假设 2b 被验证，说明政治关联广度虽然不能给企业带来政府投入资源的偏袒，也不会使企业节约创新资源，但是企业获取的信息提高了创新的效率。实证的结果验证了政治关联的两种维度对创新具有的不同影响。随着制度环境质量的提高，政治关联对创新的正效应和负效应均被抑制，企业政治嵌入的价值下降，制度环境质量正向变动通过指导企业行为"去行政化"，减少企业对行政资源的依赖，净化政企关系，确实削弱了技术创新对政治关联的依靠，弱化了政治力量在市场竞争中的作用，使得企业的自主研发成为技术创新的中坚力量。良好的制度环境质量对于提升企业创新效率具有重大意义，现阶段的反腐败行动初见成效，符合政府反腐败行动预期的方向，但是仍然需要深化，切断企业对政治资源的寻租，才能进一步提升企业对技术创新资源的利用效率。

4.3 稳健性检验

对于研发投入，考虑到企业政治关联对政府补贴水平的影响，本文在稳健性检验中使用(研发支出−政府补贴)/营业收入的值来衡量企业自主研发投入水平(李诗田和邱伟年，2015)。表 5 的前两列展示了重新回归模型 1 和模型 3 的结果，政治关联深度对创新投入的正向影响显著性降低，政治关联广度对创新投入的负向影响显著性提高，说明政治关联的资源攫取效应通常以政府补贴的形式体现。而政治关联广度的显著性变化可能是由于在获得更多的信息之后，企业创新有了明确的方向和目标，提高了创新效率，剔除创新投入中政府补贴的部分后，政治关联的信息获取效应使得企业节约了创新投入中的自有资金，支持了假设 1b。除此之外，其他变量的结果没有影响本文的结论。

表 5 政治关联、制度环境质量对企业创新的再检验

因变量	创新投入		创新产出	
变量	Model 1	Model3	Model2	Model 4
POLdepth	0.0008	0.0012 **	−0.0120 **	−0.0363 ***
（假设 1a、2a）	（0.0005）	（0.0006）	（0.0053）	（0.0056）
POLwidth	−0.0328 *	−0.0509 ***	1.553 ***	1.446 ***
（假设 1b、2b）	（0.0185）	（0.0191）	（0.205）	（0.222）
ANTI		−0.0002 *		−0.0027 **
		（0.0001）		（0.0013）
POLdepth×ANTI		−0.00004 **		0.0032 ***
（假设 3a、3c）		（0.00002）		（0.0001）
POLwidth×ANTI		0.0018 ***		−0.0579 ***

因变量	创新投入		创新产出	
变量	Model 1	Model3	Model2	Model 4
（假设 3b、3d）		（0.0005）		（0.0059）
常数项	0.322***	0.333***		
	（0.0842）	（0.0845）		
控制变量是否控制	✓	✓	✓	✓
年份是否控制	✓	✓	✓	✓
观测值	1299	1299	1119	1119
组内 R-squared	0.146	0.156		
企业数量	292	292	226	226

注：＊＊＊表示 $p<0.01$，＊＊表示 $p<0.05$，＊表示 $p<0.1$。

对于研发产出，本文参考部分学者使用发明专利数定义创新产出的方法。表 5 的后两列给出了基于发明专利数的回归结果，主效应回归的结论均没有发生改变，模型 2 和模型 4 所支持的假设 2a、2b 和假设 3c、3d 在表 5 中仍然得到了验证。

5. 结论

本文的研究发现，政治关联对企业创新的影响因其对政治关系网络的嵌入程度和大小而不同，这背后反映的是企业的政治关联策略和意图。政治关联深度的资源撬动效应显著，企业拥有的政治关联深度促进了对技术创新的投入，但同时抑制了创新产出，企业总体创新效率低下，依靠政府取得管制资源进行创新的做法不可持续；政治关联广度体现的是政治关联的信息获取效应，在企业创新投入不变的情况下增加了创新产出，企业创新能力获得提升，通过广泛地与政府进行沟通交流而获取的信息资源有利于提高企业的技术创新效率。此外，制度环境质量的正向变动冲击了寻求政治依赖的企业创新行为，有利于企业自主创新能力的提高。具体来说，制度环境质量的提升削弱了政治关联深度的资源撬动效应，政治关联对市场化配置的挤出作用降低，政治关联广度对企业技术创新的信息获取效应同时被削弱，削减了信息腐败行为，维护了正常的市场竞争秩序。制度环境质量的提升通过在政府层面同企业切断含有资源输送的政治关联，达到了加强市场化调节的作用。

从企业的微观视角上，本文对制度环境质量如何影响政治关联，进而影响创新过程进行探讨，结论同时为企业使用政治关联的效用和反腐败政策的实施提供了建议和理论依据。在数字新媒体行业，尤其是制度环境质量正向变动的情景中，民营企业应当减少对政治关联的关注，避免对政治关联进行寻租和产生依赖，积极进行研发等长期投资，提高自主创新能力以满足市场竞争和企业成长的要求。对于政府来说，本文的结论说明反腐败行动在政企关系的集中处理与净化上初见成效，完善了企业生存的制度环境，也从积极的方向引导了民营企业合理地利用研发资源，使得企业的自主创新能力提高。制度环境质量提升的积极作用说明政府需要构建长效反腐机制，深化政治巡视和纪律督查，同时不断推进市场化进程，这对于中国民营企业集中优势资源，增强创新创造能力，培育核心竞争力，参与国际化的市场竞争至关重要。

需要注意的是，本文的研究仍有其局限性。首先，政治关联对不同行业的企业行为可能呈现出显著差异或产生截然相反的影响，本文出于数据的可得性和控制行业异质性影响的需要，选取的是创新活动密集的数字新媒体行业，在未来的研究中可以将样本扩大至其他不同类型的企业乃至全行业。其次，创新产出只是企业技术创新的阶段性成果，作为企业来说，从技术创新的成果到未来业绩的转化过程仍然需要时间并伴随风险，政治关联在创新成果的实现过程中发挥了怎样的作用有待考察。再次，以技术为重点的行业通常会形成以共享资源和知识为目标的企业联盟，但是由于国内创新数据的限制，本文对创新过程的探索没有考虑到创新在企业或行业的横向或纵向扩散，创新网络和行业聚集对相关企业的创新能力的作用有待研究。最后，由于数据和样本所限，有关变量测度和滞后项设定的内生性问题未能得以充分解决。因此，未来的研究可以就上述方向进行更深入的探索和拓展。

◎ 参考文献

[1] 蔡地，黄建山，李春米，等. 民营企业的政治关联与技术创新[J]. 经济评论，2014（2）.

[2] 曾萍，吕迪伟，刘洋. 技术创新、政治关联与政府创新支持：机制与路径[J]. 科研管理，2016(7).

[3] 陈爽英，井润田，龙小宁，等. 民营企业家社会关系资本对研发投资决策影响的实证研究[J]. 管理世界，2010(1).

[4] 戴浩，柳剑平. 政府补助、技术创新投入与科技型中小企业成长[J]. 湖北大学学报（哲学社会科学版），2018，45(6).

[5] 党力，杨瑞龙，杨继东. 反腐败与企业创新：基于政治关联的解释[J]. 中国工业经济，2015(7).

[6] 郭丽婷. 社会信任、政治关联与中小企业融资[J]. 金融论坛，2014(4).

[7] 郭思显，林爱梅. 政治关联、研发投入与企业价值——来自中小板高新技术企业的经验证据[J]. 财会通讯，2016(33).

[8] 江若尘，莫材友，徐庆. 政治关联维度、地区市场化程度与并购——来自上市民营企业的经验数据[J]. 财经研究，2013(12).

[9] 江雅雯，黄燕，徐雯. 政治联系、制度因素与企业的创新活动[J]. 南方经济，2011（11）.

[10] 李诗田，邱伟年.政治关联、制度环境与企业研发支出[J].科研管理，2015(4).

[11] 李维安，徐业坤.政治关联形式、制度环境与民营企业生产率[J].管理科学，2012(2).

[12] 罗党论，唐清泉.中国民营上市公司制度环境与绩效问题研究[J].经济研究，2009(2).

[13] 罗党论，甄丽明.民营控制、政治关系与企业融资约束——基于中国民营上市公司的经验证据[J].金融研究，2008(12).

[14] 潘红波，夏新平，余明桂.政府干预、政治关联与地方国有企业并购[J].经济研究，2008(4).

[15] 彭伟华，侯仁勇.双重网络嵌入对企业创新绩效的影响[J].济南大学学报(社会科学版)，2019，29(3).

[16] 田利辉，张伟.政治关联影响我国上市公司长期绩效的三大效应[J].经济研究，2013(11).

[17] 王健忠，高明华.反腐败、企业家能力与企业创新[J].经济管理，2017(6).

[18] 温军，冯根福.异质机构、企业性质与自主创新[J].经济研究，2012(3).

[19] 徐伟，张荣荣，刘阳，等.分类治理、控股方治理机制与创新红利——基于国有控股上市公司的分析[J].南开管理评论，2018(3).

[20] 徐雪霞，李祎雯，王珍义.高管政治关联与企业技术创新：基于中国上市公司的分析[J].财会通讯，2013(15).

[21] 徐业坤，钱先航，李维安.政治不确定性、政治关联与民营企业投资——来自市委书记更替的证据[J].管理世界，2013(5).

[22] 杨其静.企业成长：政治关联还是能力建设？[J].经济研究，2011(10).

[23] 杨战胜，俞峰.政治关联对企业创新影响的机理研究[J].南开经济研究，2014(6).

[24] 袁建国，后青松，程晨.企业政治资源的诅咒效应——基于政治关联与企业技术创新的考察[J].管理世界，2015(1).

[25] 周小宇，符国群，王锐.关系导向战略与创新导向战略是相互替代还是互为补充——来自中国私营企业的证据[J].南开管理评论，2016(4).

[26] Bass, A. E., Chakrabarty, S. Resource security：Competition for global resources, strategic intent, and governments as owners[J]. *Journal of International Business Studies*, 2014, 45(8).

[27] Boubakri, N., Guedhami, O., Mishra, D., et al. Political connections and the cost of equity capital[J]. *Journal of Corporate Finance*, 2012, 18(3).

[28] Boubakri, N., Mansi, S. A., Saffar, W. Political institutions, connectedness, and corporate risk-taking[J]. *Journal of International Business Studies*, 2013, 44(3).

[29] Chen, C., Li, Z., Su, X., et al. Rent-seeking incentives, corporate political connections, and the control structure of private firms：Chinese evidence[J]. *Journal of*

Corporate Finance, 2011, 17(2).

[30] Duchin, R. , Sosyura, D. The politics of government investment[J]. *Journal of Financial Economics*, 2012, 106(1).

[31] Faccio, M. Politically connected firms[J]. *American Economic Review*, 2006, 96(1).

[32] Faccio, M. , Hsu, S. Politically connected private equity and employment[J]. *Journal of Finance*, 2017, 72(7).

[33] Fan, G. , Wang, X. , Zhu, H. *NERI index of marketization of China's provinces*[M]. Beijing: Economic Science Press, 2011.

[34] Funk, R. J. Making the most of where you are: Geography, networks, and innovation in organizations[J]. *Academy of Management Journal*, 2014, 27(1).

[35] Houston, J. F. , Jiang, L. , Lin, C. , et al. Political connections and the cost of bank loans[J]. *Journal of Accounting Research*, 2014, 52(1).

[36] Li, X. H. , Liang, X. A confucian social model of political appointments among Chinese private-firm entrepreneurs[J]. *Academy of Management Journal*, 2015, 58(2).

[37] Marquis, C. , Qian, C. Corporate social responsibility reporting in China: Symbol or substance? [J]. *Organization Science*, 2014, 25(1).

[38] Pan, X. , Tian, G. G. Political connections and corporate investments: Evidence from the recent anti-corruption campaign in China[J]. *Journal of Banking & Finance*, 2017.

[39] Rathert, N. Strategies of legitimation: MNEs and the adoption of CSR in response to host-country institutions[J]. *Journal of International Business Studies*, 2016, 47(7).

[40] Sun, P. , Mellahi, K. , Thun, E. The dynamic value of MNE political embeddedness: The case of the Chinese automobile industry[J]. *Journal of International Business Studies*, 2010, 41(7).

[41] Sun, P. , Hu, H. W. , Hillman, A. J. The dark side of board political capital: Enabling blockholder rent appropriation[J]. *Academy of Management Journal*, 2016, 59(5).

[42] Tian, X. , Wang, T. Y. Tolerance for failure and corporate innovation [J]. *Review of Financial Studies*, 2014, 27(1).

[43] Wang, C. , Hong, J. , Kafouros, M. , et al. Exploring the role of government involvement in outward FDI from emerging economies[J]. *Journal of International Business Studies*, 2012, 43(7).

[44] Zhang, J. , Marquis, C. , Qiao, K. Do political connections buffer firms from or bind firms to the government? A study of corporate charitable donations of Chinese firms[J]. *Organization Science*, 2016, 8(1).

[45] Zhou, K. Z. , Gao, G. Y. , Zhao, H. State ownership and firm innovation in China: An integrated view of institutional and efficiency logics[J]. *Administrative Science Quarterly*, 2017, 62(2).

The Impact of Political Connections on Enterprise Technological Innovation in Institutional Transition

—An Empirical Study Based on Private Listed Companies of Digital New Media Industry

Zhao Qiwei[1] Li Luqi[2,3]

(1, 2 Economics and Management School of Wuhan University, Wuhan, 430072;

3 Business and Technology School of Shandong Management University, Jinan, 250357)

Abstract: As a long-term strategic investment behavior, enterprises' innovative behavior is an important strategy that determines the future development of the enterprise. However, the existing research has not formed a consistent conclusion on the influence of enterprises's political connections on technological innovation. In order to separate the resource retrieval effect and information acquisition effect of political connections on enterprise innovation, this paper describes the political connections of enterprises from depth and width to further investigate its effect on innovation input and innovation output. Furthermore, regarding institutional transition as a moderator variable, this study constructs a moderator model including the depth and width of enterprises political connections and technological innovation. We select data from private listed companies in the digital new media industry(telecommunication、media、technology) industry to conduct empirical tests. We find that the depth of political connections is positively related to enterprise innovation input but negatively related to enterprise innovation output, that is, the depth of political connections reflects the resource retrieval effect on enterprise innovation. The width of political connections is positively related to enterprise innovation output, but not significantly related to enterprise innovation input, which is reflects the information acquisition effect of political connections on corporate innovation. Furthermore, institutional quality level plays a negative moderating role on the depth and width of political connections to enterprise innovation. In terms of empirical results, institutional transition weakened the squeeze effect of the political-business relationship on market-based allocation.

Key words: Political connections; Technological innovation; Institutional transition; Digital new media industry

专业主编：陈立敏

制度环境、动态能力对企业创业行为影响
——基于北京新能源汽车股份有限公司的纵向案例研究*

● 刘兆国[1]　蔡　莉[2,3]　杨亚倩[4]

（1 吉林财经大学国际经济贸易学院　长春　130117；2 吉林大学汽车仿真与控制国家
重点实验室　长春　130025；3，4 吉林大学管理学院　长春　130022）

【摘　要】制度理论和动态能力理论具有丰富的理论内涵，可以为创业行为提供很好的理论解释，但现有研究对两者间的内在联系及其对创业行为的作用机理研究不足。本研究从创业者视角构建制度环境、动态能力对企业创业行为影响框架，对北汽新能源开展了纵向案例研究。研究发现：制度环境动态演进驱动了动态能力的形成与提升，而动态能力在提高企业对制度环境做出动态反应的同时，也不断得到自我强化；动态能力有助于企业快速识评机会，形成与机会相匹配的资源、能力基础并持续进行动态调整，实现机会利用；制度环境及其演进为企业提供了创业机会来源并降低了环境不确定性，企业能否利用制度机会的关键在于形成与制度环境演进相匹配的动态能力。

【关键词】制度环境　动态能力　创业行为　新能源汽车　质性研究
中图分类号：F270　　　　文献标识码：A

1. 引言

发展战略性新兴产业是促进我国产业结构转型升级和经济发展方式转变的重要支撑。自 2001 年启动 863 计划"电动汽车"重大科技专项以来，我国新能源汽车产业制度环境不断演进，新能源汽车领域创业活动正如火如荼地展开。北汽新能源、比亚迪等传统汽车制造企业纷纷进入新能源汽车领域并取得了良好的市场业绩，蔚来、小鹏等"造车新势力"不断涌现，越来越多的社会资本也开始参与到动力电池、驱动电机与充电桩等新能源汽车产业链中，一时间新能源汽车产业成为创业者关注的热点。

* 基金项目：国家自然科学基金重点项目"中国转型经济背景下企业创业机会与资源开发行为研究"（项目批准号：71232011）。

通讯作者：刘兆国，E-mail：liuzhaoguo@ jlufe. edu. cn。

为什么会有这么多企业进入这一领域开展创业？为什么仅有少数企业取得了成功？现有研究多侧重于从制度环境或动态能力单一视角开展研究。制度理论通过将制度与组织相连接，可以针对复杂系统的组织行为进行研究（Scott，2008）。动态能力理论可以用于解释新创企业如何适应快速多变的环境，获取并长期保持竞争优势（Teece，2014）。值得注意的是，现有研究并未充分反映企业创业行为的真实情况：一方面，制度在对人类行为做出约束的同时提供相应激励机制（North，1990），进而规范企业行为，但忽视了企业改变制度环境与商业生态系统的能力；另一方面，动态能力理论虽然可以解释企业在动态环境中如何获取竞争优势，但却忽视了其所根植的环境特征，不能为特定环境下动态能力驱动的创业行为提供恰当的理论解释。制度环境与动态能力理论内部相互交织并具有相互影响倾向，但现有研究却通常仅从单一理论视角开展研究，将两者割裂，影响了研究成果的适用性（Gölgeci 等，2017）。基于上述创业情境与理论缺口，本研究将汲取制度理论与动态能力理论丰富的理论内涵，以我国新能源汽车产业制度环境演进历程为实践背景，从理论融合视角探索制度环境、动态能力间及其对创业行为的影响机理。

2. 文献回顾与理论框架建构

2.1 制度环境

制度环境在对人类行为做出约束的同时，为社会提供激励机制并降低环境的不确定性，减少交易费用，进而影响企业创业行为（Ahlstrom 和 Bruton，2002）。学者们主要从正式制度与非正式制度两个维度探讨制度环境对企业创业行为的影响。在正式制度方面，Sine 和 David（2003）发现稳定的制度环境导致了企业组织结构和战略同质，阻碍了企业创业活动，而制度变革则促进了产业发展。政府通过制定相关税收优惠、补贴等激励措施刺激市场，促使企业实现机会利用（Hart，2010）。Antolin-Lopez 等（2013）研究表明政府制定的税收优惠、补贴、贴息贷款以及保护价格等激励措施会降低产业进入门槛，企业在实现机会利用的同时会进一步提高社会成效。Urban 和 Kujinga（2017）发现随着制度环境质量的提升，人力和金融资本重要性降低，社会资本对于企业能否实现机会利用的影响显著提升。此外，企业创业行为受到制度压力水平影响，压力较大时倾向于依靠合法性选择业务，反之则依靠效率机制做出选择（蔡宁等，2017）。在非正式制度方面，Meek 等（2010）的研究表明消费者环保消费习惯以及家庭间相互依赖习惯等社会规范会影响新企业是否进入该产业。倪嘉成和李华晶（2017）的研究显示科技人员的创业认知正向影响创业行为，助力性制度环境具有正向调节作用，但规制环境和规范环境的调节作用不显著。此外，制度环境对企业组织、管理和展现动态能力会产生复杂影响（Peng 等，2009），制度环境通过影响组织的管理认知、价值体系和管理方式，进一步影响作为动态能力支柱的认知和组织流程，进而对动态能力产生影响，是企业进行资源和能力开发的主要驱动力量（Helfat 等，2015）。

2.2 动态能力

动态能力理论是对资源基础观的进一步扩展。目前，学者们主要从"能力"和"过程"两个视角对其内涵进行界定：一些学者基于"能力"视角，将动态能力视为企业感知和识别内外部风险，整合、重构内外部资源以及进行学习的能力，其取向为完成组织管理过程的能力(Teece 等，1997)；另一些学者则基于"过程"视角，将动态能力视为一种组织日常运作惯例、过程与模式，其取向为具体的、可以辨识地嵌入在组织管理中的过程(Eisenhardt 和 Martin，2000)。近年来，新创企业动态能力问题引起了学者们的关注。有学者将动态能力引入对新创企业竞争优势获取研究中，发现动态能力显著地帮助企业将创业资源配置到提升新创企业业绩的活动中，在创业资源与表现间起到了调节作用(Wu，2007)。企业有从动态能力中获取更大利益的潜力(Zahra 等，2006)，但这种潜力受到企业成立年限、常规能力等变量调节(马鸿佳等，2014)。此外，还有学者对动态能力影响因素进行分析，探索了创业导向、创业能力与动态能力之间的关系。Madsen(2012)发现在控制行业和资源差异时，创业导向是不同维度动态能力的主要解释因素，并指出创业导向可以创造和鼓励资源的新整合。

2.3 创业行为

创业行为研究是揭示创业过程黑箱和新企业产生机理的关键(张玉利和赵都敏，2008)，但学者们对于创业行为的具体研究范畴尚未达成统一。目前，学者们的研究主要集中在机会开发与资源开发两类创业行为。机会开发行为包括机会识别、评价和利用三个子行为。机会开发行为研究强调机会的外部性，认为信息渠道与认知偏好会影响创业者对机会的识别，而机会本质、个体差异则会影响创业者的机会利用决策(Shane 和Venkataraman，2000)。该类研究主要关注组织外部环境和内部因素对创业行为所产生的影响。外部因素研究主要关注外部制度环境、市场需求、行业变革对机会的识别、评价和利用(Ramoglou 和 Tsang，2015；刘振等，2019)。内部因素研究主要关注组织规模、创业者特征以及利益相关者对机会识别、评价与利用的影响(程建青等，2019)。资源开发行为是企业构建资源组合、整合资源以提升能力以及将能力进行利用，从而为客户及企业自身创造并保持价值的过程，主要包括资源的识别、获取、整合与利用等四个子行为。在资源开发行为研究中，新创企业如何围绕资源开发过程有效地管理资源以获取竞争优势是学者们探讨的重点(Sirmon 等，2007)。有价值的、稀缺的、难以模仿和不可替代的异质性资源是企业可持续竞争优势的来源(Haynie 等，2009)，但学者们对处于新创阶段且不具备资源优势的新创企业关注较少(Cai 等，2016)。

从机会或者资源单一视角开展的创业行为研究忽略了两者之间的内在联系，缺乏对创业行为全面、系统的把握。为此，一些学者开始从机会资源一体化视角开展创业行为研究。葛宝山等(2015)提出了机会资源一体化构念，按照创业准备、实施与成长进行层次划分，形成了机会资源一体化研究主线与脉络。蔡莉和鲁喜凤(2016)基于转型经济背景来探讨企业创业行为，指出机会开发伴随着资源识别、获取与整合，而资源开发需要通过识别、评价与利用机会等过程才能创造价值。机会资源一体化构念的提出，提高了创业行为研究的针对性和可操作性。

2.4 研究缺口

综合上述文献，可以发现多数学者在研究制度环境对创业行为的影响时，没有明确界定所采取的制度流派，经济学、政治学中的制度流派更强调规制体系的约束性，而社会学中的制度流派则认为制度还包括象征系统认知模式，不同制度流派的制度取向将影响研究结论及其适用性（Bruton 等，2010）。同时，现有研究有关制度环境对企业创业行为具体影响机理的研究不够深入，对制度环境及其动态演进如何影响动态能力缺乏探讨。此外，在动态能力对企业创业行为影响研究中，对动态能力内涵界定与维度划分需要进一步完善，对动态能力"前因后果"还需要深入挖掘，并避免从机会或者资源单一视角开展的创业行为研究对两者间内在联系的忽略。需要特别指出的是，现有研究多从制度环境或动态能力单一视角探讨其对创业行为影响，不能有效解释企业创业行为全貌（Gölgeci 等，2017）。为此，本研究基于新制度经济学正式制度视角，从"能力"与"过程"相融合视角对动态能力内涵进行界定，通过对具有代表性新能源汽车企业创业过程进行纵向案例研究，系统探讨制度环境、动态能力与创业行为的内在影响机理，以期弥补相关研究缺口。

3. 研究方法

3.1 研究方法和案例研究对象选择

3.1.1 研究方法选择

本研究采用纵向探索性案例研究法对研究对象进行单案例深度分析。案例研究可以帮助研究者深入了解现象背后的原因和过程，而探索性案例研究有助于在事实基础上进行提炼、完善理论构念并归纳构念间的逻辑关系，丰富现有理论，更适宜回答"如何"问题（Yin，2009）。本研究探讨的是制度环境、动态能力"如何"影响企业创业行为，并从时间维度上对这种影响机理进行纵向追踪，适合使用纵向探索性案例研究法。

3.1.2 案例对象选择

本研究所选择的代表性企业是北京新能源汽车股份有限公司（以下简称"北汽新能源"），其由北汽集团发起并控股，业务范围涵盖新能源汽车整车及零部件研发、生产、销售与售后服务，2017 年公司纯电动汽车销售超过 10 万辆，业务领域涉及新能源汽车主要产业链，具有较强的代表性。

做此选择主要是基于以下几点考虑：（1）北汽新能源于 2009 年 11 月成立，是国内第一家专门从事新能源汽车相关业务的公司，业绩突出；（2）公司由北汽集团发起成立并控股，与北京市政府关系密切，更有利于探讨制度环境对创业行为的影响机理；（3）其创业活动与我国新能源汽车产业制度环境演进相伴随，具有较高的典型性和代表性；（4）公司在发展过程中开展了一系列资源整合、重构活动，具有显著的动态能力特征表现，与研究内容相契合。这一案例研究对象的选择也充分考虑了单案例研究对象的极端性和启发性（Eisenhardt 和 Graebner，2007），以保证所得出的研究结论具有更强的解释性。

3.2 数据收集

本研究严格遵循多样化数据来源准则，综合采用半结构化访谈、非正式访谈与二手资料收集等多种方法，对不同来源获取的资料进行"三角验证"，形成资料间的相互补充和交叉验证，从而提高案例研究的信度和效度。

制度环境数据收集。针对国内新能源汽车产业制度环境，本研究从以下几个方面进行收集分析：(1)对全国乘用车市场信息联席会秘书长崔东树进行专家访谈，主要聚焦新能源汽车制度环境演进过程中的关键制度及其解读；(2)收集万刚、欧阳明高等业内权威专家以及各部委负责人演讲、访谈及媒体发言，跟踪制度安排的背景、目标及演进方向；(3)查阅《新能源汽车蓝皮书》(2015 年至 2017 年)、《中国汽车工业年鉴》(2001 年至 2017 年)等资料，关注专业网站有关产业政策栏目，形成国家及北京市新能源汽车制度谱系。

北汽新能源相关数据收集。为避免因印象管理和回溯性释义带来的偏差，采取半结构化访谈与二手数据相结合方式进行收集分析：(1)对两位北汽新能源中层管理者进行半结构化访谈，并对二手资料进行确认和补充；(2)收集公司自媒体和其他信息渠道公开发表的二手资料；(3)在案例分析过程中，以电话访谈形式对北汽新能源中层管理者以及业内专家进行补充访谈，并就案例分析内容进行交叉验证。

3.3 构念测度

为了进行理论建构，将概念化表述归纳到与研究目的相关的构念层面，本研究通过对相关理论与文献的回顾，对所涉及构念的定义和测量方法进行如下界定。

3.3.1 制度环境

为了避免 Bruton(2010)所指出的现有利用制度理论开展创业研究没有明确制度流派，影响研究结论适用性的不足，本研究采取新制度经济学的正式制度视角，基于政治规则、经济规则与契约等正式制度(North，1990)，对中国新能源汽车产业制度环境及其演进开展研究。在对制度环境的测度上，本研究收集从 2001 年国家启动 863 计划"电动汽车"重大科技专项以来由国务院、中央部委以及北京市等出台的有关新能源汽车产业发展的法律、规章和政策，并开展内容分析。

3.3.2 动态能力

本研究从"能力"与"过程"相融合的视角，将动态能力视为嵌入在组织和管理流程中，企业不断整合、构建和配置内、外部资源以适应外部动态变化环境的能力，它是可以通过学习获取、可重复的建立在企业常规能力基础上的高阶能力(Teece 等，1997；Eisenhardt 和 Martin，2000)。这一概念将动态能力视为嵌入在组织过程中的高阶能力，更加符合企业运营的实际。新创企业动态能力可以划分为感知能力、学习能力、整合能力与重构能力四个维度，具体特征表述见表1。

表1		动态能力维度划分与构念测量	
能力维度	定义	特征表述	来源
感知能力	在动态环境中对机会进行识别和评估的能力	收集市场信息：识别市场机会、客户需求 传播市场信息：理解市场信息，发掘新的市场机会 反馈市场信息：制订市场方案并进入细分市场	Pavlou 和 Sawy(2011)；Teece(2012)
学习能力	利用新知识对现有运营能力进行更新的能力	知识获取：进行自我知识积累，向其他企业进行学习 知识消化：对获取的外部知识进行正确分析与解释 知识转化：对新旧知识进行内化，通过创新性问题解决与创造性思维进行知识转化 知识利用：将转化后的知识融入组织日常运行中，以提升现有运营能力	Zahra 和 George（2002）；Teece 等（1997）
整合能力	对组织内外部有形、无形资源以及能力进行整合的能力	外部整合：从外部获取资源，对组织外部资本、技术、产能、研发等资源进行吸收与重组 内部整合：整合利用企业内部资金、技术、设备、专利、流程、人力资本等资源与能力 知识整合：将组织内外部的专业知识进行整合	Teece（2007）；Eisenhardt 和 Martin （2000）；Helfat 和 Peteraf(2015)
重构能力	对现有资源、能力进行重新配置的能力	资源修补：对原有资源、能力进行剥离、修正与补充 资源调配：对资源、能力进行重新配置，形成新的资源与能力基础	Teece 等（1997）；Eisenhardt 和 Martin（2000）

3.3.3 创业行为

创业行为从本质上讲是一种新进入行为，是企业发现、评价和利用创业机会过程中的行为集合（Bird 等，2012）。机会开发和资源开发作为创业活动的两个关键要素是难以割舍的，两者有效互动是成功创业的关键（葛宝山等，2015）。为此，本研究在借鉴蔡莉和鲁喜凤（2016）、葛宝山等（2015）学者有关机会资源一体化观点的基础上，认为创业行为是新创企业面对不确定的潜在盈利机会时围绕机会与资源所展现的行为组合，并从机会资源一体化视角对创业行为构念开展测量，具体特征表述见表2。

表2　创业行为构念测量

维度	定义	特征表述	来源
机会识评	对创业机会进行识别与评估	机会识别：基于先验知识与认知能力识别创业机会 机会评价：评价机会的价值、成本与风险，识别与其相匹配的资源，决定是否利用该机会	Shane 和 Venkataraman（2000）；Haynie 等（2009）；蔡莉和鲁喜凤（2016）
资源获取	利用自身初始资源获取所需资源的过程	外购：从外部要素市场获取 吸收：以创业愿景和预期回报吸引资源主体参与创业 积累：提升现有资源质量，获取无法从外部获取的特殊资源	Sirmon 等（2007）；柳青和蔡莉（2010）
资源整合	对资源进行配置以构造或提高能力的过程	稳定调整：对现有能力进行渐进式提升 丰富细化：通过学习新技能或增加互补性资源以丰富资源 开拓创造：通过学习将全新资源整合到现有资源组合中	Sirmon 等（2007）；柳青和蔡莉（2010）
机会利用	利用资源与能力对机会加以利用	将企业资源与能力调配到机会开发上，为客户提供新的产品与服务以实现机会价值	Ardichvili 等（2003）、Shane 和 Venkataraman（2000）

3.4　数据分析

针对不同层面数据，本研究有针对性地采取了不同分析方法。对于我国新能源汽车产业制度环境数据，在制作政策谱系的基础上进行文本分析，以把握制度环境动态演进性。对于北汽新能源相关数据：首先，根据访谈结果、关键事件与制度环境演进将企业发展历程进行阶段划分，对收集到的数据按阶段和时间顺序进行整理；其次，根据收集到的资料和理论框架，按照构念测度方法使用 Nvivo 11.0 软件进行分小组独立编码，在交叉检验后经讨论达成一致；最后，对构念间关系进行归纳总结，从而识别变量间的相互影响机理。

4. 案例素描与发现

根据访谈结果，结合企业发展关键事件，我们将北汽新能源的发展划分为"因势而谋""因势而动""因势而进"三个阶段。

4.1　因势而谋：开启创业之路（2009—2012 年）

我国新能源汽车产业是由政府发起和主导的。2001 年，我国启动"863 计划"电动汽车重大专项。2004 年，发改委陆续发布《汽车产业发展政策》《节能中长期专项规划》，开始鼓励发展新能源汽车。2009 年，科技部、财政部等四部委启动"十城千辆"示范运营工程，我国新能源汽车制度安排开始从重研发向研发与示范运营并重转变。与此同时，北京市也陆续做了一系列制度安排，建立了由市领导参与的新能源汽车联席会议制度，以推动新能源汽车研发和应用。

北汽集团敏锐地识别到了这一制度环境带来的创业机会。2009 年 11 月 14 日，北汽集团出资组建了国内第一家新能源汽车公司——北京汽车新能源汽车有限公司。为了弥补涉足新能源汽车领域相对较晚、自身资源与能力不足的问题，北汽新能源积极践行"外引内联、集成创新"战略，在动力电池方面，合资建立普莱德电池公司；在电机方面，与大洋电机合资成立北京汽车大洋电机公司。此外，还积极利用北京市相关科研院所与国家级检测机构这一技术与资源便利。2011 年底，公司已拥有近 200 人的研发队伍，吸引了包括廖越峰、原诚寅等在内的高端人才。同时，与外部企业合作也为北汽新能源提供了学习机会。通过内外部资源获取与整合，公司快速掌握了电池、电机、电控三大核心技术和整车集成匹配技术，开发了 Q60FB、C30DB 等纯电动汽车。2012 年 4 月，北汽新能源首批 500 辆 E150EV 交付，成功进入新能源汽车市场。

4.2　因势而动：发力私人市场(2013—2014 年)

该阶段，我国新能源汽车制度安排进一步向推广应用转变，制度工具主要集中在购买补贴、税费减免方面，侧重点在于引导消费、促进产业链形成与发展。2013 年 9 月，财政部等四部委明确新能源汽车示范城市推广量和补贴标准。北京市从 2013 年 11 月也开始对示范应用新能源小客车指标单独配置，并于 2014 年 1 月起对个人购买纯电动小客车提供补贴。我国新能源汽车私人市场开始启动。

为了利用这一制度机会，北汽新能源利用自身动态能力，开始积极获取、整合外部资源。2013 年 12 月，北汽集团、北京电控、SK 三方投资设立北京电控爱思开公司，采用引进消化吸收再创新方式生产动力电池。2014 年 3 月，北汽新能源变更为由北汽集团发起、北京市国有企业参股的股份制公司，实现了资源基础重构。2014 年 1 月，北汽集团成为美国 Atieva 公司第一大股东，借力提高电池稳定性与续航里程并开发高端电动车。4 月，北汽新能源与西门子组建合资公司，生产电驱动动力总成。同时，还与庞大集团、国家电网直属企业华商三优共同签订新能源汽车市场推广协议。此外，在商业模式上不断创新，与富士康科技集团签约成立汽车租赁公司，与庞大组建合资公司，与国电南瑞、特锐德、上海挚达等签署合作协议推进充电桩建设。

依靠整合、重构等动态能力，北汽新能源对外部资源开展了大范围的整合，形成了与机会相匹配的资源基础，促进了机会利用。2014 年 12 月，最大续航里程均能达到 200 公里的 EV200 和高端电动车 ES210 上市，产品竞争力进一步提升。2014 年实现销售 5510 辆，进入全球纯电动汽车销售前四强。

4.3　因势而进：抢占市场先机(2015—2017 年)

2015 年以来，我国新能源汽车制度安排开始向产业化发展转变，产业准入、标准管理不断完善。在市场培育方面，2015 年，财政部等部委陆续发布新版补贴标准，国务院常务会议要求各地不得对新能源汽车实行限行、限购；2016年，财政部等部委对充电基础设施建设、运营给予奖补。在行业准入方面，2015年6月，发改委和工信部对新建企业的准入条件做出规定。这些制度的出台，推动了新能源汽车的产业化发展进程，我国新能源汽车开始进入高速增长期。

基于自身的市场感知能力，北汽新能源敏锐地识别到制度环境动态演进提供的新机遇。这一阶段，北汽新能源先后发布"卫蓝事业计划2.0"和十三五战略，进一步整合资源并形成产业生态链。与合作伙伴在美国硅谷、德国亚琛等地建立研发中心，有针对性地提高研发能力，对生产基地进行全国性布局与整合。2016年初，北汽新能源启动增资扩股工作并进行混改，对资源基础进行重构，打通产业上下游链条，提高资源整合成效。在商业模式创新方面，携手合作伙伴分别成立分时租赁、电动物流以及充电场桩联盟，与北斗交大、富士康等在分时租赁领域展开合作，联合中石化等社会资源建设充换电站，与华为等企业缔结"卫蓝生态联盟"，实现换电商业模式迭代。通过一系列外部资源整合，北汽新能源研发、营销能力得到进一步提高，产品线不断扩充，2015—2017年销量实现逐年翻翻，成为国内首家产销超过十万辆的纯电动汽车企业。

5. 案例讨论与理论模型构建

5.1 制度环境对动态能力的影响

制度环境及其动态演进驱动了动态能力的产生，环境的动态性是动态能力产生的具体情境与促进因素。我国新能源汽车制度环境的演进呈现出阶段性、动态性特征（刘兆国和韩昊辰，2018）。制度环境及其动态演进为新能源汽车产业发展提供了激励及约束机制，北汽新能源为了适应外部制度环境动态变化，不断对动态能力进行提升，制度环境的动态变化促进了包括感知、学习、整合与重构等维度在内的动态能力的形成与提升（见表3）。在"因势而谋"阶段，北汽新能源敏锐感知到弯道超车机会，在核心零部件领域开展整合、重构，以提升自身能力；在"因势而动"阶段，敏锐感知到私人市场即将启动，以制度为导向提升资源整合水平，进行股份制重构，提升核心技术；在"因势而进"阶段，意识到汽车互联网思维是转型的关键，以技术、产能短板为依据开展资源整合、重构，完善开发流程并提高产品技术水平。动态能力的形成与提升根植于制度环境及其动态演进过程中。

通过案例研究，可以发现制度环境动态演进降低了外部环境的不确定性，其带来的市场动态性是动态能力形成及发展所根植的重要环境特征。企业通过动态提升自身的感知能力、学习能力、整合能力与重构能力，识别、获取、整合资源以实现对机会的开发与利用，环境的动态性在一定程度上驱动了企业动态能力的形成与提升（Peng等，2009）。动态能力在提高企业对制度环境做出动态反应的同时，也不断地得到自我强化，实现了螺旋式提升。基于上述分析，我们提出如下命题：

命题1：制度环境及其动态演进可以降低企业外部环境不确定性，驱动动态能力形成与提升。

表3　北汽新能源不同发展阶段制度环境与动态能力表现

发展阶段	制度环境	典型引用语	关键词	编码结果
因势而谋	新能源汽车产业制度安排开始向产业规划与示范运营并重转变,新能源汽车产业被列入战略性新兴产业进行重点推进	从发展角度看,我认为新能源汽车有弯道超车机会(S-N-88)	机会识别市场感知	感知能力
		这几年我们跟国外有很多合作,在合作中学习、提高,加强对队伍的锻炼和培养(S-J-135)	合作学习知识吸收	学习能力
		与北京理工、普莱德公司、大洋机电等单位合作,创新地完成了新产品的试制、装配和调试(S-J-181)	资源获取资源整合	整合能力
		2011年北汽新能源充分利用集团资金投入,准备投入37.8亿元提高整车研发、生产能力(S-J-236)	资源调配资源修补	重构能力
因势而动	制度安排进一步向推广应用转变,国家对示范城市推广量和补贴标准的明确使企业形成了稳定的政策预期	北汽新能源认识到自身存在一些局限性,比如电池技术需要革命性突破等,因此需要不断学习(S-J-102)	市场评估自我感知	感知能力
		这便于分析客户的特殊需求,有针对性地提高整车核心技术,加速产品升级和投放(S-N-140)	经验学习产品升级	学习能力
		与韩国SK集团和德国西门子公司合资合作,为北汽电动轿车进行设计开发和生产配套(S-J-192)	资源组合战略合作	整合能力
		引入战略投资,计划50亿元用于新能源汽车产能建设、新产品和技术研发,资本布局成型(S-N-245)	资源配置资源修补	重构能力
因势而进	制度安排开始向产业化应用进行转变,政策工具开始聚焦到消费引导、基础设施建设等需求面上,产业化导向清晰	北汽新能源正式成立换新基金,对置换北汽新能源纯电动汽车的车主提供补贴(S-N-123)	市场感知市场反应	感知能力
		完善产品开发流程,结合目前采用的G8控制传统车的方式,我们针对新能源汽车的特点,建立了一个可持续开发流程(S-N-167)	知识转化思维创新	学习能力
		和中国石化北京石油合作充分利用加油站资源,建设新能源汽车充换电站(S-J-218)	机会共创资源整合	整合能力
		盘活北汽集团制造资源,实现轻资产、重共享的新型制造模式(S-N-256)	资源修补资源调配	重构能力

5.2　动态能力对企业创业行为的影响

　　动态能力作为企业应对外部环境动态变化、获取竞争优势的能力,对企业机会识评、资源识别、获取、整合与机会利用等机会资源一体化行为有着重要影响。本研究发现企业能否不断实现制度机会利用,取决于自身是否形成与之相匹配的动态能力。感知、学习、整合和重构等不同维度的动态能力对创业行为的影响路径如表4。

表4 动态能力对企业创业行为的影响路径

发展阶段	典型引用语	关键词	动态能力对创业行为影响路径
因势而谋	调查发现，北京市有 60%～70% 的上班族是短距离通勤，电动汽车潜在需求量大(S-N-94)	市场调研潜在需求	感知能力促使企业快速识别创业机会
	通过合资合作，北汽集团成为目前国内唯一一家掌握电池、电机、电控三大核心技术，可以实现自主生产的新能源汽车企业(S-N-158)	资源整合自主生产	整合能力使企业可以快速获取所需资源
	成立两年来，组建了一支高端技术和管理人才队伍，联合了一批潜在投资主体(S-J-284)	资源组合整合提升	整合、重构能力可以将获取的资源、能力进行重新配置
	我们非常注重研发队伍与国内外大公司的交流与合作，通过学习培养和锻炼队伍(S-J-136)	市场进入产能扩张	学习能力促使企业快速掌握核心技术，实现机会利用
因势而动	在雾霾重压之下，新能源汽车将大有可为，我们抓住机遇积极进行全国市场布局(S-J-103)	抓住机遇市场布局	感知能力促使企业快速识别创业机会
	与北京三优、国电南瑞等公司进行战略合作，为客户提供充电桩技术、产品及服务(S-N-201)	战略合作充电技术	整合能力促使企业获取与机会相匹配的外部资源
	成立国内首家股份制新能源汽车公司，注册资本增加至 20 亿元，技术合作、股权合作以及合资公司将会陆续浮出水面(S-N-348)	增加资本合作合资	重构能力使企业对资源进行修正、补充，形成新的资源基础
	利用互联网思维进行商业模式创新，建立全维度营销渠道(S-J-144)	创新思维商业模式	学习能力将外部知识进行转化、利用，促进机会利用
因势而进	启动"换新基金"，推出置换补贴吸引用户置换(S-N-125)	换新基金置换补贴	感知能力增强企业政策环境敏感性，促进机会识别
	通过海内外三大研发中心，整合国内外人才与技术，实现技术、服务与商业模式创新(S-N-309)	研发中心资源互通	整合能力为企业实现机会利用提供资源基础
	通过开展增资扩股，吸引渤海活塞、国轩高科入股，实现以资本关联进行全产业链布局(S-J-347)	增资扩股资本关联	重构能力可以为企业提供与机会相匹配的资源基础
	在掌握三大核心技术的基础上，仍不断合作学习，以强化自主研发能力(S-N-214)	关键技术合作学习	学习能力使企业不断构建与机会相匹配的能力基础，促进机会利用

感知能力有助于企业快速识别、评估创业机会,对市场做出快速反应,促进机会利用。制度环境及其演进所提供的创业机会,对于企业而言是一种外在的客观存在,企业发现这种机会价值需要其具备敏锐的感知能力。相对于国内其他企业而言,北汽集团涉足新能源乘用车领域较晚,技术、资源相对匮乏,对初始创业机会的识评所依靠的正是董事长徐和谊以及其他技术专家敏锐的感知能力。其后续对制度环境演进带来的机会的识别所靠的也都是其敏锐的感知能力。感知能力还可以使新创企业保持市场敏感性,深度挖掘客户需求,通过提供创造性解决方案满足客户需求并实现机会利用。

学习能力有助于企业夯实能力基础,实现机会利用。企业对外部人力、技术、研发与生产等资源的获取与整合,为其提供了大量的新知识与互补性知识获取渠道与触点(Zahra和George,2002)。通过对内外部知识的有意识获取与内化,新创企业可以将其转化到组织运行过程中,优化流程模式,使企业的知识储备始终与运营需求相匹配,进而提升研发与技术能力,提高产品投放速度,促进机会利用。同时,学习能力具有自我强化机制,企业通过学习所积累的经验与惯例对现有知识进行补充、更新,在促使企业自身不断成长的同时也为其提供了竞争优势来源。

整合能力、重构能力有助于企业获取并整合外部资源,形成与机会动态匹配的资源基础。从企业创业的过程来看,在初始创业阶段,企业通过对外部资源整合、重构,可以快速形成与机会相匹配的资源基础(Wu,2007)。随着制度环境的不断演进与新创企业的发展,企业原有经验的积累与学习机制作用的发挥会进一步提升企业整合能力与重构能力,使企业能够优化、升级并形成与制度环境相匹配且具有一定前瞻性、能够快速利用制度机会的资源基础,对市场做出快速反应,获取竞争优势来源,提升企业业绩。而新创企业资源构建过程也是一种组织管理形成过程,反过来会进一步促进企业动态能力的形成与提升。

综上所述,动态能力有助于企业在动态演进的制度环境中快速识评创业机会,迅速提高研发与技术能力,有选择性地对外部资源进行整合、重构,不断地对资源基础进行更新,按照创业所需进行资源配置,形成与制度机会相匹配的资源与能力基础,并持续进行动态匹配,实现机会利用。企业在面临动态演进的制度环境时,必须注重培育、提升自身动态能力。此外,动态能力还会进一步影响企业市场表现,是企业获取持续竞争优势的重要保证。为此,我们提出如下命题:

命题2:动态能力有助于企业快速识评机会,形成与机会相匹配的资源基础并持续进行动态调整,以实现机会利用。

5.3 制度环境对企业创业行为的影响

制度环境作为创业环境的重要组成部分,通过塑造政治、社会和经济激励结构,影响新创企业对创业机会与资源的识别、获取,进而影响企业机会利用(见表5)。纵观中国新能源汽车产业发展历程,可以发现中央和地方政府通过相关制度安排及其演进为这一领域中的创业者提供了机会信号与方向指引,利用政策工具的不断变化对企业创业行为进行引导与影响,通过"激励"与"约束"双重机制促进了创业者在这一领域开展创业活动。

表 5   制度环境演进下北汽新能源创业行为及创业绩效

	标志性制度	典型例证	创业行为	创业绩效
因势而谋	2009 年：《关于开展节能与新能源汽车示范推广试点工作的通知》 2009 年：《北京市振兴发展新能源产业实施方案》 2011 年：《关于促进战略性新兴产业国际化发展的指导意见》	市委市政府当时给我明确指示，北汽做新能源汽车不仅是经济责任，也是政治责任（S-OL-338） 2009 年 11 月，北汽控股、北汽福田、北大先行与东莞新能德共同出资设立普莱德电池公司（S-N-271）	机会识评 资源整合 机会利用	开发 Q60FB、C30DB、M30RB 纯电动汽车；首批 500 辆 E150EV 交付使用
因势而动	2013 年：《关于继续开展新能源汽车推广应用工作的通知》 2014 年：《北京市示范应用新能源小客车管理办法》	北汽集团正在筹建北汽新能源汽车股份有限公司，这主要了为在新能源领域"两条腿走路"，突破制约电动车发展的核心问题（F-I-49）	资源获取 资源整合	2014 年，北汽新能源实现销量 5510 辆，进入全球纯电动汽车销售前四强
因势而进	2015 年：《关于 2016—2020 年新能源汽车推广应用财政支持政策的通知》 2017 年：《外商投资产业指导目录（2017 年修订）》	携手合作伙伴，共同成立了分时租赁联盟、电动物流联盟以及充电场桩联盟，建立全新的新能源汽车生态圈（S-N-210）	资源获取 资源整合 机会利用	2017 年销量突破 10 万辆，继续领跑国内纯电动汽车市场

制度环境及其演进对新创企业机会资源一体化行为的影响路径及作用机理如下。（1）制度环境影响新创企业对创业机会的识别与评估。在制度环境及其演进过程中，相关制度安排会为企业创业行为提供机会信号与方向指引（Dilli 等，2018），激励与约束机制的不断变化导致企业对创业机会的识别与评价受到相应影响。（2）制度环境影响新创企业资源获取与整合行为。制度环境及其演进对企业实现机会利用的资源与能力基础不断提出新的要求，企业获取什么资源、如何获取、采取什么方式对资源进行整合以及重构，如何构建与机会相匹配的资源与能力基础均受到其影响（Helfat 等，2015）。（3）制度环境影响新创企业机会利用。在制度环境动态演进下，企业对制度机会的识评不断发生阶段性变化，其技术路线选择、产品研发及商业模式设计都需要进行适应性调整，以实现机会利用。

案例研究表明，制度环境作为"游戏规则"，通过提供市场机制之外的激励与约束机制，为新创企业提供了创业机会，进而影响新创企业对创业机会与资源的获取（Hwang 和 Powell，2005）。在制度环境的影响下，企业依靠自身动态能力对外部资源进行识别、获取与整合，并实现机会利用。制度环境的进一步演进，会为企业提供新的激励机制、惩罚措施与机会信号。企业为实现新制度机会利用，必须对自身动态能力进行适应性提升。在动态演进的制度环境下，企业的机会资源一体化行为并不是即兴而为，而是以动态能力为基础对制度环境的创造性适应与利用。不断感知并适应制度环境演进，并对资源基础进行重构与提升，是企业实现制度机会利用的关键。基于上述分析，我们提出如下命题：

命题3：制度环境及其动态演进通过提供激励及约束机制，影响企业机会资源一体化行为。

5.4 制度环境、动态能力对企业创业行为影响：一个理论模型的构建

基于上述案例讨论与分析，结合北汽新能源的具体创业实践，本研究构建了制度环境、动态能力对企业创业行为影响的理论模型（见图1），构念间影响作用机理如下。首先，制度环境是企业动态能力形成与塑造过程中的重要外部环境，驱动新创企业形成与制度机会相匹配的动态能力，动态能力在制度环境的不断演进中也形成了路径依赖与自我强化。其次，动态能力为企业在制度环境演进中的机会资源一体化行为提供了重要支撑，使企业能够优化、升级并形成与制度环境相匹配且具有一定前瞻性、能够快速利用制度机会的资源基础，实现机会利用并获取竞争优势。而新创企业资源构建过程也是一种组织管理形成过程，反过来会进一步促进动态能力的形成与提升。最后，制度环境通过强制性规制与规范塑造了企业面临的政治、社会与经济激励结构，制度环境一方面通过激励机制为企业提供创业机会来源，另一方面则进一步增加了企业外部环境的复杂性与动态性，企业需要根据制度环境的指引与约束构建与机会相匹配的资源、能力基础，实现机会利用。接下来，随着制度环境的进一步演进，其会通过激励机制变化释放新的机会信号，并对企业实现机会利用的动态能力和机会资源一体化行为提出新的要求。企业在新制度环境的驱动和自身动态能力自我强化下，会形成与制度环境演进相匹配的动态能力，并促使企业构建与新制度环境相适应的资源、能力基础，从而继续实现机会利用。可以看出，在动态演进的

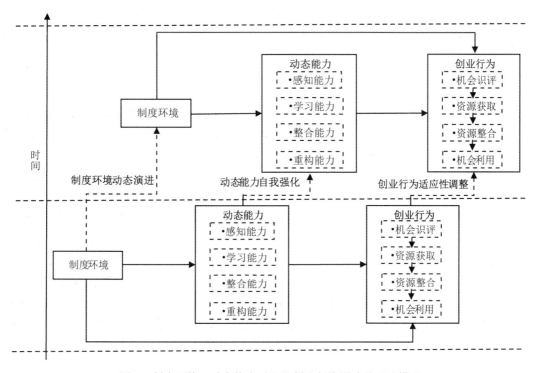

图1　制度环境、动态能力对企业创业行为影响的理论模型

47

制度环境中，企业能否实现新制度机会利用，关键在于能否快速形成并持续提高适应制度环境演进、不断将制度机会与资源、能力基础进行匹配的动态能力。

这一理论模型探索性地将企业外部制度环境与内部动态能力相结合，探讨在制度环境动态演进下，制度环境与动态能力间及其对企业创业行为的影响机理，弥补了现有研究从单一视角开展研究所产生的不足。同时，通过将动态能力作为中介，该理论模型可以很好地解释为什么在制度环境演进下，越来越多的企业开展创业活动，但其中只有少数企业能够不断实现机会利用并持续获取竞争优势，为该领域增添了新的研究成果。

6. 理论贡献与管理启示

6.1 理论贡献和管理启示

本研究的理论贡献主要体现在以下三方面。第一，进一步丰富了制度理论在创业研究中的应用，揭示制度环境对企业创业行为的影响机理。具体分析制度环境对机会识评、资源整合和重构以及机会利用等不同创业行为的影响路径，打开了制度环境对企业创业行为影响的黑箱，弥补现有研究的不足。第二，深入探索制度环境与动态能力相互联系的内在特性，分析制度环境及其演进对动态能力形成与提升的影响机理。揭示制度环境及其演进带来的环境动态性驱动了企业动态能力的形成与提升，剖析制度环境对动态能力形成与发展的影响机理，为从制度环境、动态能力融合视角开展创业行为研究奠定了基础。第三，从机会资源一体化视角出发，避免了仅从机会开发或资源开发单一视角开展创业行为研究所带来的片面性。从机会资源一体化视角将创业行为构念划分为机会识别、资源获取、资源整合与机会利用四个维度，进一步分析创业行为这一构念，避免现有关于创业行为研究呈现高度碎片化、对变量缺乏有效操作的不足，有效提高了对创业行为研究的聚焦性。

在管理启示方面，本研究能够为在动态演进的制度环境中开展创业活动的企业提供有益指导。根据北汽新能源的经验，企业要想利用制度机会、快速形成核心竞争力，需要重点做好以下三点工作：（1）在动态演进的制度环境下，企业必须保持环境的敏感性，形成并不断提升自身感知能力，以有效进行创业机会识评，在进行机会评价时要以未来制度环境演进方向为导向，抢占市场先机；（2）企业必须审时度势升级自身的动态能力，以构建与机会相匹配的资源和能力基础，在实现机会利用的同时获取竞争优势。企业需要依靠自身动态能力对内外部资源进行整合、重构、升级，与制度机会不断进行动态匹配，这是企业实现制度机会利用的关键；（3）企业需要创新外部资源识别与获取方式，与产业链关键利益相关者开展机会共创，通过构建创业生态系统实现价值共创，有效降低外部环境变化所带来风险。此外，政府在制定制度时要充分考虑产业发展阶段与未来发展方向，维持制度环境的阶段稳定性，为新创企业提供明确的机会信号与相对稳定的制度环境，指引其进行机会识评与资源整合，降低机会的不确定性。

6.2 研究局限与未来研究展望

本研究采用纵向探索性案例研究法，在研究过程中注重数据来源多样化并进行扎根编码分析，但单案例研究所得出的结论仍存在一定的局限性，未来还需要开展更为充分的大样本实证研究进行验证。制度环境会驱动动态能力的形成与提升，但企业内部战略、文化以及自身制度也会对动态能力形成与提升产生影响，未来可以采用案例研究等质性研究方法对此进行深入探讨，而这一研究结果将对企业提高资源获取、整合能力并实现机会利用具有较强的指导意义。此外，本研究发现企业资源获取与整合行为受到制度环境下产业生态系统内相关企业影响，为此，未来可以进一步探讨制度环境及其演进如何影响产业生态系统的形成与发展，并挖掘其对企业资源获取、整合行为的影响机理。

◎ 参考文献

[1] 曹惠民.地方政府绩效评价的制度创新研究——基于治理的视角[J].湖北大学学报（哲学社会科学版），2016，43（1）.

[2] 蔡莉，鲁喜凤.转型经济下资源驱动型与机会驱动型企业创业行为研究——基于机会与资源的整合视角[J].中山大学学报社会科学版，2016，56（3）.

[3] 蔡宁，贺锦江，王节祥."互联网+"背景下的制度压力与企业创业战略选择——基于滴滴出行平台的案例研究[J].中国工业经济，2017（3）.

[4] 程建青，罗瑾琏，杜运周，等.制度环境与心理认知何时激活创业？——一个基于QCA方法的研究[J].科学学与科学技术管理，2019（2）.

[5] 葛宝山，高洋，蒋大可，等.机会-资源一体化开发行为研究[J].科研管理，2015，36（5）.

[6] 刘兆国，韩昊辰.中日新能源汽车产业政策的比较分析——基于政策工具与产业生态系统的视角[J].现代日本经济，2018，218（2）.

[7] 柳青，蔡莉.新企业资源开发过程研究回顾与框架构建[J].外国经济与管理，2010，32（2）.

[8] 刘振，丁飞，肖应钊，等.资源拼凑视角下社会创业机会识别与开发的机制研究[J].管理学报，2019，16（7）.

[9] 马鸿佳，董保宝，葛宝山.创业能力、动态能力与企业竞争优势的关系研究[J].科学学研究，2014，32（3）.

[10] 倪嘉成，李华晶.制度环境对科技人员创业认知与创业行为的影响[J].科学学研究，2017（4）.

[11] 朱卫东，解俊杰.联盟组合伙伴多样性与企业绩效关系——基于吸收能力的调节作用[J].江淮论坛，2019（1）.

[12] Ahlstrom, D. , Bruton, D. An institutional perspective on the role of culture in shaping

strategic actions by technology focused entrepreneurial firms in China[J]. *Entrepreneurship Theory & Practice*, 2002, 26(4).

[13] Antolin-Lopez, R. , York, J. , Martinez-del-Rio, J. Renewable energy emergence in the european union: the role of entrepreneurs, social norms and policy [J]. *Frontiers of Entrepreneurship Research*, 2013, 33(14).

[14] Ardichvili, A. , Cardozo, R. , Ray, S. A theory of entrepreneurial opportunity identification and development [J]. *Journal of Business Venturing*, 2003, 18(1).

[15] Bird,B. , Schjoedt, L. , Baum, R. Entrepreneurs' behavior: Elucidation and measurement[J]. *Entrepreneurship Theory & Practice*, 2012, 36(5).

[16] Bruton, G. , Ahlstrom, D. , Li, H. L. Institutional theory and entrepreneurship: Where are we now and where do we need to move in the future? [J]. *Entrepreneurship Theory & Practice*, 2010, 34(3).

[17] Cai, L. , Anokhin, S. , Yin, M. , et al. Environment, resource integration, and new ventures' competitive advantage in China [J]. *Management and Organization Review*, 2016, 12(2).

[18] Dilli,S. , Elert, N. , Herrmann, M. Varieties of entrepreneurship: exploring the institutional foundations of different entrepreneurship types through ' Varieties-of-Capitalism' arguments[J]. *Small Business Economics*, 2018, 51(3).

[19] Eisenhardt, K. M. , Graebner, E. Theory building from cases: Opportunities and challenges [J]. *Academy of Management Journal*, 2007, 50(1).

[20] Eisenhardt, M. , Martin, A. Dynamic capabilities: what are they? [J]. *Strategic Management Journal*, 2000, 21(10-11).

[21] Gölgeci, I. , Larimo, J. , Arslan, A. Institutions and dynamic capabilities: Theoretical insights and research agenda for strategic entrepreneurship[J]. *Scandinavian Journal of Management*, 2017, 33(4).

[22] Hart, D. M. Making, breaking, and (partially) remaking markets: State regulation and photovoltaic electricity in New Jersey[J]. *Energy Policy*, 2010, 38(11).

[23] Haynie, M. , Shepherd, A. , Mcmullen, S. An opportunity for me? The role of resources in opportunity evaluation decisions[J]. *Journal of Management Studies*, 2009, 46(3).

[24] Helfat, E. , Peteraf, A. Managerial cognitive capabilities and the microfoundations of dynamic capabilities[J]. *Strategic Management Journal*, 2015, 36(6).

[25] Hwang, H. , Powell, W. *Institutions and Entrepreneurship* [M]//Handbook of Entrepreneurship Research. New York: Springer, 2005.

[26] Jing, S. , Zhai, Q. , Karlsson, T. Beyond red tape and fools: Institutional theory in entrepreneurship research, 1992-2014[J]. *Entrepreneurship Theory & Practice*, 2017, 41 (4).

[27] Madsen, L. Entrepreneurship and dynamic capabilities-an empirical testing [J]. *International Journal of Technology Intelligence & Planning*, 2012, 8(4).

[28] Meek, R., Pacheco, F., York, G. The impact of social norms on entrepreneurial action: evidence from the environmental entrepreneurship context [J]. *Journal of Business Venturing*, 2010, 25(5).

[29] North, C. *Institutions, institutional change and economic performance* [M]. New York: Norton, 1990.

[30] Peng, W., Sun, L., Pinkham, B., et al. The institution-based view as a third leg for a strategy tripod [J]. *Academy of Management Perspectives*, 2009, 23(3).

[31] Ramoglou, S., Tsang, K. A realist perspective of entrepreneurship: Opportunities as propensities [J]. *Academy of Management Review*, 2016, 41(3).

[32] Scott, W. R. *Institutions and organizations: Ideas and interests* [M]. Thousand Oaks, CA: Sage, 2008.

[33] Shane, S., Venkataraman, S. The promise of entrepreneurship as a field of research [J]. *Academy of Management Review*, 2000, 25(1).

[34] Sine, D., David, J. Environmental jolts, institutional change, and the creation of entrepreneurial opportunity in the us electric power industry [J]. *Research Policy*, 2003, 32(2).

[35] Sirmon, G., Hitt, A., Ireland, D. Managing firm resources in dynamic environments to create value: looking inside the black box [J]. *Academy of Management Review*, 2007, 32(1).

[36] Su, J., Zhai, Q., Karlsson, T. Beyond red tape and fools: Institutional theory in entrepreneurship research, 1992-2014 [J]. *Entrepreneurship Theory & Practice*, 2017, 41 (4).

[37] Teece, J. A dynamic capabilities-based entrepreneurial theory of the multinational enterprise [J]. *Journal of International Business Studies*, 2014, 45(1).

[38] Teece, J. Dynamic capabilities: Routines versus entrepreneurial action [J]. *Journal of Management Studies*, 2012, 49(8).

[39] Teece, D., Pisano, G., Shuen, A. Dynamic capabilities and strategic management [J]. *Strategic Management Journal*, 1997, 18(7).

[40] Urban, B., Kujinga, L. The institutional environment and social entrepreneurship intentions [J]. *International Journal of Entrepreneurial Behaviour & Research*, 2017, 23 (4).

[41] Wu, L. Y. Entrepreneurial resources, dynamic capabilities and start-up performance of Taiwan's high-tech firms [J]. *Journal of Business Research*, 2007, 60(5).

[42] Yin, K. *Case study research: Design and methods (Fourth edition)* [M]. California:

SAGE Publications, 2009.

[43] Zahra, S. , Sapienz, J. , Davidsson, P. Entrepreneurship and dynamic capabilities: A review, model and research agenda[J]. *Journal of Management Studies*, 2006, 43(4).

[44] Zahra, A. , George, G. Absorptive capacity: A review, reconceptualization and extension[J]. *Academy of Management Review*, 2002, 27(2).

Institutional Environment, Dynamic Capabilities and the Entrepreneurs' Behavior
—A Longitudinal Case Study of BJEV

Liu Zhaoguo[1] Cai Li[2,3] Yang Yaqian[4]

(1 College of International Economics and Trade, Jilin University of Finance and Economics, Changchun, 130117; 2 State Key Laboratory of Automotive Simulation and Control, Jilin University, Changchun, 130025; 3, 4 School of Management, Jilin University, Changchun, 130022)

Abstract: Institutional theory and dynamic capabilities theory have abundant theoretical connotations, each offering valuable insights for entrepreneurship, but there is an overlooked void in the literature is the analysis of these two theories jointly to bridge the divide between them for their fruitful application in entrepreneurship. By associating institutional theory and dynamic theory, we construct a theory framework of Institutional Environment, Dynamic Capabilities and the Entrepreneurs' Behavior, then conduct a deep longitudinal case study of BJEC, which is the typical representative of the new-energy vehicle industry. The findings of this paper are as follows: (1)the institutional environment and its evolution drives the formation and promotion of dynamic capabilities, dynamic capabilities help the new ventures to response to the dynamic institutional environment and reinforced by itself; (2)dynamic capabilities help the new ventures to recognize and evaluate the entrepreneurial opportunity, construct the resource base matching opportunities continuously and gain competitive advantages; (3)the institutional environment and its evolution provide entrepreneurial opportunities and reduce uncertainties, but weather the new ventures can utilize the institutional opportunities depends on their dynamic capabilities matching to the institutional environment. These insights not only have important theoretical meaning, but also have practical implication for the government to make institutional arrangements and new ventures to realize the opportunity utilization.

Key words: Institutional environment; Dynamic capabilities; Entrepreneurial behavior; NEV companies; Qualitative study

专业主编：陈立敏

户籍的束缚：领导—成员交换关系
与产业工人敬业度[*]

● 施 丹[1] 陈 蕾[2] 肖 潇[3]

（1，2 华中农业大学经济管理学院 武汉 430070；3 广东欧珀移动通信有限公司 深圳 518000）

【摘 要】提升产业工人敬业度对推动我国制造业高质量发展至关重要，但这方面的理论研究滞后于实践发展。本文基于自我验证理论，探讨了领导—成员交换关系对产业工人敬业度的影响及户籍类型、户籍构成的调节效应。对来自 64 个班组 444 名产业工人的嵌套数据进行多层次线性回归，结果表明，领导—成员交换关系通过基于组织的自尊正向影响产业工人敬业度；户籍类型调节领导—成员交换关系与产业工人敬业度的正向关系且以基于组织的自尊为中介；进一步，户籍类型和户籍构成的联合调节效应也得到验证。即户籍构成中农村进城务工人员比例越高，与城市工人相比，领导—成员交换关系对农村进城务工人员基于组织的自尊的正向影响越弱，进而影响其敬业度。上述发现不仅有助于丰富户籍和员工敬业度的理论成果，还为提升我国产业工人敬业度提供了新视角。

【关键词】领导—成员交换关系 产业工人 敬业度 基于组织的自尊 户籍

中图分类号：C93 文献标识码：A

1. 引言

敬业度是组织成员在创造工作绩效这一情境中将自我与工作角色相结合，同时投入个人的认知、情感和体力的程度（Kahn，1990），它直接影响员工身心健康、工作绩效与组织绩效（Hakanen et al.，2019）。产业工人是企业产品的生产者和制造者，促进产业工人敬业度提升对于提高企业核心竞争力、完成从"制造业大国"到"制造业强国"的跨越至关重要（燕晓飞，2019）。在各种人际联结中，与领导的关系质量是影响员工敬业度的重要

* 基金项目：国家自然科学基金青年项目"差序氛围、工作价值观对新生代农村进城务工人员敬业行为的跨层次作用机理研究"（项目批准号：71303086）。

通讯作者：施丹，E-mail：juliasd@163.com。

因素(Tanskanen et al.，2019)，对于传统性较高、尊重权威、追求上级认可的产业工人群体而言尤其如此(郭靖等，2015)。基于自我验证理论，个体倾向于保持已有的自我概念，进而做出与自我看法一致的行动(Korman，1970)。与班组长关系质量高的产业工人更容易从领导的言行中获得积极评价，进而内化和整合到自我概念中，并为了维持这种积极的自我概念将更多精力投入工作和组织中。因此，本研究拟探讨的第一个问题是：对于产业工人而言，领导—成员交换关系是否会通过基于组织的自尊的中介作用影响其敬业度。

户籍制度一直深刻地形塑着中国的社会分层体系。改革开放之前，城乡差别经常被总结为中国社会最为根本的不平等结构；改革开放以后，对人口流动的行政控制逐渐放松，但户籍制度却一直未有质的改变，于是形成了大规模的"流动人口"现象。因此，户籍在中国城市实有人口中构成了社会分层的一个新维度(李骏和顾燕峰，2011)。制造业中的产业工人不再像以往那样具有同一性，分化为农村进城务工人员和城市工人。农村进城务工人员难以享受与城市工人同等的就业机会、福利待遇和社会保障。户籍带来的个体福利鸿沟和身份差异使得不同户籍类型个体的行为选择出现巨大差异。尽管我国已经出台了一系列致力于消除户籍歧视、促进城乡融合的政策制度。但是，户籍改革是一项长期工程，户籍对个体的心理和行为产生的影响在短期内很难得到改变(王吉元等，2019)。基于组织的自尊是个体与组织情境交互作用的结果(Pierce et al.，1989)，因此，在探讨领导—成员交换关系对产业工人基于组织的自尊的影响时，不能忽视个体户籍类型的约束。在劳动力市场上，农村进城务工人员更容易遭遇不公平待遇和组织排斥，这些经历被农村进城务工人员内化和整合到自我概念中，从而形成消极自我。基于自我验证理论，面对外界信息传达出的各种积极或消极信号，个体特征会发挥"滤镜"作用(Sui & Wang，2014)，使其选择性地接受对个体自我概念有价值的外界信息。基于此，受户籍束缚，与城市工人相比，领导—成员交换关系对农村进城务工人员基于组织的自尊乃至敬业度的促进作用是否会减弱？这是本研究关注的第二个问题。

随着城镇化、工业化的快速发展，产业工人群体构成正在发生巨大变化。2004年中央一号文件首次将农村进城务工人员表述为"产业工人的重要组成部分"，2014年国务院进一步明确"农村进城务工人员已成为产业工人的主体"。上述提法反映出产业工人群体中农村进城务工人员规模不断扩大的趋势。据统计，目前我国产业工人规模达2亿左右，其中，农村进城务工人员占到近六成(歆远，2019)。随着班组中农村进城务工人员人数的增加，这些"弱势的大多数"不仅自身可能遭遇组织不公平对待(张蕴萍等，2019)，还可能共享其他农村进城务工人员成员的歧视经历，接收到更多来自外界的消极信号，进而强化消极自我。因此，本研究的第三个问题是，在班组内，户籍构成中农村进城务工人员比例越高，与城市工人相比，领导—成员交换关系对农村进城务工人员基于组织的自尊乃至敬业度的促进作用是否会进一步减弱。

基于以上分析，本研究以我国产业工人为对象，探讨领导—成员交换关系对该群体敬业度的影响以及基于组织的自尊的中介作用，重点考察户籍类型、户籍构成对上述关系的调节作用，以期拓展自我验证理论的应用情境，完善户籍和员工敬业度研究，为产业工人摆脱户籍的束缚、提升敬业度提供有建设性的意见。

2. 理论基础与研究假设

2.1 领导—成员交换关系与基于组织的自尊

领导—成员交换理论指出领导者和下属之间会建立不同质量的交换关系，进而影响员工的工作态度和行为。高质量的领导—成员交换关系以高水平的相互信任、尊重、义务为特征，员工被视为"圈内人"（Graen & Uhlbien，1995），获得更高的工作自主权、更有挑战性的工作和更多的发展机会（Schermuly & Meyer，2016）。相反，在低质量的领导—成员交换关系中，作为"圈外人"的员工难以获得信息、决策自由和工作机会等资源。

自尊是个体对自我能力的评估，高自尊的人认为自己是有能力的，更容易自我欣赏。自尊具有层次性和情境化特征。基于组织的自尊是自尊在组织特定情境中的反映，是员工对于他们在组织中的价值和影响组织的能力的评价（Pierce & Gardner，2004），反映了个体价值与组织情境之间的社会联系。因此，基于组织的自尊的形成和变化都受到组织因素的影响。

自我验证理论认为，为了获得对外界的控制感和预测感，个体会积极努力地寻找和创造机会去验证自我（Swann et al.，1992）。班组长作为管理层和工人之间最重要的纽带，掌握着组织信息、任务分配、人员晋升和奖罚建议等资源（王华萍和廉思，2015）。出于自我验证的目的，产业工人不仅会关注班组长提供的可用资源，还会关注其提供资源的意图及释放的信号（Farmer & Aguinis，2005）。与班组长关系好的产业工人不仅能获得更多的组织资源，还会对其进行积极的诠释，即对于班组长来说，自己是重要的、有价值的，且受领导赏识和信任的。同时，作为组织的代理人，班组长传递给产业工人的积极信息会被其视为组织对自身的评价（Eisenberger et al.，2010），即不仅对于领导，对组织而言自己也是有价值的、重要的、有能力的，这些正面信息会被产业工人纳入自我评估中，进而提升其基于组织的自尊（Liu et al.，2013）。实证研究表明，领导—成员交换关系对员工基于组织的自尊产生显著的正向影响（Sui 和 Wang，2014）。基于此，提出以下假设：

H1：领导—成员交换关系正向影响产业工人基于组织的自尊。

2.2 户籍类型的调节作用

自我验证理论认为，人们倾向于寻求与自我概念一致的反馈，他们期望外界信息能够验证对自我的认知，或者尽量缩小自我概念和外界反馈之间的差异。因此，在组织情境中，当员工收到领导传递的关于自我评价的外界信息时，只有这些评价信息能够验证自我概念，员工才更容易接受和认可（Wiesenfeld et al.，2007）。

领导—成员交换关系是产业工人从外界获得的积极反馈，如果这一信息与产业工人的自我概念一致，产业工人会更加认可自己的能力或价值，进行自我肯定，增加其基于组织的自尊水平。反之，产业工人基于组织的自尊的提升幅度会减小。

大量实证研究表明，户籍类型是农村进城务工人员在工作场所遭遇歧视待遇的重要原因。突出体现为：第一，就业机会上，农村进城务工人员集中在收入水平较低的私营部门，难以进入待遇更好、保障更全、提供稳定工作的公共部门（章莉等，2016）；第二，福利待遇上，农村进城务工人员获得较低的工资，并且广泛存在较高的失业率（吴贾等，2015）；第三，社会保障上，农村进城务工人员"五险一金"的缴纳比例明显低于城市工人（谢玉华等，2017）。上述研究表明，受户籍的束缚，农村进城务工人员在城市劳动力市场上处于利益受损的状况，时常遭遇社会歧视和"污名化"困扰，长期处于焦虑、愤怒、自卑和孤独之中（赵迎军，2018），难以形成积极的自我概念。因此，本研究认为，领导—成员交换关系所传递出的积极信号与农村进城务工人员的自我概念并不一致。即使农村进城务工人员与班组长形成了较高的领导—成员交换关系，他们也可能会"过滤"领导传递的积极信息以维持消极自我认知，由此不利于基于组织的自尊的提升。类似地，Wiesenfeld等（2007）的研究也发现，程序公平对自尊心低的员工组织承诺的积极影响并不显著，这是由于程序公平待遇中的积极评价信息与消极的自我看法不一致，因此会产生较少的积极反应。因此，提出如下假设：

H2：户籍类型调节了领导—成员交换关系与产业工人基于组织的自尊之间的关系，即相比于城市工人，农村进城务工人员的领导—成员交换关系与基于组织的自尊之间的正向关系更弱。

2.3　户籍类型和户籍构成的联合调节作用

在群体中，个体也会努力寻求能够验证自我认知的信息。为了达到这一目的，个体通常会采取三种策略：第一，选择进入那些能够验证自我观点的群体；第二，引导他人做出验证自我认知的评价；第三，以自我概念为指导原则选择、关注和解释自己在群体中的经历，以增加自我概念得到验证的机会（Swann et al.，2004）。

基于此，本研究认为，在班组中，户籍构成中农村进城务工人员比例越高，与城市工人相比，领导—成员交换关系对农村进城务工人员基于组织的自尊的促进作用越弱。这主要是因为：

首先，农村进城务工人员比例越高，意味着农村进城务工人员个体的人际交往范围会扩大。农村进城务工人员会有意识或无意识地选择与具有相同户籍的同事交往，彼此之间对农村进城务工人员群体在组织中的自我概念保持相同的消极认知，因此，这种互动使农村进城务工人员从外界获得更多与自我认知一致的评价，从而强化消极的自我认知；Swann等（1992）的研究发现，具有负向自我认知的个体偏爱与那些给他们负面评价的同伴交往。

其次，农村进城务工人员比例越高，意味着农村进城务工人员从外界获得自我验证回应的可能性越大。农村进城务工人员的一些身份特征可能会引发他人做出验证其自我认知的评价，如非本地口音、破旧泥泞的工装、艰苦简陋的工作环境等。这些外显特征向他人暗示自己作为农村进城务工人员的消极身份角色，更容易引起农村进城务工人员同事的共鸣并做出与这种自我认知一致的负面评价，这些反馈使得农村进城务工人员进一步怀疑自己在组织中的价值和意义，降低其基于组织的自尊水平。Gosling等（2002）的研究也发现，个体可以通过办公室和卧室等环境布置来展现其消极或积极的形象，使得观察者很容易辨别出谁是整洁开放的人，而谁又是邋遢封闭的人。

最后，农村进城务工人员比例越高，意味着农村进城务工人员个体接收到的外界负面信息来源更广。这些信息有的可是个人亲身遭遇，有的则是源于班组中其他农村进城务工人员的分享。以往的研究也证实了不满意（Westman et al.，2004）、倦怠（Bakker et al.，2003）、抑郁（Joiner & Katz，1999）等消极情绪和态度可能在团队不同个体之间无意识地传播。此外，出于验证自我概念的需要，农村进城务工人员会尤为关注班组中其他农村进城务工人员受歧视或不公正对待的遭遇。因此，这些直接或间接经历向农村进城务工人员个体释放出更多证实该群体不受组织重视的消极信号，进一步强化农村进城务工人员在组织中消极的自我认知。基于此，提出如下假设：

H3：领导—成员交换关系、户籍类型、户籍构成对产业工人基于组织的自尊存在三重交互作用的影响，即户籍构成中，农村进城务工人员比例越高，相比于城市工人，领导—成员交换关系与农村进城务工人员基于组织的自尊之间的正向关系越弱。

2.4 基于组织的自尊的中介作用

敬业度作为一种积极完成工作的心理状态，综合包含员工在工作角色中投入个人的情感、认知和体力的程度。由于员工对自己的能量是有支配权的，因此，是否敬业完全是由员工自我决定的（Nikolova et al.，2019）。

根据自我验证理论，出于自我一致动机，个体会尽量保持行动和自我概念的一致性（Korman，1970）。那些有较高基于组织的自尊的产业工人会认为自己在组织内是重要的和有价值的。为了维持这种积极的自我概念，他们会采取组织所看重和提倡的工作态度，做出高产和有效的行为，如提高敬业度，即将自我与爱岗敬业、爱厂如家的工作和组织角色充分结合，以更好地创造工作绩效（施丹等，2018），因为这种态度和行为与他们的自我概念是一致的。也就是说，高基于组织的自尊的产业工人更可能会被激励提高敬业度。相反，低基于组织的自尊的产业工人容易形成消极的工作态度，将自我脱离于工作和组织角色之外，产生较低的敬业度。已有研究表明基于组织的自尊与员工敬业度显著正相关（Kim & Hyun，2017）。基于此，提出以下假设：

H4：基于组织的自尊正向影响产业工人敬业度。

综合 H1 和 H4，本研究认为基于组织的自尊是连接领导—成员交换关系与产业工人敬业度的中介变量，领导—成员交换关系对产业工人敬业度的影响可视为对产业工人自我概念的激励过程。即高质量的领导—成员交换关系向产业工人传递出自己在组织内是重要的、有价值的、有能力的组织成员信号，有助于产业工人形成积极的基于组织的自尊，为了与这种积极的自我概念保持一致，产业工人被激励将更多的认知、情感和体力投入工作和组织角色中。即高质量的领导—成员交换关系通过促进产业工人基于组织的自尊这一积极自我概念提高其敬业度。基于此，提出如下假设：

H5：基于组织的自尊在领导—成员交换关系与产业工人敬业度之间起中介作用。

综合 H2 和 H5，可认为户籍类型在领导—成员交换关系与产业工人敬业度之间的调节作用，是以基于组织的自尊为中介的。即与城市工人相比，领导—成员交换关系对农村进城务工人员基于组织的自尊的正向影响减弱，进而影响其敬业度。基于此，本研究提出如下假设：

H6：基于组织的自尊中介了户籍类型对领导—成员交换关系与产业工人敬业度之间的调节作用。

综合 H3 和 H6，可以认为领导—成员交换关系、户籍类型、户籍构成对产业工人敬业度的三重交互作用，是以基于组织的自尊为中介的。即户籍构成中，农村进城务工人员比例越高，与城市工人相比，领导—成员交换关系对农村进城务工人员基于组织的自尊的正向影响越弱，进而影响其敬业度。基于此，本研究提出如下假设：

H7：基于组织的自尊中介了领导—成员交换关系、户籍类型、户籍构成对产业工人敬业度的三重交互作用。

本研究的理论模型如图 1 所示。

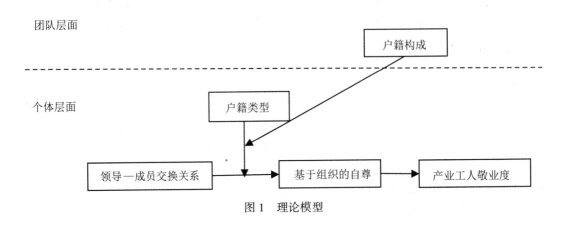

图 1　理论模型

3. 研究设计

3.1　数据收集

本研究以武汉、襄阳地区两家制造企业生产车间 64 个班组的一线工人为调查对象。采用问卷调查法，以班组为单位，现场收集班组内出勤工人的数据。参与此次调查的一线工人共计 506 人，其中，收回 472 份问卷，有效问卷 444 份，有效回收率 87.75%。

本次调查样本中，男性占比 69.1%，女性占比 30.9%；调查对象的受教育程度主要集中在高中及以下，占总人数的 75.7%；年龄主要分布在 23~38 岁，平均年龄 32 岁，平均工龄 4.7 年；城市工人占比 35.8%，农村进城务工人员占比 64.2%。

3.2　变量测量

除户籍类型、户籍构成和控制变量外，其他所有变量均采用李克特 5 点计分法（1＝非常不同意，5＝非常同意）。

（1）领导—成员交换关系：采用 Graen 和 Uhlbien（1995）开发的量表，包括"领导非常了解我的优点和潜力"等 7 个题项。

（2）基于组织的自尊：采用 Pierce 等（1989）开发的量表。包括"在单位里，我是有效率的人""对单位来说，我是值得信赖的人"等 10 个题项。

（3）敬业度：采用 Saks（2006）开发的量表，包含工作敬业度和组织敬业度两个维度。其中，工作敬业度包括"我全身心投入我的工作当中"等 5 个题项。组织敬业度包括"参与到单位的事情中让我感到很兴奋"等 6 个题项。

（4）户籍类型：通过询问对方户口所在地来测量，并对户籍进行虚拟变量处理，城镇户籍赋值为"0"，代表城市工人；农业户籍赋值为"1"，代表农村进城务工人员。

（5）户籍构成：团队特征变量，参考 Yang 和 Konrad（2011）、Mahadeo（2012）等对性别构成的测量，用具有农业户籍的产业工人数量与班组成员总数之比来测量。

（6）控制变量：在个体层面主要控制了性别、年龄、受教育程度。其中，对性别和受教育程度进行虚拟变量处理，以"0"和"1"分别代表男性和女性，以"1~5"分别代表初中及以下、中专、高中、大专和本科及以上五个等级，年龄以实际岁数表示。在团队层面主要控制了班组的规模。

3.3 分析方法

本研究模型是一个包含团队和个体层面变量的跨层嵌套模型，因此，采用多层线性模型（HLM）进行分析，同时，通过 R 软件采用参数 bootstrap 方法来检验中介作用的显著性。

4. 数据分析

4.1 共同方法偏差检验

采用 Harman 单因子方法检验潜变量的共同方法偏差，未旋转的主成分因子分析结果表明第一因子解释变异量的值为 33.36%，低于 40%，根据 Podsakoff 等（2003）提出的标准，说明共同方法偏差问题不严重，对本研究的影响较小。

4.2 信效度检验

在本研究中，领导—成员交换关系、基于组织的自尊和产业工人敬业度问卷的信度系数分别为 0.795、0.888 和 0.861，表明上述测量问卷信度较高。

为验证构念之间的区分效度，研究使用 AMOS20.0 进行验证性因子分析。为防止潜变量过多带来不利影响，本研究按照以往的研究做法将测量题目进行打包处理。具体做法如下：按照因子载荷的大小，将领导—成员交换关系的 7 个题项和基于组织的自尊的 10 个题项都打包为 3 个部分。敬业度按照组织敬业和工作敬业 2 个维度划分为 2 个部分。分析结果如表 1 所示，结果表明，相比其他模型，三因子模型各项指标的拟合效果最佳（$\chi^2/\mathrm{df}=2.347$，RMSEA = 0.055，CFI = 0.988，NFI = 0.980，GFI = 0.978），说明本研究的构念具有较好的区分效度。

表1　　　　　　　　　　　验证性因子分析结果（$N=444$）

模型	χ^2	df	χ^2/df	CFI	NFI	GFI	RMSEA
三因子模型	39.902	17	2.347	0.988	0.980	0.978	0.055
二因子模型 A	150.786	19	7.936	0.932	0.923	0.922	0.125
二因子模型 B	199.824	19	10.517	0.906	0.898	0.878	0.147
二因子模型 C	285.608	19	15.032	0.862	0.854	0.842	0.178
单因子模型	379.242	20	18.962	0.814	0.806	0.805	0.201

注：三因子模型：领导—成员交换关系，基于组织的自尊，产业工人敬业度。

二因子模型 A：领导—成员交换关系，基于组织的自尊+产业工人敬业度。

二因子模型 B：领导—成员交换关系+产业工人敬业度，基于组织的自尊。

二因子模型 C：领导—成员交换关系+基于组织的自尊，产业工人敬业度。

单因子模型：领导—成员交换关系+基于组织的自尊+产业工人敬业度。

4.3　描述性统计与相关分析

表2显示了各变量的均值（M）、标准差（SD）及相关系数。数据显示，在个体层面，领导—成员交换关系与基于组织的自尊（$r=0.46$，$p<0.01$）、产业工人敬业度（$r=0.40$，$p<0.01$）均显著正相关；基于组织的自尊与产业工人敬业度（$r=0.58$，$p<0.01$）显著正相关。这些结果为研究假设提供了初步的支持。

表2　　　　　　　　描述性统计结果和相关系数矩阵（$N=444$）

变量	M	SD	1	2	3	4	5	6	7
个体层变量（$N=444$）									
1. 性别	0.31	0.46	1						
2. 年龄	32.1	6.49	-0.12**	1					
3. 学历	2.63	1.23	0.07	-0.27**	1				
4. 领导—成员交换关系	3.17	0.65	0.08	-0.14**	0.23**	1			
5. 基于组织的自尊	3.51	0.58	0.02	-0.03	0.18**	0.46**	1		
6. 户籍类型	0.64	0.48	-0.01	-0.23**	-0.15**	-0.24**	-0.02	1	
7. 产业工人敬业度	3.90	0.54	0.17**	0.01	0.14**	0.40**	0.58**	0.02	1
团队层变量（$N=64$）									
1. 规模	6.94	4.48	1						
2. 户籍构成	0.64	0.23	-0.07	1					

注：**表示0.01水平上显著，*表示在0.05水平上显著，下同。

4.4 假设检验

在检验中介和调节作用之前,分别做了以基于组织的自尊和产业工人敬业度为结果变量的零模型。结果显示,基于组织的自尊的组内方差(σ^2)为 0.52,组间方差($\tau00$)为 0.25,组间方差占总方差的 32.47%;产业工人敬业度的组内方差(σ^2)为 0.46,组间方差($\tau00$)为 0.25,组间方差占总方差的 35.21%,表明可以进行进一步的多层线性分析。

4.4.1 中介作用检验

采用 HLM6.08 检验基于组织的自尊在领导—成员交换关系和员工敬业度之间的中介作用。首先,采用 Baron 和 Kenny(1986)的层级回归法,考察基于组织的自尊的中介效应。由表 3 可知,在控制其他变量的影响之后,模型 2 表明领导—成员交换关系对基于组织的自尊具有显著的正向影响($r = 0.38$,$p<0.001$),假设 1 得到支持。模型 5 表明基于组织的自尊对产业工人敬业度具有显著的正向影响($r = 0.46$,$p<0.001$),假设 4 得到支持。模型 4 表明领导—成员交换关系对产业工人敬业度具有显著的正向影响($r = 0.31$,$p<0.001$)。模型 6 表明,当领导—成员交换关系、基于组织的自尊同时加入后,基于组织的自尊对产业工人敬业度具有显著的正向影响($r = 0.37$,$p<0.001$),而领导—成员交换关系对产业工人敬业度的正向影响减弱了($r = 0.17$,$p<0.001$),表明基于组织的自尊在领导—成员交换关系与产业工人敬业度之间起部分中介作用,假设 5 得到支持。

表 3 　　　　　　　　　　　　　基于组织的自尊的分层回归分析

变量	基于组织的自尊		产业工人敬业度			
	模型 1	模型 2	模型 3	模型 4	模型 5	模型 6
截距	3.56*** (0.06)	3.62*** (0.06)	3.98*** (0.06)	4.01*** (0.06)	3.95*** (0.05)	3.93*** (0.05)
控制变量						
规模	−0.01 (0.01)	−0.01* (0.01)	−0.01 (0.01)	−0.01* (0.01)	−0.01 (0.00)	−0.01+ (0.00)
性别	0.04 (0.06)	0.01 (0.06)	0.21** (0.06)	0.18** (0.06)	0.18** (0.06)	0.16** (0.06)
年龄	0.00 (0.00)	0.00 (0.00)	0.00 (0.00)	0.01 (0.00)	0.00 (0.00)	0.00 (0.00)
学历	0.04 (0.02)	0.01 (0.02)	0.03 (0.02)	0.02 (0.02)	0.02 (0.02)	0.00 (0.02)
LMX		0.38*** (0.05)		0.31*** (0.04)		0.17*** (0.04)

变量	基于组织的自尊		产业工人敬业度			
	模型1	模型2	模型3	模型4	模型5	模型6
OBSE					0.46*** (0.05)	0.37*** (0.06)
方差分解						
组内方差(σ^2)	0.52	0.46	0.46	0.42	0.38	0.37
组间方差(τ_{00})	0.25	0.20	0.25	0.21	0.13	0.14

注：＊＊＊表示在0.001水平上显著，下同；回归系数均为稳健标准误下的非标准化系数。括号内为回归系数的稳健标准误，下同；LMX表示领导—成员交换关系；OBSE表示基于组织的自尊，下同。

为进一步检验中介效应的显著性，本研究通过R软件采用参数bootstrap方法来检验跨层次中介效应的显著性，重复抽样的次数设为20000次。结果显示，基于组织的自尊在领导—成员交换关系与产业工人敬业度之间的中介效应的99%的置信区间不包括0（中介效应为0.125，99%的CI为[0.073，0.222]），表明中介效应显著，假设5得到进一步支持。

4.4.2 调节作用检验

采用HLM6.08检验户籍类型的调节作用，结果如表4所示。首先，模型9表明，以产业工人敬业度为结果变量做回归，领导—成员交换关系与户籍类型的交互项边缘显著（$r = -0.08$，$p<0.1$）；其次，模型7表明，以基于组织的自尊为结果变量做回归，领导—成员交换关系与户籍类型的交互项显著（$r=-0.13$，$p<0.05$），说明户籍类型负向调节了领导—成员交换关系与基于组织的自尊之间的关系。参考以往的做法（Aiken & West，1991），本文通过交互效应图、简单斜率分析进行进一步的检验。简单斜率分析的结果表明：城市工人组和农村进城务工人员组对主效应的调节作用均显著，且相比于农村进城务工人员组，城市工人组对主效应有更强的正向作用（$\beta = 0.472$，$p<0.001$；$\beta = 0.592$，$p<0.001$）。由调节效应图（见图2）可知，与城市工人相比，农村进城务工人员的领导—成员交换关系对基于组织的自尊的回归斜率较平缓。因此，假设2得到支持。最后，由模型10可知，领导—成员交换关系、户籍类型、两者交互项和基于组织的自尊对产业工人敬业度的回归结果表明，基于组织的自尊对产业工人敬业度有显著正向影响（$r = 0.33$，$p<0.001$），而领导—成员交换关系和户籍类型的交互项不再显著（$r = -0.01$，$p=n.s.$），说明基于组织的自尊完全中介了户籍类型对领导—成员交换关系和产业工人敬业度之间的调节作用，假设6得到支持。

变量	基于组织的自尊		产业工人敬业度			
	模型7	模型8	模型9	模型10	模型11	模型12
截距	3.54*** (0.07)	3.77*** (0.15)	3.91*** (0.05)	3.92*** (0.06)	4.02*** (0.12)	4.03*** (0.11)
控制变量						
规模	-0.00 (0.01)	-0.00 (0.01)	0.00 (0.01)	-0.00 (0.01)	0.00 (0.01)	-0.00 (0.01)
性别	-0.02 (0.06)	-0.02 (0.06)	0.13* (0.05)	0.11+ (0.06)	0.13+ (0.07)	0.1* (0.06)
年龄	0.00 (0.00)	0.00 (0.00)	0.01+ (0.00)	0.01* (0.00)	0.01* (0.00)	0.01* (0.00)
学历	0.01 (0.02)	0.00 (0.02)	0.01 (0.02)	0.00 (0.02)	0.01 (0.02)	0.01 (0.02)
自变量						
LMX	0.53*** (0.06)	0.15 (0.20)	0.41*** (0.06)	0.22* (0.06)	0.58* (0.26)	0.53* (0.25)
中介变量						
OBSE				0.33*** (0.06)		0.36*** (0.06)
调节变量						
户籍类型	0.01 (0.06)	0.26 (0.19)	0.06 (0.05)	0.06 (0.04)	0.25 (0.15)	0.14 (0.15)
户籍构成		-0.44 (0.31)			-0.17 (0.17)	-0.17 (0.17)
交互项						
LMX×户籍类型	-0.13* (0.05)	-0.11 (0.17)	-0.08+ (0.04)	-0.01 (0.04)	-0.18 (0.15)	-0.21 (0.15)
LMX×户籍构成		0.76* (0.32)			-0.31 (0.45)	-0.6 (0.43)
户籍类型×户籍构成		-0.44 (0.31)			-0.30 (0.25)	-0.11 (0.26)

表4　　　　　　　　　户籍调节作用的分层回归分析

变量	基于组织的自尊		产业工人敬业度			
	模型 7	模型 8	模型 9	模型 10	模型 11	模型 12
LMX×户籍类型× 户籍构成		-0.45+ (0.26)			0.19 (0.27)	0.34 (0.26)
方差分解						
组内方差(σ^2)	0.44	0.44	0.41	0.36	0.42	0.38
组间方差(τ_{00})	0.29	0.28	0.28	0.29	0.28	0.28

注：+ 表示在 0.1 的水平下边缘显著。

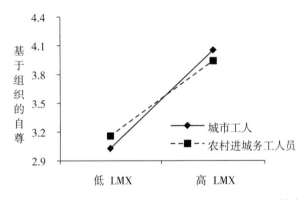

图 2　户籍类型对 LMX 与基于组织的自尊关系的调节效应

　　类似地，采用 HLM6.08 检验户籍类型、户籍构成的共同调节作用，结果如表4所示。首先，模型 11 表明，以产业工人敬业度为结果变量做回归，领导—成员交换关系、户籍类型与户籍构成的三重交互项不显著($r=0.19$，p=n.s.)，参考 Shrout 和 Bolger(2002)的提议，放宽对该步骤的要求；其次，模型 8 表明，以基于组织的自尊为结果变量做回归，领导—成员交换关系、户籍类型与户籍构成的三重交互项边缘显著($r=-0.45$，$p<0.1$)。同时，简单斜率分析和配对斜率检验的结果表明：在户籍构成中农村进城务工人员比例较高时，城市工人组和农村进城务工人员组在领导—成员交换关系与基于组织的自尊的关系上差异显著($t=-3.199$，$p<0.001$)，且相比于农村进城务工人员组，城市工人组对主效应有更强的正向作用($\beta=0.736$，$p<0.001$；$\beta=1.071$，$p<0.001$)。而在户籍构成中农村进城务工人员比例较低时，城市工人组和农村进城务工人员组的差异并不显著($t=1.304$，p=n.s.)。本研究同样绘制了户籍类型和户籍构成的三阶调节效应图，由图 3 可知，在户籍构成中农村进城务工人员比例较高的情况下，与城市工人相比，农村进城务工人员的领导—成员交换关系对基于组织的自尊的回归斜率较平缓。因此，假设 3 得到支持。最后，由模型 12 可知，领导—成员交换关系、户籍类型、户籍类型、三重交互项、两两交互项和基于组织的自尊对产业工人敬业度回归结果表明，基于组织的自尊对产业工人敬业度具有显著正向影响($r=0.36$，$p<0.001$)，领导—成员交换关系、户籍类型和户

籍构成的交互项不再显著(r = 0.34，p = n. s.)，说明基于组织的自尊完全中介了户籍类型和户籍构成对领导—成员交换关系和产业工人敬业度之间的共同调节作用，假设7得到支持。

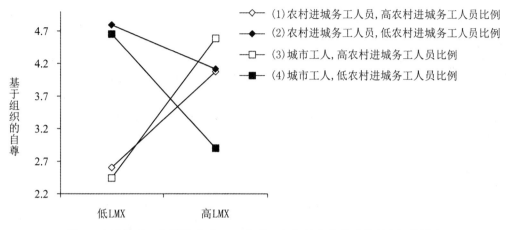

图3 户籍类型、户籍构成对 LMX 与基于组织的自尊关系的联合调节效应

为进一步检验跨层次被中介的调节效应的显著性，本研究通过 R 软件采用参数 bootstrap 方法来检验。结果显示，领导—成员交换关系和户籍类型的交互通过基于组织的自尊的中介作用对产业工人敬业度的作用的间接效应达到显著水平(间接效应为-0.036，99%的 CI 为[-0.109，-0.001])。领导—成员交换关系、户籍类型和户籍构成的三重交互通过基于组织的自尊的间接效应为边缘显著(间接效应为-0.08，90%的 CI 为[-0.330，-0.007])。因此，假设6和假设7进一步得到支持。

5. 结论与讨论

本研究将户籍作为重要的情境变量，探讨了在户籍类型和户籍构成约束下，领导—成员交换关系对产业工人敬业度的影响机制。研究发现：基于组织的自尊部分中介了领导—成员交换关系与产业工人敬业度的关系；户籍类型调节了领导—成员交换关系与产业工人敬业度的关系，以基于组织的自尊为中介；户籍类型、户籍构成联合调节了领导—成员交换关系与产业工人敬业度的关系，以基于组织的自尊为中介。

5.1 理论意义

第一，揭示了领导—成员交换关系通过改变基于组织的自尊进而影响产业工人敬业度的"自我验证"机制。即高质量的领导—成员交换关系有助于产业工人在组织中形成积极的自我概念，出于自我验证的目的，产业工人会将自我与工作和组织角色相结合，用高敬业度来保持与积极自我概念的一致性。本研究为探索领导—成员交换关系与产业工人敬业度之间的关系提供了一个新的理论视角，丰富了产业工人敬业度的理论研究。

第二，揭示了户籍对领导—成员交换关系促进产业工人敬业度的约束效应。尽管高质量的领导—成员交换关系有助于产业工人在组织中形成积极的自我概念，然而，农村进城务工人员由户籍身份而形成的消极自我概念可能与领导传递的积极信号发生冲突，削弱领导—成员交换关系对农村进城务工人员基于组织的自尊的促进作用，进而不利于其敬业度的提升。以往研究运用自我验证理论时，多探讨外界信息与自我概念一致情况下对于员工态度和行为的影响(Liu et al.，2013)，本研究有助于拓展自我验证理论的应用情境。

第三，将户籍类型和户籍构成分别作为个体和团队层次的情境变量，从个体心理视角探讨了户籍类型、户籍构成对领导—成员交换关系与产业工人敬业度关系的联合调节作用，完善了领导—成员交换关系对产业工人敬业度影响的边界条件，进一步验证了户籍对工作场所中农村进城务工人员心理行为产生的束缚(肖潇，2018；施丹等，2019)，是对当前宏观层面户籍歧视问题研究的有效补充(谢玉华，2017)。

5.2　管理启示

首先，对于班组长而言，应该认识到与产业工人的关系质量会影响该群体的自我评价，进而改变他们对工作和组织的投入。因此，应该利用自己的能力与职务优势，为产业工人提供能够改善其工作绩效的反馈或提高职业竞争力的建议，向其安排更多挑战性的工作任务并提供资源支持其完成，这将极大地提升产业工人的自信心和胜任感，使其形成高基于组织的自尊，进而提高产业工人敬业度。

其次，对于组织而言，应该重视户籍释放的消极信号对一线管理者提升农村进城务工人员在组织中的价值感和意义感造成的束缚。因此，在制定人力资源政策和制度时，应该摒弃"户籍"标准，平等对待城市工人和农村进城务工人员，尤其要关注农村进城务工人员的权益保障和职业发展，向他们释放更多被组织接纳和重视的信号。此外，在组建生产团队时，要控制农村进城务工人员的比例，避免消极工作态度在班组的大规模传播。

最后，对于农村进城务工人员个体而言，应该意识到户籍对自我认知的束缚，努力营造验证积极自我的社会环境。一方面，应主动与城市工人、班组长交往和接触，沟通感情、增进理解，减少对现实信息的主观歪曲，以更好地接收组织、管理者释放的积极信息；另一方面，不要过多关注自己的户籍身份，特别是将自己或他人的负面遭遇解读为对农村进城务工人员群体的排斥，"打铁还需自身硬"，要将更多精力投入提高产品质量和生产效率中，用积极的自我认知、高度的敬业精神、卓越的工作绩效摆脱户籍的束缚。

5.3　研究局限与展望

本研究存在以下一些局限：(1)本研究参考 Yang 和 Konrad(2011)对群体性别构成的测量方法，通过汇总调查样本中具有农业户籍的人数与班组成员总数之比来计算户籍构成，调查样本包括班组内除去当天缺勤外的所有成员，这就使得计算可能存在误差，今后可以采用更科学的方法，如直接询问组织各班组内农业户籍的人数比例。(2)制造业中的产业工人具有较强流动性，很难对同一批工人进行追踪调查，因此，本研究使用的是横截面数据，难以准确评估变量间在纵向时间上的因果关系，未来的研究可以尝试缩短调查间隔时间，多时间点收集数据。(3)由于敬业度是员工对自己在工作和组织中的投入程度的评价，因此，本研究对敬业度及其他变量的测量均采用员工自评的方式，存在同源误差的可能性，未来的研究在设计结果变量时，除了敬业度之外，还可以增加更多客观指标，或其他能够被他人评价的工作产出变量。(4)随着户籍改革的不断深入，农村进城务工人员可能通过各种方式实现身份转换成为城市永久性居民。因此，未来对户籍类型的测量可能需要采用新方法，例如除了农业户籍和城镇户籍外，还包括出身农村，但已获取非农户口的"农转非"（杨金龙，2018）。这类户籍身份改变后的产业工人，心理与行为是否摆脱了户籍的束缚，值得进一步研究。

◎ **参考文献**

[1] 郭靖，周晓华，张金桥，等. 工作要求—控制模型在中国产业工人中的应用：边界条件与研究反思[J]. 南开管理评论，2015，18(6).

[2] 韩秀兰，赵敏. 经济新常态、人口红利衰减与经济增长[J]. 统计学报，2020，1(3).

[3] 郝宇青. 基层社会治理中的"组织再造"——基于上海市闵行区江川路街道实践的分析[J]. 中国治理评论，2019(1).

[4] 李骏，顾燕峰. 中国城市劳动力市场中的户籍分层[J]. 社会学研究，2011，25(2).

[5] 歆远. 推动制造业高质量发展农民工不可或缺[N]. 第一财经日报，2019-06-05(A11).

[6] 施丹，胡翔，陶祎祎. 新生代农民工工作生活质量结构及其对敬业度的影响机理研究[J]. 珞珈管理评论，2018(3).

[7] 施丹，陶祎祎，张军伟，等. 领导-成员交换关系对产业工人敬业度的影响研究[J]. 管理学报，2019，16(5).

[8] 王华萍，廉思. 组织网络中班组长的位置和行为分析[J]. 中国青年研究，2015(10).

[9] 王吉元，汪寿阳，胡毅. 户籍制度对中国城乡居民养老方式选择影响——基于Mixed-Logit模型[J]. 管理评论，2019，31(1).

[10] 吴贾，姚先国，张俊森. 城乡户籍歧视是否趋于止步——来自改革进程中的经验证据：1989-2011[J]. 经济研究，2015，50(11).

[11] 肖潇. 领导—成员交换关系对产业工人敬业度的影响[D]. 武汉：华中农业大学，2018.

[12] 谢玉华，刘熙，李倩倩，等. 企业城乡劳动力参与"五险一金"差异的实证分析——基于非线性模型的Blinder-Oaxaca分解方法[J]. 湖南大学学报(社会科学版)，2017，31(2).

[13] 杨金龙. 户籍身份转化会提高农业转移人口的经济收入吗？[J]. 人口研究，2018，42(3).

[14] 燕晓飞. 劳动生产率水平：产业工人队伍建设改革的逻辑起点[J]. 企业经济，2019，38(12).

[15] 章莉，李实，Darity Jr，W. A.，等. 中国劳动力市场就业机会的户籍歧视及其变化

趋势[J]. 财经研究, 2016, 42(1).

[16] 赵迎军. 从身份漂移到市民定位: 农民工城市身份认同研究[J]. 浙江社会科学, 2018(4).

[17] 张蕴萍, 赵建, 叶丹. 新中国70年收入分配制度改革的基本经验与趋向研判[J]. 改革, 2019(12).

[18] Aiken, L. S., West, S. G. Multiple regression: Testing and interpreting interactions-institute for social and economic research(ISER)[J]. *Journal of the Operational Research Society*, 1991, 45(1).

[19] Bakker, A. B., Demerouti, E., Schaufeli, W. B. The socially induced burnout model [J]. *Advances in psychology research*, 2003, 25.

[20] Baron, R. M., Kenny, D. A. The moderator-mediator variable distinction in social psychological research: Conceptual, strategic, and statistical considerations[J]. *Journal of Personality and Social Psychology*, 1986, 51.

[21] Eisenberger, R., Karagonlar, G., Stinglhamber, F., et al. Leader-member exchange and affective organizational commitment: The contribution of supervisor's organizational embodiment[J]. *Journal of Applied Psychology*, 2010, 95(6).

[22] Farmer, S. M., Aguinis, H. Accounting for subordinate perceptions of supervisor power: An identity-dependence model[J]. *Journal of Applied Psychology*, 2005, 90(6).

[23] Gosling, S. D., Ko, S. J., Mannarelli, T., et al. A room with a cue: Personality judgments based on offices and bedrooms [J]. *Journal of Personality and Social Psychology*, 2002, 82(3).

[24] Graen, G. B., Uhlbien, M. Relationship-based approach to leadership: Development of leader-member exchange (LMX) theory of leadership over 25 years: Applying a multi-level multi-domain perspective[J]. *Leadership Quarterly*, 1995, 6(2).

[25] Hakanen, J. J., Ropponen, A., Schaufeli, W. B., et al. Who is engaged at work? A large-scale study in 30 European countries[J]. *Journal of occupational and environmental medicine*, 2019, 61(5).

[26] Joiner, Jr. T. E., Katz, J. Contagion of depressive symptoms and mood: Meta-analytic review and explanations from cognitive, behavioral, and interpersonal viewpoints [J]. *Clinical Psychology: Science and Practice*, 1999, 6(2).

[27] Kahn, W. A. Psychological conditions of personal engagement and disengagement at work[J]. *Academy of management journal*, 1990, 33(4).

[28] Kim, W., Hyun, Y. S. The impact of personal resources on turnover intention: The mediating effects of work engagement[J]. *European Journal of Training and Development*, 2017, 41(8).

[29] Korman, A. K. Toward an hypothesis of work behavior[J]. *Journal of Applied psychology*,

1970, 54(1, Pt. 1).

[30] Liu, J. , Hui, C. , Lee, C. , et al. Why do I feel valued and why do I contribute? A relational approach to employee's organization-based self-esteem and job performance[J]. *Journal of Management Studies*, 2013, 50(6).

[31] Mahadeo, J. D. , Soobaroyen, T. , Hanuman, V. O. Board composition and financial performance: Uncovering the effects of diversity in an emerging economy[J]. *Journal of business ethics*, 2012, 105(3).

[32] Nikolova, I. , Schaufeli, W. , Notelaers, G. Engaging leader-Engaged employees? A cross-lagged study on employee engagement[J]. *European Management Journal*, 2019, 37(6).

[33] Pierce, J. L. , Gardner, D. G. , Cummings, L. L. , et al. Organization-based self-esteem: Construct definition measurement and validation [J]. *Academy of Management Journal*, 1989, 32.

[34] Pierce, J. L. , Gardner, D. G. Self-esteem within the work and organizational context: A review of the organization-based self-esteem literature[J]. *Journal of Management*, 2004, 30(5).

[35] Podsakoff, P. M. , MacKenzie, S. B. , Lee, J. Y. , et al. Common method biases in behavioral research: A critical review of the literature and recommended remedies [J]. *Journal of applied psychology*, 2003, 88(5).

[36] Saks, A, M. Antecedents and consequences of employee engagement [J]. *Journal of Managerial Psychology*, 2006, 21(7).

[37] Shrout, P. E. , Bolger, N. Mediation in experimental and nonexperimental studies: New procedures and recommendations[J]. *Psychological methods*, 2002, 7(4).

[38] Schermuly, C. C. , Meyer, B. Good relationships at work: The effects of leader-member exchange and team-member exchange on psychological empowerment, emotional exhaustion, and depression[J]. *Journal of Organizational Behavior*, 2016, 37(5).

[39] Swann, Jr. W. B. , Polzer, J. T. , Seyle, D. C. , et al. Finding value in diversity: Verification of personal and social self-views in diverse groups [J]. *Academy of Management Review*, 2004, 29(1).

[40] Swann, Jr. W. B. , Stein-Seroussi, A. , Giesler, R. B. Why people self-verify [J]. *Journal of Personality and Social Psychology*, 1992, 62(3).

[41] Sui, Y. , Wang, H. Relational evaluation, organization-based self-esteem, and performance: The moderating role of allocentrism [J]. *Journal of Leadership & Organizational Studies*, 2014, 21(1).

[42] Tanskanen, J. , Mäkelä, L. , Viitala, R. Linking managerial coaching and leader-member exchange on work engagement and performance[J]. *Journal of Happiness Studies*, 2019,

20(4).

[43] Wiesenfeld, B. M. , Swann, Jr. W. B. , Brockner, J. , et al. Is more fairness always preferred? Self-esteem moderates reactions to procedural justice [J]. *Academy of Management Journal*, 2007, 50(5).

[44] Westman, M. , Vinokur, A. D. , Hamilton, V. L. , et al. Crossover of marital dissatisfaction during military downsizing among Russian army officers and their spouses [J]. *Journal of Applied Psychology*, 2004, 89(5).

[45] Yang, Y. , Konrad, A. M. Diversity and organizational innovation: The role of employee involvement[J]. *Journal of Organizational Behavior*, 2011, 32(8).

The Inhibiting Effect of Household Register:
Leader-Member Exchange and Industrial Workers' Engagement

Shi Dan[1] Chen Lei[2] Xiao Xiao[3]

(1, 2 College of Economics & Management of Huazhong Agricultural University Wuhan, 430070;

3 Guangdong OPPO Mobile Telecommunications Corp. , Ltd, Shenzhen, 518000)

Abstract: Enhancing industrial workers' engagement is crucial to promoting the high-quality development of China's manufacturing industry, but theoretical research in this area lags behind practical development. Based on the self-verification theory, this study discusses the relationship between leader-member exchange and industrial workers' engagement and the moderating effect of household register type and household register composition. The multilevel linear regression of 444 industrial workers from 64 teams shows that leader-member exchange is positively related to industrial workers' engagement through organization-based self-esteem; the household register type moderates the relationship between leader-member exchange and industrial workers' engagement, which are mediated by organization-based self-esteem. Further, the joint moderation of the household register type and household register composition has also been verified. That is to say, the higher the proportion of migrant workers in the team, the weaker the positive relationship between leader-member exchange and migrant workers' organization-based self-esteem, which in turn weaken engagement. The findings not only help to enrich the theoretical results of household register and employee engagement, but also provide a new perspective to improve industrial workers' engagement in China.

Key words: Leader-member exchange; Industrial workers; Engagement; Organization-based self-esteem; Household register

专业主编：杜旌

内部控制与智力资本信息披露[*]
——来自我国高科技上市公司的经验证据

● 傅传锐[1] 吴文师[2] 李万福[3]

（1，2 福州大学经济与管理学院 福州 350116；
3 南京财经大学会计学院 南京 210023）

【摘 要】智力资本信息披露的发生机制是近年来公司财务学与智力资本学科的交叉热点话题。本文以我国高科技 A 股上市公司为研究对象，运用内容分析法手工收集的智力资本信息披露大样本数据构建智力资本自愿信息披露指数，实证检验了内部控制与智力资本信息披露水平间的相关性以及这一关系在不同的管理层权力、产品市场竞争环境中的异质性。研究发现：（1）内部控制不仅能够显著提升总体智力资本信息披露水平，而且同样能有效促进人力资本、结构资本等分类智力资本的信息披露。（2）高管集权弱化了内控制度对智力资本信息披露的正向作用。不论是总体智力资本还是人力资本、结构资本，管理层权力分散企业中的内控制度能够发挥对各类智力资本信息披露的积极显著的作用，而在高管集权企业中这种作用明显减弱甚至失效。（3）产品市场竞争能够增强内部控制对各类智力资本信息披露的促进作用。与处于竞争程度低环境中的企业相比，激烈市场竞争中的企业内控制度存在对智力资本信息披露更为有效、力度更大的积极影响。多维度的研究结论对进一步完善内外部治理机制、推动智力资本信息披露具有重要的政策启示。

【关键词】内部控制 智力资本信息披露 管理层权力 产品市场竞争 倾向得分匹配

中图分类号：F275   文献标识码：A

1. 引言

知识经济时代，智力资本的价值创造活动及相关信息日益引起投资者、分析师与监管

---

* 基金项目：国家社会科学基金项目"我国上市公司智力资本自愿信息披露及其影响因素、经济后果研究"（项目批准号：15CGL019）。

通讯作者：傅传锐，E-mail：fu_jasmine@163.com。

部门等利益相关者的关注。虽然相关研究表明，企业披露智力资本信息具有正向的经济后果，如降低融资成本（Boujelbene & Affes，2013；傅传锐、王美玲，2018）、吸引更多的分析师关注（Farooq & Nielsen，2014）、提升企业市场价值等（Ellis & Seng，2015），然而，自利导向的管理者却可能出于掩饰其在企业智力资本投资活动中的怠工、偷懒等败德行为而操纵智力资本信息输出，使智力资本信息披露沦为管理者实施机会主义行为的一项工具。在不同企业中，管理者道德风险与代理冲突程度的不同直接影响着智力资本信息披露水平间的差异（傅传锐、洪运超，2018）。近年来，我国相关监管部门一直致力于推动上市公司建立并完善作为公司治理基础措施的内部控制制度。高质量的内部控制制度能够明确、规范不同层级间的代理关系与职责权限，建立科学合理的议事规则与决策流程，形成内部的相互制衡，约束道德风险。那么，一个自然而然的问题是，被监管部门寄予厚望的内部控制能否有效抑制管理者操控智力资本信息披露的行为，进而提升智力资本信息披露水平。

国内外文献从不同维度对智力资本信息披露行为的发生机制进行了初步探索。已有研究发现，公司治理水平的提高能够促使企业对外披露更多的智力资本信息（Haji & Ghazali，2013），高管的任职时间与智力资本信息披露水平正相关，年龄大的高管倾向于披露相对较少的智力资本信息，而激烈的市场竞争会抑制企业智力资本信息披露行为（傅传锐等，2018）。然而，目前尚未有中外文献从内部控制这一更为具体、基础的内部制度层面出发，对其与智力资本信息披露行为间的关系进行理论探讨或实证检验。

尽管已有文献陆续证实了内部控制对信息质量、社会责任信息与环境信息披露的积极效应（Doyle et al.，2007；Goh & Li，2011；李志斌，2014），然而这些信息披露行为与智力资本信息披露的一个重要区别在于，它们都已经被明确、具体纳入内部控制系统的监督作用范畴。换言之，内部控制对这些信息披露活动的正向作用，反映了内控系统履行自身职能并实现其预期的治理目标。但是，智力资本信息披露目前尚未成为内控制度的明确监管对象。尽管作为战略要素的智力资本的投资运营及相关信息的披露，直接关系到企业能否提高经营效率、实现发展战略等内控目标，然而，在现有的内部控制的实施框架中缺乏专门针对各类智力资本信息进行报告、监督、跟踪以及评价等的具体规定与系统考虑。可见，智力资本信息披露活动处于企业无法判定内控制度是否应该对其予以监督以及怎样监督的监管模糊地带。显然，这不同于环境信息、社会责任信息披露所处的制度性规范环境。因而，我们难以从内部控制与环境信息、社会责任信息披露间的关系推断出内部控制能否规范智力资本信息披露行为并促进其披露水平。

此外，内部控制对信息披露的作用还掣肘于管理层权力、产品市场竞争等内外部因素。管理者掌控的权力越大，越可能在内控制度构建之初为自己留下"后门"以避免制度实施后对利己行为的钳制。降低企业对外智力资本信息的透明度，能够模糊股东与外部投资者对企业绩效与高管工作努力程度的考核评价，掩饰其在智力资本投资决策中可能存在的机会主义行为，进而维护高管的职业安全与收入。那么，谋求私利最大化的管理层就有可能运用手中的权力干扰内控系统的监督，进而操纵智力资本信息披露。对于市场竞争而言，其扮演"双刃剑"的角色，虽然可能诱发更严重的股东与内部管理者间的代理冲突，但也可能发挥外部治理效应制衡管理者，强化内控制度运行的外部环境，进而提高内控的有效性。那么，管理层权力、外部市场竞争究竟能否通过影响内部控制的有效性，进而作用于内部控制与智力资本信息披露间的关系呢？遗憾的是，现有国内外文献缺乏对这一问题的深层次探讨与经验证据。

基于上述分析，本文以我国高科技 A 股上市公司为对象，运用智力资本信息披露大样本数据，考察了内部控制与智力资本信息披露行为间的关系以及管理层权力、产品市场竞争对这一关系的调节效应。本文的可能贡献在于：（1）首次就内部控制与智力资本信息披露间的关系进行理论探讨与实证分析，填补了国内外相关领域的研究空白，不仅丰富了智力资本信息披露影响因素的研究内容，而且拓展了内部控制理论的研究边界与视野。（2）从管理层权力、产品市场竞争的角度出发考察内部控制在不同的内外部情境中对智力资本信息披露的异质性作用，进一步深化了关于内部控制实施效果发生机理的系统认知。（3）本文基于手工收集并测度的我国上市公司智力资本信息披露水平的大样本数据的实证结论揭示了内部控制已成为影响当前企业智力资本信息披露行为的重要制度性因素，验证了内部控制在规范信息披露、增进信息透明度方面的广谱有效性，为知识经济下内部控制制度的改进优化提供了政策指引。

2. 研究假设

尽管智力资本是企业获取竞争优势与价值创造的战略性资源，然而，其固有的形成特点使理性的管理者对智力资本的投资浅谈辄止。智力资本在形成过程中所具有的因果模糊性、复杂性及对特定时代环境的依赖，使其投入产出不确定程度远高于传统有形资产，因而对智力资本的投资容易令管理者因项目失败而招致被问责甚至解聘的个人职业风险。即便最终开发成功，也往往需要较长时间才能实现收益，使管理者的劳动成果沦为继任者的"嫁衣"。因此，在自利本性的驱动下，管理者的"理性选择"是延迟、减少或者放弃智力资本项目（傅传锐，2016）。显然，这弱化了智力资本的价值创造能力，牺牲了企业的长远发展机会，损害投资者利益。为掩盖管理者在智力资本开发管理中的"怠工"行为，拥有决策权的管理者倾向于减少企业对外披露的智力资本信息。此外，大部分的智力资本要素尚游离于强制性信息披露范畴之外，如何认定、计量智力资本要素以及怎样披露相关信息缺乏明确的操作指引，不得不依靠管理者的主观裁断，这进一步滋生了管理者操控智力资本信息披露的灰色地带。

良好的公司治理能够通过适度集中且相互制衡的股权结构、独立的董事会以及具有竞争力的高管薪酬与持股激励缓解管理者与股东在智力资本投资运营中的代理冲突，促进各类智力资本要素的开发培育，进而减少了管理者试图通过压制智力资本信息披露所可能获取的私有收益，增加企业对外输出的智力资本信息（傅传锐、洪运超，2018）。内部控制作为公司治理的制度建设基础与具体举措（杨雄胜，2005），是连接公司治理与企业行为的直接桥梁，具有规范组织决策、明确各层级权责分工、实现内部相互制衡的重要功能（卢锐等，2011），能够直接作用于包括智力资本投资开发、信息披露在内的各项企业活动，抑制管理者在智力资本信息披露决策过程中的机会主义行为。因此，内部控制能够有效促进企业对外智力资本信息披露水平的提高。于是，我们提出如下假设：

H1：内部控制对智力资本信息披露水平具有显著的促进作用。

管理层权力是管理层压制异议、执行自身意愿的能力（权小锋等，2010）。在缺乏主要股东、董事会规模臃肿的企业中，CEO兼任董事长、持有股权及其身上的高学历、高级职称、在外兼职等能力标签使管理者的权力迅速膨胀。管理者权力理论认为，管理层有能力通过权力寻租以牟取个人私利。在企业全员参与的内部控制框架中，经理层负责内控制度的设计以及组织、领导内控制度的日常运行，董事会负责审批与监督。显然，经理层是主导内控系统设计与执行的重要主体。强势的管理者能够运用手中的权力通过诸如瓦解、拉拢董事会成员，提名私交甚好的独立董事，操纵董事会议事日程，限制董事会能够获得的特定信息等多种方式绕开或弱化董事会的监督，进而在内控制度中预设、制定于己有利的"灵活"条款与弹性空间抑或者直接凌驾于内控制度之上，即便内控规则设计严密，但实施效果却难达预期，甚至形同虚设，仅扮演装饰角色（刘启亮等，2013）。可见，管理层权力的膨胀降低了内部控制的有效性，使管理层能够通过降低智力资本信息的透明度以掩饰其减少或放弃智力资本投资的利己行为。这意味着，高管集权弱化了内部控制本应发挥的对智力资本信息披露的积极作用。因此，我们提出如下假设：

H2：高管集权弱化了内部控制对智力资本信息披露的正向作用。

产品市场竞争能够通过破产威胁与业绩标尺增进治理效率（Schmidt，1997）。一方面，激烈的产品市场竞争会减少企业的当期收益、增加未来的流动性风险，使经营不善的企业更容易陷入破产清算的困境，进而危及管理层的收入、职位与职业声誉。另一方面，更多同行竞争者的存在使股东、董事会能够通过行业内的业绩对比，更客观地评判管理者的工作努力程度及其业绩贡献，进而强化对管理者代理行为的监督。显然，产品市场竞争程度的提高会抑制管理者的道德风险，促使其更加勤勉尽职地工作以改善经营绩效。而内部控制的建设与实施恰恰能够通过理顺企业内部各层级间的代理关系、推动团队决策的集思广益与决策流程的科学化以减少非效率投资（李万福等，2011）。因此，当企业面临激烈的竞争态势时，不论是作为内控制度责任人的董事会还是执行人的经理层，都会重视内控的规则设计与完善，并积极推动内控系统在企业日常经营与决策活动中的有效实施，进而增进内部控制的有效性（张传财、陈汉文，2017）。可见，产品市场竞争越激烈，企业内控越有效，越能抑制管理者隐匿智力资本信息的机会主义行为，进而提升智力资本的信息披露水平。于是，我们提出如下假设：

H3：产品市场竞争强化了内部控制对智力资本信息披露的正向作用。

3. 研究设计

3.1 样本选取与数据来源

本文以2011—2015年我国A股高科技行业上市公司为研究对象。之所以选择高科技公司作为研究对象，主要考虑到智力资本投资的高风险与长周期特征，会导致作为经济人的管理者延迟、减少或者放弃智力资本开发项目，进而引发管理者运用信息披露的自由裁量权减少智力资本信息对外披露以掩饰其机会主义行为。但是，高科技公司是典型的智力资本密集型公司，资本市场对其智力资本信息的需求要比一般公司大。这样就形成了高科技公司智力资本信息供给与需求间的巨大缺口。这为内部控制与智力资本信息披露行为间的关系研究提供了较好的环境。我们根据证监会行业分类标准，选取医药、生物制品、机械、设备、仪表、电子与信息技术业作为高科技行业。智力资本信息披露数据手工收集自样本公司年报。内部控制及其他变量度量数据取自 CSMAR 数据库、DIB 内部控制与风险管理数据库。本文剔除了计算或回归中所需数据缺失的样本，最终得到 4484 个公司/年度观察值。为避免极端值对回归的干扰，我们对所有连续变量进行了上下 1% 分位点上的缩尾处理。

3.2 变量定义

3.2.1 智力资本自愿信息披露指数

参考傅传锐等(2018)的做法，我们将智力资本划分为人力资本与结构资本两类，并剔除了监管政策强制性要求企业披露的智力资本信息项目。人力资本自愿性披露项目包括员工年龄、员工的工作经历、员工职业资格与职称、员工的生产效率、员工团队、员工工作态度、企业家精神等 7 项；结构资本自愿性披露项目包括管理哲学、管理方法、业务流程、企业文化、信息与网络系统、著作权、软件、商标权、商业秘密、售后支持功能、企业品牌、企业所获荣誉或奖项、客户拥有量、客户满意与忠诚度、市场份额、客户维系、营销方式、分销渠道、新客户开发、企业间业务合作、企业与供应商的关系、企业与大学和科研机构的关系、企业与政府的关系、企业与所在社区的关系、企业与员工的关系等 25 项，合计 32 个智力资本自愿披露项目。我们使用五量点法进行数据编码，即当特定的信息项目在年报中未得到披露时，取值 0；若得到披露，进一步区分不同的披露形式。当以纯文字、非货币型数字、货币型数字、图表形式披露时，分别取值 1 分、2 分、3 分、4 分。

总体智力资本自愿信息披露指数(intellectual capital disclosure index，ICDI)、人力资本自愿信息披露指数(human capital disclosure index，HCDI)与结构资本自愿信息披露指数(structural capital disclosure index，SCDI)的计算公式如下：

$$\text{ICDI(HCDI, SCDI)} = \frac{\sum_{i=1}^{n} d_i}{4 \times n} \tag{1}$$

式(1)中，d_i 为信息披露项目的实际得分；n 为信息披露项数，对于总体智力资本、人力资本与结构资本而言，分别为 32，7，25。

3.2.2 内部控制质量

本文参考方红星等(2015)、刘慧凤等(2017)的做法，以内部控制目标的实现情况作为内部控制质量(IC_quality)的考量依据。若样本公司当年被审计师出具非标准审计意见，说明财务报告目标没有实现，则该目标得分为 0，否则得分为 1。若样本公司当年发生违规行为，说明合规性目标未实现，该目标得分为 0，否则得分为 1。若样本公司当年在行业内盈利能力较差(销售收入与总资产之比在行业内排名后 1/4)，说明经营目标未实现，该目标得分为 0，否则得分为 1。若样本公司当年发生重大资产减值损失(资产减值损失与总资产之比在行业内排名前 1/4），说明资产保全目标未能实现，该目标得分为 0，否则得分为 1。若样本公司当年内控评价报告认为存在内控缺陷，直接表明内控质量较低，该指标得分为 0，否则得分为 1。最后，我们将上述 5 个具体评价指标的得分值加总得到内部控制质量的综合评价得分。综合评价得分的范围为 0~5，分值越高，表明样本公司的内部控制质量越好；反之，则内控质量越差。

3.2.3 管理层权力

我们借鉴权小锋等（2010）、杨兴全等（2014）、周美华等（2016）的做法，选择以下指标作为主成分合成管理层权力的综合指标（Power）：（1）董事会规模。当董事成员人数大于行业均值时，取值 1，否则取 0。（2）CEO 是否兼任董事长。当两职合一时，取 1，否则取 0。（3）公司股权是否分散。当第一大股东持股数低于第二至第十大股东持股总数时，取值 1，否则为 0。（4）总经理是否持股。若总经理持股，取值 1，否则为 0。（5）总经理是否具有高学历。当总经理学历为硕士及以上时，取值 1，否则为 0。（6）总经理是否具有高级职称。当总经理拥有高级职称时，取值 1，否则为 0。（7）总经理是否在外兼职。当总经理在外兼职时，取值 1，否则为 0。（8）总经理任职时间。若总经理任期超过当年行业均值，取值 1，否则为 0。我们逐年对样本公司这 8 个原始指标进行主成分分析，提取其中特征根大于 1 的前几大主成分，并以选取的各主成分的方差贡献率占所选取的所有主成分的累积方差贡献率的比重为权数加权计算主成分综合得分以作为管理层权力的综合度量指标。

3.2.4 产品市场竞争

本文借鉴姜付秀等（2005）、陈晓红等（2010）、杨旭东（2018）等学者的做法，以企业的市场份额（Share）作为产品市场竞争的度量指标。我们逐年分行业计算每个企业营业收入占其所在行业营业总收入的比例以度量其对应的市场份额。当企业的市场份额高于行业中位数时，表明企业处于较为有利的竞争地位，其受到的竞争压力较小；反之，说明企业在行业竞争中处于劣势，其面临激烈的产品市场竞争。本文还在后文的稳健性检验部分中使用加权勒纳指数（EPCM）来计算市场竞争程度。勒纳指数（PCM）反映了企业的产品市场势力，其计算公式为"（营业收入-营业成本-销售费用-管理费用）/营业收入"。加权勒纳指数是在勒纳指数的基础上再减去以各企业市场份额为权重的行业 PCM 均值。

3.2.5 控制变量

本文在回归中加入公司规模（Lnsize）、财务杠杆（Lev）、独立董事比例（Rind）、董事会会议次数（Meeting）、股权集中度（Cr）、产权性质（POE）、高管年龄（Manage）、监事会规模（Supboard）、事务所规模（Big4）、自由现金流量（FCF）等公司特征变量以及行业、年份虚拟变量。各控制变量的具体定义如表 1 所示。

表 1　　　　　　　　　　　　　控制变量定义

控制变量	变量符号	度量方法
公司规模	Lnsize	年末总资产账面值的自然对数
财务杠杆	Lev	总负债/总资产

控制变量	变量符号	度量方法
独立董事比例	Rind	独立董事人数占董事会人数的比例
董事会会议次数	Meeting	年度董事会会议的召开次数
股权集中度	Cr	第一大股东持股数占总股本的比例
产权性质	POE	实际控制人为国有性质时，取值1，否则为0
高管年龄	Manage	高管成员平均年龄
监事会规模	Supboard	监事会人数的自然对数
事务所规模	Big4	审计师为国际四大会计师事务所时，取值1，否则取值0
自由现金流量	FCF	自由现金流量(净利润+财务费用-资产本期变动额+货币资金本期变动额-负债本期变动额-吸收权益性投资收到的现金-分配股利、利润或偿付利息支付的现金)逐年的标准化值
年份变量	Year	虚拟变量，当年取值1，否则为0
行业变量	Industry	虚拟变量。根据证监会行业分类，样本属于对应行业时取值为1，否则为0。制造业按前两位代码分类，其他行业按首位代码分类

3.3 模型设计

为检验假设 H1，我们构建了如下回归方程：

$$\{ICDI, HCDI, SCDI\} = \beta_0 + \beta_1 IC\_quality + Control'\gamma + \varepsilon \quad (2)$$

式(2)中，{ICDI, HCDI, SCDI}表示分别以 ICDI、HCDI、SCDI 作为被解释变量，Control 为控制变量，β_0为截距项，β_1、γ为估计系数，ε为误差项。根据假设 H1，我们预期，在全样本下估计系数β_1显著为正。

为检验假设 H2，我们将总样本划分为管理层权力集中组(Power 值大于或等于中位数)与管理层权力分散组(Power 值低于中位数)，分组进行式(2)的回归估计，并通过比较管理层权力集中、分散样本下的系数β_1值的大小与显著性高低对假设 H2 进行研判。为检验假设 H3，我们将总样本划分为处于高度竞争环境的样本(Share 值低于或等于中位数)与处于低度竞争环境的样本(Share 值高于中位数)，分组估计式(2)，并通过比较高、低竞争程度样本的β_1估计值与显著性对假设 H3 进行验证。

4. 实证分析

4.1 描述性统计

首先，我们对全样本下的主要变量进行描述性统计，结果如表 2 所示。ICDI 的均值为 0.2759，中位数为 0.2813，最小值为 0.1172，最大值为 0.4219，表明我国高科技上市公司的总体智力资本信息披露水平普遍较低，披露程度最高的公司也只披露了不到 50% 的智力资本信息项目，披露最少的公司只披露了略多于 10% 的智力资本信息项目，平均有超过 70% 的智力资本信息项目未得到披露。HCDI 与 SCDI 的均值分别为 0.1058、0.3234，中位数分别为 0.0714、0.3200，显然，不论是均值还是中位数，SCDI 都高于 HCDI，这说明在智力资本内部，结构资本的信息披露水平明显高于人力资本。

表2 描述性统计

变量	样本量	均值	最小值	中位数	最大值	标准差
ICDI	4484	0.2759	0.1172	0.2813	0.4219	0.0635
HCDI	4484	0.1058	0.0000	0.0714	0.3214	0.0873
SCDI	4484	0.3234	0.1300	0.3200	0.5000	0.0750
IC_quality	4484	4.1329	1.0000	4.0000	5.0000	0.8905
Lnsize	4484	21.5490	19.1450	21.4405	25.0078	1.0628
Lev	4484	0.3727	0.0389	0.3594	0.9024	0.2029
Rind	4484	0.3738	0.3333	0.3333	0.5714	0.0531
Supboard	4484	1.2189	1.0986	1.0986	1.9459	0.2302
Cr	4484	0.3350	0.0625	0.3143	0.6927	0.1436
Meeting	4484	9.3983	4.0000	9.0000	21.0000	3.3658
Big4	4484	0.0390	0.0000	0.0000	1.0000	0.1937
Manage	4484	48.4419	41.1538	48.5068	56.1667	3.1360
FCF	4484	0.0701	−1.2261	0.0877	0.3103	0.1837
POE	4484	0.3165	0.0000	0.0000	1.0000	0.4651

接着，我们分别以内部控制质量(IC_quality)、管理层权力(Power)以及产品市场竞争(Share)的中位数作为分组依据，对主要变量进行分组描述性统计。结果列示于表3。

表3显示，按照内控质量分组，在内控质量高组中的 ICDI、HCDI、SCDI 的均值分别为 0.2796、0.1107、0.3268，都高于内控质量低组中对应变量的均值 0.2735、0.1025、0.3212，且均值差异的 T 统计量都在 1% 或 5% 水平上拒绝了无显著差异的原假设。两组样本间的 ICDI、HCDI、SCDI 的中位数差异与 Wilcoxon 检验结果也与此类似。这说明，不论是总体智力资本还是人力资本、结构资本，其在内部控制质量高的企业中的披露水平都高于内控质量低的企业。

按照管理层权力分组，不难发现，不论是 ICDI、HCDI、SCDI 还是 IC_quality，其在不同组间的均值 T 统计量、中位数 Wilcoxon 统计量都在 1% 或 5% 水平上显著。这说明总体智力资本、人力资本与结构资本的信息披露水平以及内部控制质量在管理层权力集中、

表 3					分组描述性统计	

Panel A　按内控质量分组的描述性统计

	内控质量低组 （IC_quality≤中位数）		内控质量高组 （IC_quality>中位数）		均值差异检验	中位数差异检验
样本量	2685		1799		—	—
变量	均值(b)	中位数(c)	均值(b')	中位数(c')	T统计量(b-b')	*Wilcoxon* 统计量(c-c')
ICDI	0.2735	0.2734	0.2796	0.2813	-3.1830***	-2.745***
HCDI	0.1025	0.0714	0.1107	0.0714	-3.0740***	-3.142***
SCDI	0.3212	0.3200	0.3268	0.3300	-2.4318**	-1.905*

Panel B　按管理层权力分组的描述性统计

	管理层权力分散组 （Power<中位数）		管理层权力集中组 （Power≥中位数）		均值差异检验	中位数差异检验
样本量	2236		2237		—	—
变量	均值(b)	中位数(c)	均值(b')	中位数(c')	T统计量(b-b')	Wilcoxon 统计量(c-c')
ICDI	0.2717	0.2734	0.2801	0.2813	-4.5395***	-4.420***
HCDI	0.1025	0.0714	0.1091	0.0714	-2.5401**	-2.451**
SCDI	0.3189	0.3200	0.3279	0.3300	-4.0417***	-3.996***
IC_quality	4.0738	4.0000	4.1945	4.0000	-4.5442***	-4.129***

Panel C　按产品市场竞争程度分组的描述性统计

	低竞争程度组 （Share>中位数）		高竞争程度组 （Share≤中位数）		均值差异检验	中位数差异检验
样本量	2233		2234		—	—
变量	均值(b)	中位数(c)	均值(b')	中位数(c')	T统计量(b-b')	Wilcoxon统计量 (c-c')
ICDI	0.2748	0.2734	0.2775	0.2813	-1.4032	-2.384**
HCDI	0.0960	0.0714	0.1158	0.1071	-7.6220***	-7.084***
SCDI	0.3248	0.3200	0.3226	0.3300	0.9629	-0.021
IC_quality	4.2526	4.0000	4.0197	4.0000	8.8705***	8.906***

注：＊＊＊、＊＊、＊分别表示在1%、5%与10%的水平上显著。

分散组间存在明显差异。按照产品市场竞争程度分组，变量 HCDI 与 IC_quality 的组间均值T统计量、Wilcoxon统计量都在1%水平上统计显著，总体智力资本信息披露（ICDI）的Wilcoxon 检验在5%水平上显著，均值 T 检验在高竞争组的 ICDI 高于低竞争组的 ICDI 的备择假设下也在10%水平上显著。因此，在竞争程度高低不同的环境中，总体智力资本、人力资本信息披露水平与内控质量都存在显著差异。

显然，不论是管理层权力还是产品市场竞争，它们都是影响企业智力资本信息披露水平与内部控制质量的重要因素，因而我们有必要通过进一步的分组回归分析考察在不同的管理层权力、市场竞争程度的内外部情境下，内部控制与智力资本信息披露行为间可能存在的异质性关系。

4.2　回归分析

4.2.1　全样本回归

表4报告了全样本下的回归结果。表中显示，IC_quality 在（1）列中的估计系数值为0.0034，在1%的水平上高度显著；在（2）、（3）列中的估计系数值分别为 0.0035 与0.0034，且分别在5%、1%的水平上显著。这意味着，内部控制不仅存在对总体智力资本信息披露水平显著为正的作用，而且能够对人力资本、结构资本等分类智力资本信息披露水平产生积极影响。此外，各方程的平均方差膨胀因子（VIF）都较低，仅为1.45，表明回归中不存在多重共线性问题。因此，假设 H1 得到证实。

表4　　　　　　　内部控制与智力资本信息披露的全样本回归结果

变量	（1） 因变量：ICDI	（2） 因变量：HCDI	（3） 因变量：SCDI
IC_quality	0.0034*** (0.0011)	0.0035** (0.0014)	0.0034*** (0.0013)
样本量	4484	4484	4484
F 统计量	14.45***	23.35***	11.88***
调整的 R^2	0.0494	0.0785	0.0429
Mean VIF	1.45	1.45	1.45

注：＊＊＊、＊＊、＊分别表示在1%、5%与10%水平上显著，系数下方括号内为稳健性标准误。回归中已控制截距项与控制变量，限于篇幅，未列示。下同。

4.2.2　分样本回归

表5报告了管理层权力集中、分散的分组回归结果。表中显示，IC_quality 在（1）列中的系数值为 0.0066 且在1%的水平上显著；在（3）、（5）列中的系数值分别为 0.0041、0.0073，分别在5%、1%的水平上显著。IC_quality 在（4）列中的估计系数虽然为正，但缺

乏统计显著性；在(2)、(6)列中的估计系数为非显著负值。Bootstrap 组间系数差异检验结果显示，无论以 ICDI、HCDI 还是 SCDI 为因变量，管理层权力集中组的 IC_quality 系数估计值都在 1%或 5%水平上显著低于管理层权力分散组的 IC_quality 系数估计值。结果表明，在管理层权力分散的情形下，内部控制能够有效发挥对总体智力资本、人力资本与结构资本信息披露的正向作用，但当管理层权力集中时，内部控制无法发挥这种作用。显然，管理层权力的集中弱化了内部控制对智力资本信息披露行为的积极作用。因此，假设H2 得到验证。

表 5 管理层权力分组回归结果

变量	（1）	（2）	（3）	（4）	（5）	（6）
	因变量：ICDI		因变量：HCDI		因变量：SCDI	
	管理层权力分散组（Power<中位数）	管理层权力集中组（Power≥中位数）	管理层权力分散组（Power<中位数）	管理层权力集中组（Power≥中位数）	管理层权力分散组（Power<中位数）	管理层权力集中组（Power≥中位数）
IC_quality	0.0066*** (0.0014)	−0.0005 (0.0016)	0.0041** (0.0019)	0.0021 (0.0022)	0.0073*** (0.0017)	−0.0013 (0.0018)
样本量	2236	2237	2236	2237	2236	2237
调整的 R^2	0.0616	0.0394	0.0904	0.0709	0.0507	0.0362
bootstrap 经验 P 值	0.006***		0.026**		0.006***	

表 6 报告了在产品市场竞争程度高、低组中的回归结果。从估计系数值的大小上看，IC_quality 在(1)、(3)与(5)列的估计值分别为 0.0012、0.0023、0.0010，在(2)、(4)、(6)列的系数值分别为 0.0040、0.0047、0.0036。显然，IC_quality 在高竞争程度组中的估计系数值都明显大于其在低竞争程度组中的系数值。在系数显著性方面，IC_quality 在(1)、(3)与(5)列的估计系数都未能在 10%的水平上显著，在(2)、(4)、(6)列的系数都在 1%或 5%的水平上显著。此外，bootstrap 检验结果也显示，不论是以 ICDI、HCDI 还是 SCDI 为因变量，高竞争程度组的 IC_quality 系数估计值都在 1%或 5%的水平上显著大于低竞争程度组的对应系数值。可见，内部控制制度在产品市场竞争激烈的环境中能够比在竞争程度相对较低的环境中更为有效、力度更大地提升各类智力资本信息披露水平，即产品市场竞争强化了内部控制对智力资本信息披露的积极效应。因此，假设 H3 得到证实。

表6   产品市场竞争分组回归结果

变量	(1)	(2)	(3)	(4)	(5)	(6)
	因变量：ICDI		因变量：HCDI		因变量：SCDI	
	低竞争程度组（Share>中位数）	高竞争程度组（Share≤中位数）	低竞争程度组（Share>中位数）	高竞争程度组（Share≤中位数）	低竞争程度组（Share>中位数）	高竞争程度组（Share≤中位数）
IC_quality	0.0012 (0.0015)	0.0040*** (0.0015)	0.0023 (0.0021)	0.0047** (0.0021)	0.0010 (0.0018)	0.0036** (0.0018)
样本量	2233	2234	2233	2234	2233	2234
调整的 R^2	0.0352	0.0708	0.0729	0.0813	0.0319	0.0562
bootstrap 经验 P 值	0.008***		0.022**		0.034**	

4.3 稳健性检验

为增强研究结论的可靠性，本文从以下五个方面进行稳健性检验。

(1)使用 PSM 方法控制潜在的样本选择偏差。首先，将总体样本划分为内部控制质量高的样本(IC_quality 大于中位数)和内部控制质量低的样本(IC_quality 小于或等于中位数)并分别作为处理组、控制组。以财务杠杆(Lev)、独立董事比例(Rind)、股权集中度(Cr)、董事会会议次数(Meeting)、高管前三名薪酬总额(Pay)、产权性质(POE)以及行业与年度虚拟变量作为匹配变量，构建 Logit 二元选择模型进行估计并计算样本公司的倾向得分值。在估计得到倾向得分值后，我们使用最近邻一对一匹配法对处理组和控制组进行配对。我们利用匹配后的样本重复了前文的回归过程，结果如表7所示。稳健性结果与前文结论无实质性差异。

(2)使用二分值法重新度量智力资本信息披露指数。只计量"特定信息是否披露"的"二分值法"由于减少了编码者对信息披露形式的判断过程，可能得到关于信息披露水平更为客观的度量结果。出于增强研究结果的客观性考虑，我们也使用"二分值法"对 2011—2015 年 A 股高科技上市公司年报的各类智力资本自愿信息披露水平进行重新度量，具体的指数计算公式如下：

$$ICDI'(HCDI',\ SCDI') = \frac{\sum_{i=1}^{n} d_i}{n} \qquad (3)$$

式(3)中，ICDI′、HCDI′与SCDI′分别为"二分值法"下度量出的总体智力资本、人力资本与结构资本的自愿信息披露指数，其他变量定义与式(1)相同。用 ICDI′、HCDI′与 SCDI′分别替换前文中的相应指数，放入前文回归模型中。重新回归的结果如表8所示。结果显示与前文的研究结论无实质性差异。

表 7			PSM 匹配样本回归结果			
	（1）	（2）	（3）	（4）	（5）	（6）
全样本	因变量：ICDI		因变量：HCDI		因变量：SCDI	
IC_quality	0.0046*** （0.0017）		0.0052** （0.0023）		0.0046** （0.0020）	
样本量	2500		2500		2500	
调整的 R^2	0.0417		0.0822		0.0314	
分样本	管理层权力 分散组 （Power< 中位数）	管理层权力 集中组 （Power≥ 中位数）	管理层权力 分散组 （Power< 中位数）	管理层权力 集中组 （Power≥ 中位数）	管理层权力 分散组 （Power< 中位数）	管理层权力 集中组 （Power≥ 中位数）
IC_quality	0.0090*** （0.0022）	−0.0006 （0.0026）	0.0066** （0.0029）	0.0033 （0.0035）	0.0097*** （0.0027）	−0.0017 （0.0029）
样本量	1245	1248	1245	1248	1245	1248
调整的 R^2	0.0627	0.0315	0.101	0.0723	0.0461	0.0233
bootstrap 经验 P 值	0.009***		0.036**		0.007***	
分样本	低竞争程度 组（Share> 中位数）	高竞争程度 组（Share≤ 中位数）	低竞争程度 组（Share> 中位数）	高竞争程度 组（Share≤ 中位数）	低竞争程度 组（Share> 中位数）	高竞争程度 组（Share≤ 中位数）
IC_quality	0.0003 （0.0024）	0.0065*** （0.0023）	0.0005 （0.0035）	0.0081*** （0.0031）	0.0002 （0.0029）	0.0060** （0.0026）
样本量	1245	1245	1245	1245	1245	1245
调整的 R^2	0.0296	0.0641	0.0695	0.0940	0.0276	0.0424
bootstrap 经验 P 值	0.012**		0.018**		0.014**	

（3）使用迪博内部控制指数作为内控质量的代理指标（IC_quality2）。迪博指数的打分范围在 0~1000，分值越大表示内控质量越高。考虑到回归系数的量纲，先将迪博内部控制指数除以 1000，使其分值处在 [0，1] 区间后再放入回归模型。重新回归的结果如表 9 所示。结果显示与前文的研究结论无实质性差异。

表8　　　　　　　　　　二分值法重新度量智力资本信息披露的回归结果

	（1）	（2）	（3）	（4）	（5）	（6）
全样本	因变量：ICDI′		因变量：HCDI′		因变量：SCDI′	
IC_quality	0.0114***（0.0021）		0.0058**（0.0026）		0.0129***（0.0024）	
样本量	4484		4484		4484	
调整的 R^2	0.0551		0.0734		0.0527	
分样本	管理层权力分散组（Power<中位数）	管理层权力集中组（Power≥中位数）	管理层权力分散组（Power<中位数）	管理层权力集中组（Power≥中位数）	管理层权力分散组（Power<中位数）	管理层权力集中组（Power≥中位数）
IC_quality	0.0195***（0.0028）	0.0014（0.0031）	0.0109***（0.0035）	−0.0005（0.0038）	0.0217***（0.0032）	0.0019（0.0035）
样本量	2236	2237	2236	2237	2236	2237
调整的 R^2	0.0772	0.0335	0.0890	0.0625	0.0736	0.0311
bootstrap 经验 P 值	0.009***		0.028**		0.013**	
分样本	低竞争程度组（Share>中位数）	高竞争程度组（Share≤中位数）	低竞争程度组（Share>中位数）	高竞争程度组（Share≤中位数）	低竞争程度组（Share>中位数）	高竞争程度组（Share≤中位数）
IC_quality	0.0059*（0.0031）	0.0131***（0.0030）	−0.0009（0.0038）	0.0105***（0.0038）	0.0078**（0.0035）	0.0137***（0.0034）
样本量	2233	2234	2233	2234	2233	2234
调整的 R^2	0.0352	0.0708	0.0729	0.0813	0.0319	0.0562
bootstrap 经验 P 值	0.038**		0.018**		0.042**	

表9　　　　　　　　　　替换内部控制变量的回归结果

	（1）	（2）	（3）	（4）	（5）	（6）
全样本	因变量：ICDI		因变量：HCDI		因变量：SCDI	
IC_quality2	0.0266***（0.0073）		0.0414***（0.0092）		0.0228**（0.0089）	
样本量	4484		4484		4484	
调整的 R^2	0.0501		0.0810		0.0428	

	（1）	（2）	（3）	（4）	（5）	（6）
分样本	管理层权力分散组（Power<中位数）	管理层权力集中组（Power≥中位数）	管理层权力分散组（Power<中位数）	管理层权力集中组（Power≥中位数）	管理层权力分散组（Power<中位数）	管理层权力集中组（Power≥中位数）
IC_quality2	0.0287*** （0.0091）	0.0178 （0.0124）	0.0451*** （0.0104）	0.0326* （0.0175）	0.0247** （0.0112）	0.0133 （0.0146）
样本量	2236	2237	2236	2237	2236	2237
调整的 R^2	0.0572	0.0403	0.0944	0.0721	0.0452	0.0364
bootstrap 经验 P 值	0.045**		0.030**		0.024**	
分样本	低竞争程度组（Share>中位数）	高竞争程度组（Share≤中位数）	低竞争程度组（Share>中位数）	高竞争程度组（Share≤中位数）	低竞争程度组（Share>中位数）	高竞争程度组（Share≤中位数）
IC_quality2	0.0026 （0.0109）	0.0284*** （0.0098）	0.0246* （0.0144）	0.0479*** （0.0127）	−0.0037 （0.0133）	0.0226* （0.0117）
样本量	2233	2234	2233	2234	2233	2234
调整的 R^2	0.0350	0.0715	0.0736	0.0844	0.0318	0.0561
bootstrap 经验 P 值	0.028**		0.024**		0.044**	

（4）使用加权勒纳指数（EPCM）作为产品市场竞争变量。以 EPCM 的中位数作为分组指标，将总样本划分为处于高度竞争环境的样本（EPCM 值低于或等于中位数）与处于低度竞争环境的样本（EPCM 值高于中位数），重新进行前文对应部分的分组回归与组间差异比较。结果如表 10 所示。得到的结果与前文结果基本一致。

（5）上市公司的市场份额是近年来证监会关注度日渐提高的信息。在 2015 年修订的《公开发行证券的公司信息披露内容与格式准则第 2 号——年度报告的内容与格式》中，新增了第七十一条内容，即"公司管理层应当简要介绍公司报告期内的经营情况，主要围绕公司的市场份额、市场排名、产能和产量及销量、销售价格、成本构成等数据，尽量选择当期重大变化的情况进行讨论，分析公司报告期内经营活动的总体状况……"。尽管该条内容仍然赋予上市公司一定的披露弹性空间，即"选择重大变化的情况"进行分析讨论，但这无形中也增加了上市公司在年报中对市场份额信息的披露要求。出于稳健性考虑，我们将可能受到该新增规定影响的 2015 年年报中的市场份额信息剔除出自愿性披露的评价项目，重新计算当年的总体智力资本（ICDI）与结构资本自愿信息披露（SCDI）水平，而后重复前文的回归过程。表 11 报告了相应的回归结果。得到的结果显示，剔除市场份额信息后，前文结论依然成立。

表 10   替换产品市场竞争变量的回归结果

	（1）	（2）	（3）	（4）	（5）	（6）
	因变量：ICDI		因变量：HCDI		因变量：SCDI	
变量	低竞争程度组（EPCM>中位数）	高竞争程度组（EPCM≤中位数）	低竞争程度组（EPCM>中位数）	高竞争程度组（EPCM≤中位数）	低竞争程度组（EPCM>中位数）	高竞争程度组（EPCM≤中位数）
IC_quality	−0.0005 (0.0016)	0.0052*** (0.0013)	0.0002 (0.0023)	0.0045** (0.0018)	−0.0008 (0.0020)	0.0055*** (0.0016)
样本量	2233	2234	2233	2234	2233	2234
调整的 R^2	0.0441	0.0574	0.101	0.0610	0.0407	0.0496
bootstrap 经验 P 值	0.018**		0.013**		0.026**	

表 11   剔除市场份额信息项目后的回归结果

	（1）	（2）	（3）	（4）
全样本	因变量：ICDI		因变量：SCDI	
IC_quality	0.0036*** (0.0011)		0.0037*** (0.0013)	
样本量	4484		4484	
调整的 R^2	0.0582		0.0461	
分样本	管理层权力分散组（Power<中位数）	管理层权力集中组（Power≥中位数）	管理层权力分散组（Power<中位数）	管理层权力集中组（Power≥中位数）
IC_quality	0.0070*** (0.0015)	−0.0006 (0.0016)	0.0079*** (0.0018)	−0.0015 (0.0019)
样本量	2236	2237	2236	2237
调整的 R^2	0.0688	0.0501	0.0531	0.0407
bootstrap 经验 P 值	0.009***		0.007***	
分样本	低竞争程度组（Share>中位数）	高竞争程度组（Share≤中位数）	低竞争程度组（Share>中位数）	高竞争程度组（Share≤中位数）
IC_quality	0.0012 (0.0016)	0.0041*** (0.0016)	0.0008 (0.0019)	0.0039** (0.0018)
样本量	2233	2234	2233	2234
调整的 R^2	0.0352	0.0857	0.0292	0.0634
bootstrap 经验 P 值	0.026**		0.048**	

5. 结论与启示

本文以我国高科技 A 股上市公司为样本，利用手工收集的大样本数据构建智力资本自愿信息披露指数，实证检验了内部控制与智力资本信息披露水平间的相关性及其在不同的管理层权力、产品市场竞争环境中的异质性。研究发现：(1)内部控制不仅能够显著提升总体智力资本信息披露水平，而且同样能有效促进人力资本、结构资本等分类智力资本的信息披露。(2)高管集权弱化了内控制度对智力资本信息披露的正向作用。不论是总体智力资本还是人力资本和结构资本，管理层权力分散企业中的内控制度能够发挥对各类智力资本信息披露的积极显著的作用，而在高管集权企业中这种作用明显减弱甚至失效。(3)产品市场竞争程度的提高能够增强内部控制对各类智力资本信息披露的促进作用。与处于竞争程度低环境中的企业相比，激烈市场竞争中的企业内控制度存在对智力资本信息披露更为有效、力度更大的积极影响。

多维度的研究结论对进一步完善内外部治理机制、推动智力资本信息披露具有重要的政策启示。首先，会计准则制定部门应当尽快研究、拟定并出台智力资本信息披露指南或操作细则。可以在借鉴、参考欧盟、日本已经颁布的智力资本信息披露指南的基础上，结合我国企业的现实情况，确定各类智力资本要素的计量方法以及相关信息披露的内容与格式，逐步建立智力资本对外报告制度，减少人为操纵因素。其次，监管部门应当将保障智力资本投资及其信息披露的相应具体要求纳入内部控制的专项制度设计，通过制度规范提高智力资本信息透明度。包括在企业内部设立专职岗位或机构负责收集、汇总与传递智力资本相关信息，对智力资本投入产出效益及相关信息披露的完整性、可靠性与及时性进行动态评估与跟踪，在董事会会议中设置专门的关于智力资本培育开发与信息披露的议程，将智力资本投资与信息披露纳入内部控制有效性的审计范畴，建立对高管在智力资本投资与披露决策中行为失当的问责机制与补救程序等。再次，合理配置企业内部的权力结构，预防管理层权力膨胀对内部控制有效性的负面干扰。如尽可能避免董事长与总经理的两职合一，控制董事会规模，形成适度集中的股权结构，防止股权激励计划对高管的过度分配，建立规范的团队决策机制以杜绝因核心领导者个人威望过高、滥用职权而引发的"一言堂"乱象等。最后，积极培育充分竞争的市场环境，强化其对管理者减少或放弃智力资本投资以及操纵智力资本信息披露等自利行为的外部惩治功能，为内控制度的有效施行营造良好的治理环境。

◎ **参考文献**

[1] 陈晓红，万光羽，曹裕 . 行业竞争、资本结构与产品市场竞争力[J]. 科研管理，2010(4).

[2] 方红星，陈作华 . 高质量内部控制能有效应对特质风险和系统风险吗？[J]. 会计研究，2015(4).

[3] 傅传锐，洪运超 . 公司治理、产品市场竞争与智力资本自愿信息披露——基于我国 A

股高科技行业的实证研究[J].中国软科学，2018(5).

[4] 傅传锐，王美玲.智力资本自愿信息披露、企业生命周期与权益资本成本——来自我国高科技 A 股上市公司的经验证据[J].经济管理，2018(4).

[5] 傅传锐，杨涵，潘静珍，等.高管背景特征、产品市场竞争与智力资本信息披露——来自我国 A 股高科技行业的经验证据[J].财经理论与实践，2018(5).

[6] 傅传锐.公司治理、产权性质与智力资本价值创造效率——来自我国 A 股上市公司的经验证据[J].山西财经大学学报，2016(8).

[7] 姜付秀，刘志彪.经济波动中的资本结构与产品市场竞争[J].金融研究，2005(12).

[8] 李万福，林斌，宋璐.内部控制在公司投资中的角色：效率促进还是抑制？[J].管理世界，2011(2).

[9] 李志斌.内部控制与环境信息披露——来自中国制造业上市公司的经验证据[J].中国人口·资源与环境，2014(6).

[10] 林钟高，金迪.银行股权关联有助于供应商关系交易的维系吗——基于企业内部控制调节视角的检验[J].江西财经大学学报，2019(4).

[11] 刘慧凤，黄幸宇.内部控制、市场地位与商业信用资金营运质量[J].审计与经济研究，2017(3).

[12] 刘启亮，罗乐，张雅曼，等.高管集权、内部控制与会计信息质量[J].南开管理评论，2013(1).

[13] 卢锐，柳建华，许宁.内部控制、产权与高管薪酬业绩敏感性[J].会计研究，2011(10).

[14] 权小锋，吴世农，文芳.管理层权力、私有收益与薪酬操纵[J].经济研究，2010(11).

[15] 权小锋，吴世农.CEO 权力强度、信息披露质量与公司业绩的波动性——基于深交所上市公司的实证研究[J].南开管理评论，2010(4).

[16] 杨兴全，张丽平，吴昊旻.市场化进程、管理层权力与公司现金持有[J].南开管理评论，2014(2).

[17] 杨雄胜.内部控制理论研究新视野[J].会计研究，2005(7).

[18] 杨旭东.市场地位、企业捐赠与权益资本成本[J].财政研究，2018(5).

[19] 张传财，陈汉文.产品市场竞争、产权性质与内部控制质量[J].会计研究，2017(5).

[20] Boujelbene, M. A., Affes, H. The impact of intellectual capital disclosure on cost of equity capital: A case of French firms [J]. *Journal of Economics, Finance and Administrative Science*, 2013(34).

[21] Doyle, J. T., Ge, W., Mcvay, S. Accruals quality and internal control over financial reporting[J]. *The Accounting Review*, 2007(5).

[22] Ellis, H., Seng, D. The value relevance of voluntary intellectual capital disclosure: New Zealand evidence[J]. *Corporate Ownership & Control*, 2015(1).

[23] Farooq, O., Nielsen, C. Improving the information environment for analysts[J]. *Journal*

of Intellectual Capital, 2014(1).

[24] Schmidt, K. M. Managerial incentives and product market competition[J]. *The Review of Economic Studies*, 1997(2).

Internal Control and Intellectual Capital Information Disclosure

—Empirical Evidence from China's High-tech Listed Companies

Fu Chuanrui[1]　Wu Wenshi[2]　Li Wanfu[3]

(1, 2 School of Economics and Management, Fuzhou University, Fuzhou, 350116;

3 School of Accounting, Nanjing University of Finance & Economics, Nanjing, 210023)

Abstract: Exploring the factors influencing intellectual capital information disclosure is a hot interdisciplinary topic between corporate finance and intellectual capital. Based on a sample of China's high-tech listed firms, this paper firstly employs content analysis method to construct intellectual capital information disclosure index, then empirically investigates the relationship between internal control and intellectual capital information disclosure and the moderating effects of managerial power and product market competition on such relation. The results show that: (a) Internal control can significantly improve the disclosure levels of total intellectual capital, human capital and structural capital. (b) Managerial power weakens the positive effect of internal control on intellectual capital disclosure. Whether it is total intellectual capital, human capital or structural capital, internal control plays a positive and significant role in the disclosure of all kinds of intellectual capital information for firms with lower degree of managerial power. However, there doesn't exist such role when managerial power gets stronger. (c) Product market competition enhances the positive influence of internal control on intellectual capital disclosure. Further more, such influence becomes greater and more significant with higher degree of market competition. Multi-dimensional research conclusions have important policy implications for improving internal and external governance mechanisms and promoting intellectual capital information disclosure.

Key words: Internal control; Intellectual capital information disclosure; Managerial power; Product market competition; Propensity score matching

专业主编：辛清泉

共享产品与不道德行为

——基于有调节的多重中介模型*

● 刘建新[1,2] 范秀成[3] 李东进[4]

（1 西南大学经济管理学院 重庆 400715；2，3 复旦大学管理学院 上海 200433；
4 南开大学商学院 天津 300071）

【摘 要】随着共享经济和信息技术的发展，共享产品发展迅猛，甚至正在颠覆或重构人们的生活方式。然而，共享产品给社会公众带来极大便利的同时，被某些消费者不道德行为破坏的现象也十分严重，不仅直接影响了社会公众的正常使用和增加了共享企业的经营成本，而且也严重影响了共享经济的健康发展和整个社会的良好形象。但目前有关共享产品的研究更多地集中于经济和法律领域，鲜有从消费者视角研究消费者不道德行为的内在机理，在一定程度上影响了共享产品管理和共享经济发展。观察和研究发现，共享产品较之于非共享产品例如私有产品更容易引起消费者的不道德行为，而该现象存在复杂的内在机制和边界条件。通过 1 个准实验和 2 个实验，研究发现：（1）消费者破坏共享产品的不道德行为存在多重中介机制，主要原因在于心理所有权的缺失，而缺失的原因在于自我投入感的严重不足和心理污染感的加剧；（2）消费者对共享产品不道德行为多重中介机制存在社会价值观导向调节边界，即亲自我社会价值观导向者更容易导致不道德行为，而亲社会社会价值观导向者有更少的不道德行为。该研究结论不仅对于深化和完善共享经济理论、心理所有权理论和社会价值观导向理论等具有重要的理论意义，而且对于共享企业加强对共享产品开发与管理、社会公众增强对共享产品的爱护和使用、政府监管机构改善对共享产品的规划与管理等具有重要的实践意义。

* 基金项目：国家自然科学基金重点项目"转型升级背景下消费者幸福感形成机理与提升策略研究——基于享乐论与实现论平衡视角"（项目批准号：71832002）；中国第 64 批博后基金项目"我国共享经济发展背景下消费者协同消费行为研究"（项目批准号：2018M640347）；中国第 13 批博士后特别资助项目（站中）"消费选择的虚位诱导效应：理论框架、生理影响与神经反应"（项目批准号：2020T130102）；西南大学 2020 年中央高校专项基金博士启动项目"消费者流态消费行为研究：内在机理与边界条件"（项目批准号：SWU20209309）。

通讯作者：刘建新，Email：liujianxin2002@163.com。

【关键词】共享产品　自我投入感　心理污染感　心理所有权　社会价值观导向不道德行为

中图分类号：F713.50　　　　文献标识码：A

1. 引言

近年来，随着共享经济和信息技术的发展，我国和全球共享经济发展蒸蒸日上，各种共享产品不断涌现，从共享单车、共享汽车和共享充电宝到共享住房、共享睡眠仓和共享生产能力等，涉及交通出行、生活服务、房屋住宿、医疗分享、知识技能、生产能力等各个领域，极大地方便了社会公众的日常生活和促进了社会资源的利用效率，甚至正在颠覆或重构人们的生活方式和整个社会的经济发展模式。国家信息中心和中国互联网协会分享经济工作委员会联合发布的《中国分享经济发展报告2020》显示，2019年我国共享经济市场交易额约为32828亿元，比上年增长11.6%，其中生活服务、生产能力和知识技能位居前三，交易规模分别为17300亿元、9205亿元和3063亿元，增速分别为8.8%、11.8%和30.2%；超8亿人参与共享经济活动；服务提供者约7800万人，而共享经济平台的就业人数约632万人，比上年增长4.2%。共享经济的快速发展为我国经济增长、创造就业、促进创新、活跃市场和国际拓展等做出了重要贡献。但与我国共享产品的遍地开花和共享经济的快速发展极不协调的是，共享产品被破坏现象极为严重，共享单车不仅遍体鳞伤，而且"上树入河"；共享雨伞用后不还，据为己有；共享住房垃圾遍地，设施失窃等。存在这样的现象尽管跟共享产品质量、共享制度设计和共享产品管理等不足息息相关，但也与共享产品消费者的内在驱动机制密不可分。然而，目前有关共享产品不道德行为的研究主要集中在经济或法律领域，例如经济领域的"公地悲剧"和"破窗效应"，法律领域的监管法规缺失和诚信制度建设等，而从消费者视角探寻共享产品的消费者不道德行为则较为鲜见。这不仅在一定程度上影响了共享经济理论的完整性，而且也影响了共享产品的有效管理和健康发展。

为此，本文将基于心理所有权理论并应用实验研究方法深入探寻消费者破坏共享产品的不道德行为的影响机理，具体研究问题包括共享产品是否、怎样及何时会影响消费者的不道德行为。研究创新主要有首次从消费者行为学视角探索了消费者对共享产品的不道德行为，并进一步发现了其内在机制和边界条件，这不仅对深化和完善共享经济理论具有重要的理论意义，而且对于改善共享产品管理、促进共享经济发展具有重要的管理启示。论文将首先进行文献综述和发展研究假设，然后进行实验操作和假设检验，最后总结研究结论、研究意义和研究局限。

2. 文献综述

虽然Weitzman(1983)很早就提出了"共享经济"的概念，并认为共享经济有利于解决员工失业、生产停滞和价格上涨等问题，但传统的共享经济主要聚焦于利润分享制度、收入分享制度、员工持股机制、劳动者管理合作社、劳动资本合伙制度等(Mead,1986),而真正的现代共享经济发展是随互联网信息发展应运而生的,并有效融入了可持续发展、绿色发展、协同发展和产业供应链等理念,从而形成真正建立在人与物质资料共享基础上的社会经济生态系统理论(Weber,2014)。正是在共享经济理论和信息技术发展的强大影响和有效支持下,一系列共享产品应运而生,例如共享单车、共享汽车、共享雨伞、共享充电宝、共享睡眠仓、共享住房等,极大地便利了社会公众的生产生活和有效地减少了资源浪费(Fournier et al.,2013)。Botsman 和 Rogers(2010)认为,共享产品是指消费者无须持有产品与服务的所有权而是通过合作的方式与他人共享的产品和服务。它具有"大众参与、匹配供求、两权分离、协同消费"等重要特征。但随着共享经济的风起云涌和共享产品的遍地开花,共享产品被破坏现象屡见不鲜,甚至呈现日益严重的趋势,某些共享产品或共享企业因为不堪破坏而步履维艰,甚至破产倒闭。共享产品被大量破坏不仅直接影响了社会公众的使用便利和共享企业的财产收益(冯素玲等,2019),而且也严重影响了共享经济的发展和整个社会的良好形象。

虽然 Chen(2009)、Moeller 与 Wittkowski(2010)、Hamari et al.(2015)等研究发现消费者参与共享经济的动机包括节约成本、关注环境、减轻负担、增强自由等,但目前有关共享产品被破坏的不道德行为研究主要集中于经济、法律、道德等领域,缺乏从消费者视角研究破坏共享产品的心理机制与边界条件。例如秦铮和王钦(2017)等就研究发现共享单车被破坏主要是由于市场与政府的双重失灵,具体原因包括共享单车公共品属性、存在负外部性和信息不对称等,解决的有效途径是构建一种"政府—市场—社会"三方协同解决机制。张旖昕(2017)等研究认为共享产品被破坏一方面源于"公地悲剧",即共享企业为私利大肆扩张而无视共享产品的管理,另一方面源于"破窗效应",即对破坏者的破坏行为产生了效仿效应,无论是政府还是企业都没有做到有效的监管。同时,彭岳(2016)等研究认为共享产品被频繁破坏跟我国的法律不健全有关,我国目前缺乏对共享产品破坏行为的有效监管和规制,违法成本过低,因此制止共享产品被破坏必须完善法律法规,增强威慑和惩戒。而王茜(2017)等研究认为,共享产品例如共享单车被破坏跟某些消费者的道德缺失有关,因此建议在不断提高整个国民道德水平的同时通过建立共享经济信用体制规范用户的道德行为,增强道德意识才是减少共享产品被破坏、发展共享经济的根本之道。但与这些外生性研究相比,目前有关破坏共享产品心理机制的内生性研究却严重不足,在一定程度上弱化了对该问题的有效洞察和降低了共享产品治理的有效性。Pierce et al.(2001,2003)等提出的心理所有权理论为该问题的洞察和解决提供了新的视角和机制。

心理所有权是指个体"感觉到目标物或目标物的一部分属于'我的'或'我们的'的心理状态",主要由归属感、认同感和效能感等维度构成(Pierce et al.,2001)。它不同于正式所有权或法律所有权,正式所有权或法律所有权拥有对目标物的财产权、控制权和知情权等实权,并且被法律所承认和保护;而心理所有权只是拥有对目标物的控制感、认同感和效能感等虚权,只为个体自己所承认和保护(Peck and Shu,2009),甚至会产生没有占有的纯粹所有权效应(Sen and Johnson,1997)。已有研究表明,消费者会对触摸过的产品(Peck and Childers,2006;Peck and Shu,2009)、授权选择上市的产品(Fuchs et al.2010)、经常光顾的品牌连锁店(Hou and Wu,2008)、旅游过的目的地(Carter and

Gilovich，2012）、自己所选择的酒店（Shu and Peck，2015）、所使用的技术（Kirks et al.，2015）、参与设计或组装过的产品（Baxter et al. 2015）等产生心理所有权，并且因此会对禀赋效应（Red et al.，2007；Morewedge et al.，2009；Doomer and Swaminathan，2013）、价值判断（Yeung，2013）、购买意愿（Jussila et al.，2015）、支付意愿、消费满意、品牌忠诚等产生重要影响。Pierce et al.（2001，2003）、Jussila et al.（2015）、Peck 与 Shu（2018）等研究认为，个体可以通过增强控制、增强熟悉和加大投入等途径催生或增强心理所有权。Sen 与 Johnson（1997）、Peck 与 Shu（2015）等研究发现，增强消费者对目标产品的心理所有权会增强消费者的保护行为，甚至有可能降低消费者的分享性。由于共享产品被公共共享，不仅缺失具有排他性的独占性，而且更缺乏身份表征性，因此它们屡被破坏主要是因为消费者缺乏对它们的心理所有权。

3. 研究假设

3.1 共享产品对消费者心理所有权的影响

Durgee 与 O'Connor（1995）、Baumeister 与 Wangenheim（2014）和 Schaefers et al.（2016）等研究发现共享产品较之于私有产品最大的区别在于所有权的不同，私有产品更加强调商品的"所有权"，并因此而承担相应的责任和风险；而共享产品更加强调商品的"使用权"，"不求所有，但求所用"，因此而实现社会闲置资源的有效利用。Sen 与 Johnson（1997）等进一步发现，心理所有较之于实际占有对消费者的价值判断和产品偏好有更大的影响，心理所有往往会成为自我概念或自我一致性的重要表征。Hillenbrand 与 Money（2015）在研究心理所有权对消费者自我概念的反映时发现，心理所有权会依次反映"感知自我""活着自我""智慧自我"和"核心自我"等四个层面，但 Tian et al.（2001）等研究也发现能够反映自我概念的所有之物应该具有独特性、可控性和认同感等特征，最好是能有效反映或表达自我价值观（Richins，1994）。相比较于私有产品而言，共享产品一方面并没有对其拥有正式或法律所有权，无法对其进行物权主张和实际控制，因此会削弱消费者对其产生心理所有权的法律基础和事实基础；另一方面共享产品往往具有标准化和通用性，缺乏个性或独特性，难以成为消费者身份符号的有效象征（Belk，1988）。同时，Durgee 与 O'Connor（1995）研究发现消费者对共享产品更多的是强调使用的工具性，而非强调占有的终极性，由此会导致消费者缺乏对共享产品的参与性或熟悉性，而 Pierce et al.（2001，2003）等认为参与性或熟悉性的缺失会降低个体的心理所有权。Bardi 和 Echardt（2012）对共享汽车的定性研究也发现，消费者对共享产品会有更低的心理所有权。因此，共享产品相对于私有产品而言，更难以让消费者产生心理所有权。据此，本研究假设：

H1：共享产品相比较于私有产品而言，消费者更难以对其产生心理所有权。

自我投入感（self-investment）是消费者对目标物的物质或能量投入或付出的心理感知。Pierce et al.（2001，2003）等认为，个体的自我投入既包括金钱、物品、工具等物质的投入，也包括时间、想法、技能等"心理能量"的投入。Lovelock 与 Gummesson（2004）、Moeller 与 Wittkowski（2010）、Belk（2013）等研究均发现，暂时的租用物品要比永久的所有物品会让消费者承担更少的"所有负担",既包括不需要支付大量的资金成本,例如物品购买成本和保管费用,也不需要承担较大的责任和风险,例如物品退化风险、物品保管责任等。因此,相比较于需要投入大量成本和承担较大风险的私有产品而言,共享产品需要消费者投入的物质或能力相对有限,例如共享单车仅需要消费者投入可退换的押金、为数不多的使用费用和简单的使用知识,因此共享产品会让消费者产生较低的自我投入感。例如,Moeller 与 Wittkowski(2010)就研究发现,共享产品会让消费者有更低的价格意识。据此,本研究假设:

H2:共享产品相比较于私有产品而言,消费者会有更低的自我投入感。

较低的自我投入感会让消费者产生较低的心理所有权。Pierce et al.(2001,2003)等在研究心理所有权时发现,较高的自我投入是消费者产生或增强心理所有权的重要途径,因为较高的自我投入一方面不仅会让消费者产生"沉没成本",并因此而对投入成果产生"索取权",从而成为心理所有权的重要基础;另一方面也会让消费者因熟悉或认同而产生情感纽带,成为自我价值或自我效能的重要表征,并因此而产生心理依恋(Chen,2009)。正因为如此,Pierce et al.(2001,2003)将自我投入与增强控制和增强熟悉并称为心理所有权产生的三条重要途径。而实证研究也发现,增加消费者的自我投入会增强消费者的心理所有权,例如 Franke et al.(2010)等研究发现让消费者参与价值共创会让消费者对目标产品产生心理所有权,Baxter et al.(2015)等研究也发现让消费者参与设计会让消费者产生心理所有权,而 Fuchs et al.(2010)等甚至研究发现授权消费者选择上市的产品会让消费者对上市产品产生心理所有权。据此,本研究假设:

H3:自我投入感积极影响消费者对共享产品的心理所有权。并且结合 H2 进一步认为,自我投入感在共享产品影响消费者心理所有权中起中介作用。

与自我投入感一样,心理污染感也会在共享产品影响心理所有权中起着中介作用。心理污染感(psychological contagion,PC)是指消费者对其他人接触或使用过的物品感到厌恶(disgusted)的心理状态。Agro et al.(2008)、Newman et al.(2011)等研究发现,明星接触过的产品不会让消费者产生厌恶,而且还有可能增强产品评价,但 Argo et al.(2006)、Morales 与 Fitzsimons(2007)、Hou et al.(2016)等还是研究发现被其他人触摸或使用过的产品会让消费者产生厌恶感,从而产生污染效应,Hasford et al.(2015)等进一步研究发现甚至推测或感知都可能产生心理污染感。Argo et al.(2006)等研究认为,造成污染效应的原因在于消费者的厌恶心理,而产品是否包装、消费者认知方式等会产生调节作用。Bardhi 与 Eckhardt(2012)等研究发现,租用较之于所有也更会让消费者产生心理污染感,并因此而降低对所租之物的认知评价和情感依恋。根据已有研究发现,消费者对共享产品也会产生心理污染感,主要原因有三个方面:一是共享产品也会被众多不熟悉的消费者使用,而莫名的使用会造成接触性污染(Belk,2010;Bardhi and Eckhardt,2012);二是共享产品被众多人使用会在一定程度上降低消费者的私密性,而隐私是消费者自我构念的重要组成部分(Dusek and Flaberty,1981),因此会在一定程度上造成身份性污染;三是Brown et al.(2005)、Kirk et al.(2018)等研究认为消费者具有领地性,包括自己的玩具、汽车或住房都是消费者的领地属物,众多共享消费者的频繁侵犯或"闯入"会在一定程度上侵犯消费者的领地独立性,因此也会产生心理污染感。此外,Watkins et al.(2016)等研究认为消费者之物往往是消费者重要的自我表征，具有重要的象征意义，而共享产品的公共性会在一定程度上污染消费者自我概念或自我形象的独立性和象征意义。据此，本研究假设：

H4：共享产品相比较于私有产品而言，消费者会有更强的心理污染感。

Argo et al.（2006）、Morales 与 Fitzsimons（2007）、Hasford et al.（2015）等研究认为，心理污染感不仅会让消费者产生较强的心理厌恶感，而且也会降低消费者的产品评价。心理所有权往往要求消费者对目标物具有较高的归属感、认同感和效能感（Jussila et al.，2015），这有利于消费者的身份建构和形象表征，甚至成为消费者有效的自我延伸。然而，心理污染感一方面会让消费者产生厌恶感，消费者会尽力避免与之接触，造成实质性的有形传染；另一方面它会损害消费者的自我构念或自我形象，很难成为消费者的"核心自我"或自我延伸（Hillenbrand and Money，2015），甚至会被消费者视为重要的自我威胁，因此会降低对它的"心理占有"。同时，Howard 与 Genler（2001）、Fairbrother et al.（2005）、Hasford et al.（2015）等研究还认为，心理污染感会让消费者产生消极情绪，而消极情绪会降低消费者的积极态度和产品评价。据此，本研究假设：

H5：心理污染感消极影响消费者对共享产品的心理所有权。并且结合 H4 进一步认为，心理污染感在共享产品影响消费者心理所有权中起中介作用。

3.2 心理所有权对消费者不道德行为的影响

消费者道德是消费者在获得、使用或丢弃产品或服务时所遵循的道德原则和标准（Muncy and vitell，1992），而消费者不道德行为（consumer unethical behavior，CUB）是指消费者违反消费情境中可接受的行为规范或破坏消费秩序的消费者行为（Fullerton and Punj，2004）。已有研究表明，消费者不道德行为会对个人、组织和社会产生消极影响，例如自私行为、漠视行为和破坏行为等。道德信念缺失是消费者产生不道德行为的重要特质前因（Muncy and vitell，1992），但心理所有权的不足也是消费者产生不道德行为的重要状态成因。Peck 和 Shu（2015）等研究发现，消费者不仅会对产生心理所有权的目标物有更高的满意感，而且会产生保护行为，例如让自己所选择的酒店房间更清洁；Jussila et al.（2015）等研究也发现，更高的心理所有权会让消费者有更高的产品评价、购买意愿或支付意愿等，从而会让消费者产生更大的"禀赋效应"（Dommer and Swaminathan，2013）。心理所有权之所以会让消费者产生保护行为是因为一方面目标物让自己产生了价值认同和情感依恋（Shu and Peck，2011），另一方面是因为目标物代表或象征着自我身份或自我价值，目标物的损坏或灭失会让消费者的自我概念受损（Belk，1988）。然而，共享产品不同于私有产品，所有权的非己性和使用权的共享性不利于消费者的占有排他性和身份建构性，甚至会产生稀释效应或回火效应（backfire effect），因此会让其产生更低的心理所有权，而更低的心理所有权会降低消费者的保护动机，更有可能产生不道德的破坏行为。同时，Brown et al.（2005）、Avey et al.（2009）、kirk et al.（2018）等也研究发现，更低的心理所有权会让消费者对目标物产生范围更小和强度更低的领地性，消费者的维护动机也会相应地减弱。Bardi 和 Echardt（2012）等也研究发现，租用较之于所有会让消费者产生更大的机会主义行为，Schaefers 等（2015）的研究进一步发现共享产品的匿名性会进一步增强消费者不当行为的传染效应。此外，Durgee 与 O'Connor（1995）也研究发现，租用较之于所有会让消费者与目标物产生分离感，而分离感会增强消费者的过度使用或错误使用。据此，本研究假设：

H6：心理所有权会消极影响消费者的不道德行为。并且结合 H1 进一步认为，心理所有权在共享产品影响消费者不道德行为中起中介作用。

3.3 社会价值观导向对心理所有权影响消费者不道德行为的调节作用

社会价值观导向（social value orientation, SVO）是指个体对于自己和他人结果分配的特定偏好（van Lange et al., 1997），即假设个体在对资源分配中自己与他人的所得进行评价时，其动机与目标是不相同的（Murply et al., 2011）。它是一种重要的社会意识，会对消费者的认知和行为具有重要的驱动、制约和导向作用。亲自我社会价值观导向（pro-self social value orientation, Pro-self SVO）的消费者会最大化自我利益，而不太考虑他人的利益或感受，其具体行为表现包括自我、自私、竞争、寡助、见利忘义等；而亲社会社会价值观导向（pro-social social value orientation, Pro-social SVO）的消费者则不同，他们在做决策时不仅会考虑自我利益，而且也会考虑他人的利益或感受（van Lange et al., 2007; Murphy et al., 2011），其具体行为表现为乐于分享、合作、助人、安慰、捐赠等。不同社会价值导向的行为反应差异已经在资源困境、公共物品困境和谈判情境等中得到了有效证实，而且进一步研究表明它们还会影响人们的情感状态和合作倾向等。Roux et al.（2015）就研究发现，社会价值导向会调节资源稀缺提示对消费者行为的影响，即亲自我社会价值观导向消费者在面对资源稀缺提示时更容易产生自私行为，而亲社会社会价值观导向消费者则并没有这样的反应差异。

Chen（2009）、Belk（2010，2013）、Bardi 与 Echardt（2012）等研究发现，租用或共享消费也可能会受到消费者社会价值观导向的影响。例如，Bardi 和 Echardt（2012）就研究发现亲社会社会价值观导向者有更高的汽车租用消费意愿，因为他们有更高的"环境意识"；而亲自我社会价值观导向者有更高的购买汽车意愿，因为他们有更高的"物质主义"倾向（Durgee and O'Connor, 1995; Fritze, 2018）。例如，van Lange et al.（1998）也研究发现，亲社会社会价值观导向者更多选择公共交通方式，而亲自我社会价值观导向者更多选择驾驶私家车出行方式。由于亲自我社会价值观导向者有更高的自我关注和自我利益保护，因此对有更高心理所有权的目标物会有更强的保护动机。但由于共享产品会让消费者有更低的心理所有权，因此亲自我社会价值观导向者会有更弱的保护动机和更高的机会主义行为，即更容易产生不道德行为；而亲社会社会价值观导向者不仅关注自我利益，同时也关注他人或社会公益，甚至关注他人或社会公益超过了对自我利益的关注和保护，因此无论是否对共享产品产生心理所有权，都将会产生更高的保护动机和更低的机会主义行为，即有更低的不道德行为。据此，本研究假设：

H7：消费者的社会价值观导向会调节心理所有权对消费者不道德行为的影响，即亲自我社会价值观导向者在低心理所有权时有更高的不道德行为，而亲社会社会价值观导向者在无论高低心理所有权时均有较低的不道德行为。

综合以上研究文献和所有研究假设，我们提出如图 1 所示的研究概念框架模型。接下来将通过 1 个准实验和 2 个实验检验所有研究假设和整个研究概念框架模型，其中实验 1 主要检验共享产品影响消费者不道德行为的直接效应，实验 2 主要检验共享产品影响消费者不道德行为的中介机制，实验 3 主要检验共享产品影响消费者不道德行为中介效应的社会价值观导向调节作用。

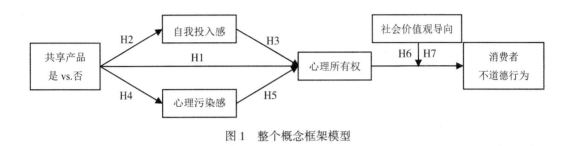

图 1　整个概念框架模型

4. 实验操作与假设检验

4.1　准实验 1：共享产品影响消费者不道德行为的直接效应

4.1.1　准实验设计

准实验 1 的主要目的是检验共享产品影响消费者不道德行为的直接效应。实验采用混合实验，其中产品属性（共享产品 vs. 私有产品）是组间因素，而产品类别是组内因素。为了避免实验者预定实验商品对被试产生期许效应，我们在西南某综合性高校招募了 18 名被试（11 男/7 女，$M_{年龄} = 21.372$，SD $= 0.873$），让其回忆和列举共享产品的例子，最后选择 10 件产品作为实验商品。所有被试列举了共享单车、共享汽车、共享民宿等共享产品，其中列举最多的达到 21 种，最少的为 6 种，平均列举 $M_{共享产品} = 11.337$ 种（SD $= 2.419$）。根据共享产品的代表典型性和应用广泛性，3 位实验者根据被提及次数共同决定了 10 种共享产品用于实验 1，即共享单车、共享汽车、共享民宿等。实验商品确定后，我们在某调研网站上进行了问卷调研，其中一类是共享产品，另一类是私有产品。两类问卷中的每类产品都设置了消费情境，例如针对共享单车设置了"我经常在共享单车使用结束后随意停放"和针对共享民宿设置了"我经常在住民宿酒店后不整理床单和洁具"，并且以是否使用过该产品为前置题，而后才回答"消费者不道德行为测量量表"。"消费者不道德行为测量量表"采用的是 Muncy 与 Vitell（1992）开发的"道德信念量表"，包括主动从违法行为中获利、被动获利、问题行为和无伤害行为四个维度，为了避免产生答题疲劳效应，每个维度我们选取最具代表性的测量问项，例如"主动从违法行为中获利"选择的测试问项是"这样做，我有利可图"。测量量表采用的是 5 点制 Likert 量表（1 = 强烈不赞同，5 = 强烈赞同），分值越高表明不道德程度越高。为了吸引更多被试认真参与问卷调查，我们一方面给予完整填写问卷的被试 3 元人民币的红包奖励，另一方面在所有问卷收集完成后每名被试获得一次 100 元人民币的抽奖机会。我们在某调研网站收集了 300 份问卷，其中有 187

人选择了共享产品问卷，113 人选择了私有产品问卷，被调查人员年龄为 19 岁到 55 岁之间，62%的男性，38%的为女性，被调查人员绝大多数月收入在 3000~5000 元人民币。调查结束后，经仔细检查，发现有 34 份被调查问卷存在回答不完整、缺失值太多和答题不认真（例如"11111"或"12345"）等问题，因此将它们剔除，最终有效问卷回答率为 88.667%。

4.1.2 准实验结果

SPSS22.0 信度统计结果显示，"消费者不道德行为测量量表"的四个问项的 Cronbach's α 为 0.773，均大于可接受的标准 0.700（Churchill，1979），表明其具有良好的内部一致性和可靠性，随后将其均值化处理形成消费者不道德行为指数。实验调查结果如表 1 所示，共享产品回答人数最多的是共享单车，达到 153 人，而最少的是共享睡眠舱和共享健身房，均为 12 人；在共享产品中消费者不道德行为最高的是共享民宿，其均值为 $M = 2.906$（SD = 0.755），最低的是共享雨伞，其均值为 $M = 2.286$（SD = 0.667）；与相应的私有产品相比，共享产品均比私有产品有更高的消费者不道德行为，其中差异最为显著的是共享民宿（$M_{共享产品} = 2.906$，$M_{私有产品} = 1.543$，$t(213) = 13.135$，$p < 0.050$）。由此可见，相对于私有产品而言，共享产品更容易引起消费者的不道德行为。

表 1 共享产品消费者不道德行为统计结果

序号	实验商品	N	SP 均值	PP 均值	t
1	共享单车	153	2.552	1.457	11.604*
2	共享汽车	84	2.365	1.459	9.271*
3	共享书籍	122	2.438	1.371	12.542*
4	共享民宿	117	2.906	1.543	13.135*
5	共享雨伞	43	2.286	1.375	6.523*
6	共享洗衣机	106	2.573	1.399	15.056*
7	共享充电宝	38	2.339	1.417	8.407*
8	共享 KTV	26	2.654	1.391	8.970*
9	共享睡眠舱	12	2.583	1.438	4.644*
10	共享健身房	12	2.417	1.628	3.237*

注：N 为有效被试数，SP 为共享产品，PP 为私有产品；* 代表 $p < 0.050$。

准实验 1 有效检验了共享产品影响消费者不道德行为的直接效应，表明共享产品较之于私有产品而言更容易引起消费者的不道德行为。但该实验也存在以下不足：一是该实验主要采用网络调查的准实验方法，更倾向于描述性研究；二是该实验仅仅揭示了直接效应，而没有揭示共享产品影响消费者不道德行为的内在机制。为此，实验2将通过实验方法探查共享产品影响消费者不道德行为的作用机理。

4.2 实验2：共享产品影响消费者不道德行为的多重中介机制

4.2.1 预实验1

预实验1主要为实验1检验实验商品、实验情境和实验过程等实验材料的有效性。为了增强研究的外部效度，预实验1和实验1将采用共享产品中最具广泛性和代表性的共享单车。投射技术已经被广泛应用于消费者行为学研究（Boddy，2004），它能够有效检测很难甚至无法通过直接询问被试得到的真实想法和情绪。由于不道德行为被视为消极行为，直接检测被试很可能会产生道德掩饰效应，因此投射技术更为适宜。实验情境分为两类，一类是共享产品情境，另一类是私有产品情境。共同的实验情境为设想自己是情境主角，"由于撰写论文需要，我需要到省图书馆去借五本图书。省图书馆距离自己所在的学校大概有3公里，骑自行车是最理想的出行方式。某一天早晨我骑着共享单车（vs. 自有单车）直奔省图书馆而去，但当我到达省图书馆时，我发现周边有'禁止自行车入内'的警醒提示……"其中共享产品省略的信息为"我就停在警示标语不远之处，立马上楼去寻找自己所要的图书"，而私有产品省略的信息为"我努力找到自行车停车棚后，立马上楼去寻找自己所要的图书"。为了避免字数差异产生阅读理解偏差，省略的字数均为20字，核心差异仅为11字。我们在西南某综合性高校招募了28名被试参与预实验1，采用组间设计分别给被试呈现不同的实验情境（共享产品 vs. 私有产品），让其在5个问项上评价差异。所有问项包括"我去省图书馆借书？""我骑的自行车去的省图书馆？""我骑的自行车是共享单车？（1＝自有单车，7＝共享单车）""我为停车很焦虑？"和"我为停车费时很多？"，所有问项均为7点制Likert量表（1＝非常不赞同，7＝非常赞同）。问项填写完成后，被试将被询问实验目的、被致谢和领取10元人民币的参与奖励和一次100元人民币的抽奖机会。实验结束后，经仔细检查，发现有2名被试因答题不认真而被剔除，最终有效被试为26名（15男/11女），有效被试的平均年龄为$M_{年龄}=21.038$岁（SD＝0.871）。

预实验1的统计结果显示，共享产品组与私有产品组在"我去省图书馆借书？"（$M_{共享产品}=6.286$，$M_{私有产品}=6.417$，$t(24)=-0.679$，$p=0.504>0.050$）和"我骑的自行车去的省图书馆？"（$M_{共享产品}=6.071$，$M_{私有产品}=6.167$，$t(24)=-0.334$，$p=0.741>0.050$）问项上并不存在显著差异，但在后3个问项上存在显著差异，"我骑的自行车是共享单车？（1＝自有单车，7＝共享单车）"（$M_{共享产品}=6.643$，$M_{私有产品}=1.333$，$t(24)=27.265$，$p<0.050$）、"我为停车很焦虑？"（$M_{共享产品}=3.357$，$M_{私有产品}=5.333$，$t(24)=-10.148$，$p<0.050$）和"我为停车费时很多？"（$M_{共享产品}=2.643$，$M_{私有产品}=5.500$，$t(24)=-14.273$，$p<0.050$）"，而两者在年龄、性别、人数等方面并无显著差异。该研究结果表明，共享产品与私有产品信息操纵是成功的，我们将把它用于主实验1中。

4.2.2 实验设计

实验1的目的主要是检测共享产品影响消费者不道德行为的中介机制。实验将采用单因素组间设计。除了被试被要求填写的调查问项和实验奖励不一样外，实验商品、实验情境和实验过程等与预实验1完全一样。调查问项包括"自我投入感测量量表""心理污染感

99

测量量表”"心理所有权测量量表"和"消费者不道德行为测量量表"等，其中"自我投入感测量量表"改编自 Pelham(1995 的 6 项 7 点制 Likert 量表(例如"我感觉自己投入了很多的精力和时间")，"心理污染感测量量表"改编自 Argo et al. (2006)、Morales 与 Fitzsimons (2007)等所使用的 4 问项 7 点制 Likert 量表(例如"我对别人使用过的东西感到厌恶")，"心理所有权测量量表"改编自 Yeung(2012)等使用的 6 项 7 点制 Likert 量表(例如"我感觉到这个产品就是我的")，"消费者不道德行为测量量表"与实验 1 相同。除这些测量量表外，所有被试还将被检测消费者的心理抗拒，因为已有研究发现心理抗拒可能是影响消费者对共享产品产生不道德行为的重要动机。测量问项都采用的单一问项，因为已有研究发现单一问项有时比多条目问项有更强的检测效度，问项也采用的是 7 点制 Likert 量表。为了尽量避免产生自我效度或期许效应，所有量表的问项都采取混合编排。同时为了检测被试的认知反应，所有被试在量表填写完后还将进行开放式问题"我为什么会这样"的回答，忽略错别字和标点符号等，以便尽快和尽可能地表明自己的真实想法。我们在西南某综合性高校招募了 199 名被试分三批次参与实验，每批次实验结束时被试还要完善个人统计信息、被问询实验目的和领取实验参与奖励，而实验结果表明实验批次并没有对实验产生干扰。实验参与奖励为每名被试 15 元人民币和一次 100 元人民币的抽奖机会。实验结束后，经仔细检查，基于实验 1 的原因有 23 名被试被剔除，最终有效被试 176 名(81 男/95 女)，有效被试的平均年龄为 $M_{年龄}$ = 21.369 岁(SD = 1.359)。

4.2.3　实验结果

(1)信效度检验与变量处理。SPSS22.0 的统计结果显示，自我投入感、心理污染感、心理所有权、消费者道德行为等的信度 Cronbach's α 位于 0.738~0.871，均大于可接受的标准 0.700(Churchill，1979)，表明其具有良好的内部一致性与可靠性。同时，验证性因子分析(CFA)发现，所有问项的标准化因子载荷值均介于 0.633~0.742，超过 0.500 的最低标准，表明各变量具有良好的聚合效度；各变量的 AVE 值的均方根大于其他变量之间的相关系数，表明各变量之间具有良好的区分效度(Fornall and Larcker，1981)。Haman 单因子检验结果也表明，在将所有问项一起做因子分析未旋转时第一个主成分占到的载荷量是 28.619%，表明同源方法偏差并不严重。此外，为了统计的需要，我们对共享产品(SP)与私有产品(PP)分别编码为 1 和 0。

(2)直接效应检测。直接效应检验结果显示：①ANOVA 结果显示，共享产品较之于私有产品有更低的心理所有权(M_{SP} = 2.743，M_{PP} = 5.471，$t(174)$ = -93.606，$p < 0.050$)，因此假设 H1 得到有效支持；②ANOVA 结果显示，共享产品较之于私有产品有更低的自我投入感(M_{SP} = 3.001，M_{PP} = 5.492，$t(174)$ = -54.564，$p < 0.050$)，因此假设 H2 得到有效支持；③以自我投入感为自变量、心理所有权为因变量构建的回归方程($F(1，174)$ = 4223.166，$p < 0.050$)统计结果显示，自我投入感会积极影响消费者的心理所有权(β = 0.886，$t(174)$ = 58.887，$p < 0.050$)，因此假设 H3 的前半部分得到有效支持，而后半部分将通过中介效应进行检验；④ANOVA 结果显示，共享产品较之于私有产品有更高的心理污染感(M_{SP} = 5.120，M_{PP} = 2.095，$t(174)$ = 48.225，$p < 0.050$)，因此假设 H4 得到有效支持；⑤以心理污染感为自变量、心理所有权为因变量构建的回归方程($F(1，174)$ = 2526.144，$p < 0.050$)统计结果显示，自我污染感会消极影响消费者的心理所有权

（$\beta=-0.867$，$t(174)=-50.261$，$p<0.050$），因此假设 H5 的前半部分得到有效支持，而后半部分也将通过中介效应进行检验；⑥以心理所有权为自变量、消费者不道德行为为因变量构建的回归方程（$F(1，174)=142.316$，$p<0.050$）统计结果显示，心理所有权会消极影响消费者的不道德行为（$\beta=-0.671$，$t(174)=-11.930$，$p<0.050$），因此假设 H6 前半部分得到有效支持，而后半部分同样将通过中介效应进行检验。

（3）中介效应检验。由于 Baron 与 Kenny（1986）的传统中介效应检验备受诟病（Muller et al.，2005），因此本文采用了 Bootstrap 中介检验分析程序。根据该程序的要求对各变量进行标准化处理后，按照 Zhao 等（2013）提出的中介效应分析程序，参照 Hayes（2013）等提出的 Bootstrap 方法进行中介效应检验，选择模型 6，样本量选择为 5000，取样方法为选择偏差校正的非参数百分位法。结果如表 2 所示，"共享产品→心理所有权→消费者不道德行为""共享产品→自我投入感→心理所有权→消费者不道德行为""共享产品→心理污染感→心理所有权→消费者不道德行为"等中介路径效应显著，效应大小分别为 0.353（LLCI=0.157，ULCI=0.549，不包含 0）、0.564（LLCI=0.165，ULCI=0.963，不包含 0）

表 2　　　　　　　　　共享产品影响消费者不道德行为的中介路径

效应类型	具体路径	效应值	标准误 SE	t 值	p 值	95%置信区间 CI	
						LLCI	ULCI
直接效应	SP→CUB	0.195	0.095	3.762	0.000	0.076	0.317
中介效应	SP→PO→CUB	0.353	0.147*	—	—	0.157	0.549
	SP→SI→CUB	0.085（ns）	0.158*	—	—	-0.124	0.293
	SP→PC→CUB	0.079（ns）	0.083*	—	—	-0.150	0.308
	SP→SI→PO→CUB	0.564	0.376*	—	—	0.165	0.963
	SP→PC→PO→CUB	0.341	0.233*	—	—	0.187	0.494
	SP→SI→PC→CUB	-0.062（ns）	0.071*	—	—	-0.167	0.043
	SP→SI→PC→PO→CUB	0.054（ns）	0.046*	—	—	-0.026	0.134

注：共享产品（SP）、自我投入感（SI）、心理污染感（PC）、消费者不道德行为（CUB）等各变量数据为标准化数据，括号内为各构念代码；* 为"Boot SE"；ns 代表不显著。

和 0.341（LLCI=0.187，ULCI=0.494，不包含 0），因此假设 H3、H5 和假设 H6 的后半部分均得到有效支持；同时，"共享产品→自我投入感→消费者不道德行为"（LLCI=-0.124，ULCI=0.293，包含 0）、"共享产品→心理污染感→消费者不道德行为"（LLCI=-0.150，ULCI=0.308，包含 0）、"共享产品→自我投入感→心理污染感→消费者不道德行为"（LLCI=-0.167，ULCI=0.043，包含 0）和"共享产品→自我投入感→心理污染感→心理所有权→消费者不道德行为"（LLCI=-0.126，ULCI=0.134，包含 0）等中介路径效应不显著；此外，在控制了各中介路径后，"共享产品→消费者不道德行为"直接路径效应仍然显著，直接效应为0.195(LLCI = 0.076，ULCI = 0.317，不包含0)。与中介效应检验一样，盲于实验目的的两位专家进行编码(不道德行为理由编码为1，道德行为理由编码为−1，无关内容摒弃，不一致通过协商解决)的认知反应统计结果也显示，共享产品较之于私有产品有更多的不道德行为想法(M_{SP} = 3.032，M_{PP} = −1.679，t(174) = 35.153，$p <$ 0.050)，例如有人就认为"反正不是我的，没有必要把车停到指定地点"；相反，私有产品较之于共享产品有更多的道德行为想法(M_{SP} = −1.902，M_{PP} = 2.214，t(174) = −39.198，$p < 0.050$)，例如有人就认为"害怕丢了，损失的是自己的"。最后，将心理抗拒作为协变量纳入中介效应的检验结果显示，心理抗拒并未起到中介作用(LLCI = −0.093，ULCI = 0.137，不包含0)，因此无法成为该影响的替代性解释。

通过实验2有效检验了假设H1~H6，全部假设均得到了有效支持，而且有效排除了心理抗拒的替代性解释，表明共享产品影响消费者不道德行为确实存在多重中介机制。但该实验同样存在两个不足：一是该实验采用的实验商品是共享单车，其他产品是否也会产生这样的影响机制不得而知；二是该实验仅仅检验了共享产品影响消费者不道德行为的多重中介机制，但没有明确该多重中介机制的边界条件。为此，我们将通过实验3检验社会价值观导向的边界条件。

4.3 实验3：社会价值观导向对共享产品影响消费者不道德行为的调节作用

4.3.1 预实验2

预实验2的实验目的也主要是检验商品、实验情境和实验信息等实验材料的有效性。为了进一步增强研究的外部效度，预实验2和实验3将选用共享民宿作为实验商品，理由是共享民宿也是共享产品的典型代表。Asatryan与Oh(2008)、Shu与Peck(2015)等已经研究了消费者的酒店心理所有权及其影响，这将成为该实验的重要借鉴。实验3同样采用投射技术进行操作。实验设计也是采用单因素组间设计。实验情境为设想自己是情境主角，"2018年夏天重庆持续多日40°C以上高温，酷暑难耐，我打算去贵州某地避暑纳凉。我通过搜寻找到了一处共享民宿(我乘坐火车回到了我家的民宿店)，不仅天气凉爽，而且设施完善，是消暑纳凉的理想之所。在住宿期间，民宿店(我自己)把房间打扫得干干净净，床铺和洁具整洁如新，令人心旷神怡、惬意无比"，其中括号外为共享产品，括号内为私有产品。同样为了避免字数差异产生阅读理解偏差，不同之语皆为17字。与预实验1一样，所有被试也要回答四个问项，即"我去了贵州纳凉避暑？""我住了民宿店？""我住的民宿店是谁的？(1 = 自家民宿店，7 = 共享民宿店)"和"民宿店被干净打扫？(1 = 自己打扫，7 = 民宿店打扫)"。我们在西南某综合性高校招募了32名被试参与预实验2，实验过程和实验奖励等与预实验1一样。实验结束后，经仔细检查，基于预实验1相同的原因有1名被试被剔除，最终有效被试为31名(16男/15女)，有效被试的平均年龄为$M_{年龄}$ = 21.129岁(SD = 0.922)。

预实验2的统计结果显示，共享产品组与私有产品组在"我去了贵州纳凉避暑？"($M_{共享产品}$ = 6.625，$M_{私有产品}$ = 6.5333，t(29) = 0.502，p = 0.619 > 0.050)和"我住了民宿店？"($M_{共享产品}$ = 6.438，$M_{私有产品}$ = 6.400，t(29) = 0.205，p = 0.839 > 0.050)2个问项上并不存在显著差异，但在后2个问项上存在显著差异，"我住的民宿店是谁的？(1 = 私有产品，7 =

共享产品)"($M_{共享产品}=6.313$，$M_{私有产品}=1.400$，$t(29)=24.485$，$p<0.050$)和"民宿店被干净打扫"($M_{共享产品}=6.625$，$M_{私有产品}=1.333$，$t(29)=29.792$，$p<0.050$)，而两者同样在年龄、性别、人数等方面并无显著差异。该研究结果表明，共享产品与私有产品信息操纵是成功的，我们将把它用于主实验2中。

4.3.2 实验设计

实验2的主要目的是检验社会价值观导向对共享产品影响消费者多重中介机制的调节作用，而且进一步拓展研究的外部效度。实验设计采用单因素组间设计。除了增加"消费者社会价值观导向检测"、认知反应检测和参与实验奖励外，实验商品、实验情境和实验过程等与预实验2一样。已有研究表明，消费者的社会价值观导向常用的测量方法有三种，即三优势测量法、环形测验法和滑块测验法，但Murphy等(2011)建构的滑块测验法由于在重测信度、聚合效度和预测效度等方面显著优于其他两种测量方法而备受推崇。滑块测验法认为社会价值观导向是一种相对稳定的人格倾向，个体的决策应该符合或接近其动机矢量，因此个体多次决策所得动机矢量能够作为其社会价值观导向的有效度量。整个测验由6个初级项目和9个次级项目组成，所有项目均采用相同通用式，操作过程首先赋予被试一定金钱等资源(本文为150元人民币)在自己与他人之间分配(分配50~100元人民币)，6个初级项目通过6条线段来表示，这6条线段能够充分代表主要的社会价值观导向类型(利他导向、亲社会导向、个人导向和竞争导向)；然后通过社会价值观导向公式计算角度值($-16.26°$，$61.39°$)，角度值越小表明越亲自我社会价值观导向，角度值越大表明越亲社会社会价值观导向；最后对被试进行社会价值观导向分类，即自我社会价值观导向者和亲社会社会价值观导向者。本实验采用的是社会价值观导向滑块测验网络版，所有检测结果均自动生成。认知反应检测和实验参与奖励与实验2一样。我们在西南某综合性高校招募了287名被试分5批次参与实验，实验结果表明实验批次并没有对实验结果产生干扰。实验结束后，经仔细检查，基于实验2相同的原因剔除36名被试，最终有效被试251名(133男/118女)，有效被试的平均年龄为$M_{年龄}=21.473$岁(SD=1.476)。

4.3.3 实验结果

(1)信效度检验与变量处理。SPSS22.0统计结果显示，自我投入感、心理污染感、心理所有权和消费者不道德行为等的信度Cronbach's α位于0.783~0.894，均大于可接受的标准0.700(Churchill，1979)，同样表明其具有良好的内部一致性、稳定性与可靠性。同时，验证性因子分析(CFA)也发现，所有问项的标准化因子载荷值均位于0.617~0.752，超过0.500的最低标准，同样表明各变量具有良好的聚合效度；各变量的AVE值的均方根大于其他变量之间的相关系数，同样表明各变量之间具有良好的区分效度(Fornall and Larcker，1981)。Haman单因子检验结果也表明，在将所有问项一起做因子分析未旋转时第一个主成分占到的载荷量是29.391%，同样表明同源方法偏差并不严重。同样为了统计的方便，将共享产品(共享产品=1，私有产品=0)和社会价值观导向(亲自我社会价值观导向=1，亲社会社会价值观导向=0)进行哑变量编码。

(2)调节作用检测。ANOVA和线性回归方程统计结果显示，各变量的直接效应与实验2一样，例如 ANOVA 结果显示共享产品较之于私有产品会让消费者有更低的心理所有权（$M_{SP}=3.542$，$M_{PP}=4.450$，$t(249)=-7.935$，$p<0.050$），因此假设 H1 得到稳健支持；同时线性回归方程（$F(1，249)=55.515$，$p<0.050$）结果也显示心理所有权会消极影响消费者不道德行为（$\beta=0.427$，$t(249)=-7.451$，$p<0.050$），因此假设 H6 前半部分也得到稳健支持。而假设 H7 认为"消费者的价值观导向会调节心理所有权对消费者不道德行为的影响，即亲自我者在低心理所有权时有更高的不道德行为，而亲社会者在无论高低心理所有权时均有较低的不道德行为"。由于心理所有权是连续变量，而社会价值观导向是分类变量，因此采用了分组回归调节效应检验法。分组回归结果显示，对于亲自我社会价值观导向的消费者而言，高心理所有权较之于低心理所有权会让消费者有更高的不道德行为（$\beta=-0.661$，$t(111)=-9.286$，$p<0.050$）；而对于亲社会社会价值观导向的消费者而言，高心理所有权与低心理所有权对消费者不道德行为的影响并不显著（$\beta=-0.123$，$t(136)=-1.446$，$p=0.151>0.050$）。因此假设 H7 得到有效支持。

（3）中介效应检测。采用与实验2相同的 Bootstrap 中介检验分析程序，选择模型6，对亲自我和亲社会社会价值观导向消费者分组进行中介效应检验。检验结果对比分析如表3所示，对于亲自我社会价值观导向的消费者而言，除了"共享产品→消费者不道德行为"的直接效应更为显著（$\beta_{\text{pro-self SVO}}=0.237$，LLCI$=0.129$，ULCI$=0.343$，不包含0）外，"共享产品→心理所有权→消费者不道德行为"（$\beta_{\text{pro-self SVO}}=0.429$，LLCI$=0.241$，ULCI$=0.616$，不包含0）、"共享产品→自我投入感→心理所有权→消费者不道德行为"（$\beta_{\text{pro-self SVO}}=0.613$，LLCI$=0.449$，ULCI$=0.779$，不包含0）和"共享产品→心理污染感→心理所有权→消费者不道德行为"（$\beta_{\text{pro-self SVO}}=0.371$，LLCI$=0.285$，ULCI$=0.457$，不包含0）等中介路径效应显著，而其他中介路径效应不显著；而对于亲社会社会价值观导向的消费者而言，无论是"共享产品→消费者不道德行为"的直接效应（$\beta_{\text{pro-social SVO}}=0.083$，LLCI$=-0.095$，ULCI$=0.261$，包含0）还是"共享产品→心理所有权→消费者不道德行为"（$\beta_{\text{pro-social SVO}}=0.068$，LLCI$=-0.221$，ULCI$=0.003$，包含0）、"共享产品→自我投入感→心理所有权→消费者不道德行为"（$\beta_{\text{pro-social SVO}}=0.065$，LLCI$=-0.007$，ULCI$=0.184$，包含0）和"共享产品→心理污染感→心理所有权→消费者不道德行为"（$\beta_{\text{pro-social SVO}}=-0.017$，LLCI$=-0.103$，ULCI$=0.011$，包含0）等中介路径效应均不显著，而且其他中介路径效应同样不显著。因此，对共享产品产生不道德行为的主要是亲自我社会价值观导向的消费者。同时认知反应结果也表明，亲自我社会价值观导向的消费者有更多的不道德行为想法（$M_{\text{pro-self SVO}}=2.887$，$M_{\text{pro-social SVO}}=-1.635$，$t(249)=29.167$，$p<0.050$），例如有被试就认为"民宿店又不是我的，当然应该民宿店自己负责保洁"；而亲社会社会价值观导向的消费者有更少的不道德行为想法（$M_{\text{pro-self SVO}}=-1.791$，$M_{\text{pro-social SVO}}=3.446$，$t(249)=-46.819$，$p<0.050$），例如有被试就认为"多考虑一下别人，自己也会很开心"。

通过实验3有效检验了社会价值观导向对于共享产品引起的心理所有权对消费者不道德行为的调节作用，即假设 H7，无论是中介效应检测还是认知反应检测均表明亲自我社会价值观导向的消费者较之于亲社会社会价值观导向的消费者在面对共享产品时有更高的不道德行为。该实验结果有效明确了共享产品影响消费者不道德行为多重中介机制的边界条件。

表3 不同社会价值观导向消费者对共享产品影响消费者不道德行为的中介路径比较

效应类型	具体路径	亲自我社会价值观导向（Pro-self SVO）						亲社会社会价值观导向（Pro-social SVO）					
		效应值	标准误 SE	t值	p值	95%置信区间 CI		效应值	标准误 SE	t值	p值	95%置信区间 CI	
						LLCI	ULCI					LLCI	ULCI
直接效应	SP→CUB	0.237	0.122	4.735	0.000	0.129	0.343	0.083 (ns)	0.098*	1.558	0.123	−0.095	0.261
中介效应	SP→PO→CUB	0.429	0.177*	—	—	0.241	0.616	0.068 (ns)	0.053*	—	—	−0.221	0.003
	SP→SI→CUB	0.049 (ns)	0.008*	—	—	−0.082	0.133	−0.172 (ns)	0.120*	—	—	−0.406	0.072
	SP→PC→CUB	0.071 (ns)	0.003*	—	—	−0.036	0.107	−0.134 (ns)	0.135*	—	—	−0.420	0.122
	SP→SI→PO→CUB	0.613	0.238*	—	—	0.449	0.779	0.065 (ns)	0.047*	—	—	−0.007	0.184
	SP→PC→PO→CUB	0.371	0.117*	—	—	0.285	0.457	−0.017 (ns)	0.025*	—	—	−0.103	0.011
	SP→SI→PC→CUB	−0.032 (ns)	0.011*	—	—	−0.083	0.021	0.013 (ns)	0.021*	—	—	−0.007	0.088
	SP→SI→PC→PO→CUB	0.064 (ns)	0.029*	—	—	−0.048	0.176	0.002 (ns)	0.004*	—	—	−0.001	0.020

注：共享产品（SP）、自我投入感（SI）、心理污染感（PC）、消费者不道德行为（CUB），括号内为各构念代码；亲自我社会价值观导向（Pro-self SVO）和亲社会社会价值观导向（Pro-social SVO）等各变量数据为标准化数据，*为"Boot SE"；ns 代表不显著。

5. 研究结论与局限

共享经济正在发展成为我国经济和社会的"亮点"和"名片"，共享单车、共享汽车、共享民宿等一系列共享产品应运而生，不仅对于改善我国经济结构、解决社会就业和促进社会创新等具有重要的意义，而且对于便利社会公众生活、促进绿色生活方式转变具有重要的作用。与共享经济的蓬勃发展相比，共享产品被大量破坏的不道德行为也屡见不鲜，但目前相关研究却极为缺失，严重影响了共享经济理论体系的完整性和指导性。本文对消费者破坏共享产品的不道德行为的内在动机与边界条件进行了探索和研究，得出了一些重要研究结论，具有重要的理论意义和实践启示。当然，受制于研究条件和研究方法等的限制，本文也存在一些亟待改进的研究局限。

5.1 研究结论

（1）相比较于私有产品而言，共享产品更容易引起消费者的不道德行为。不仅社会观察发现共享产品相对于私有产品更容易引起消费者的不道德行为，而且我们的实验研究也发现共享产品较之于私有产品更容易引起消费者破坏的不道德行为。实验1的结果表明，不仅广泛共享的共享单车、共享汽车和共享民宿等会引起消费者的不道德行为，而且共享书籍、共享洗衣机等有限共享产品也会引起消费者的不道德行为。

（2）共享产品影响消费者不道德行为存在多重中介机制。消费者破坏共享产品的不道德行为的动机是多元的，甚至会产生传染效应或"破窗效应"（Schaefers et al.，2015），但其动机结构并非杂乱无章，而是存在一定的结构体系。实验2和实验3的中介效应检验表明，心理所有权的缺失是消费者对共享产品产生不道德行为的核心主因，而心理所有权的缺失一方面在于消费者的自我投入感较低，另一方面在于消费者对共享产品心理污染感的加剧，因此共享产品影响消费者不道德行为存在"共享产品→心理所有权→消费者不道德行为""共享产品→自我投入感→心理所有权→消费者不道德行为"和"共享产品→心理污染感→心理所有权→消费者不道德行为"等多重中介机制，并且得到了认知反应的验证。同时，实验2还表明心理抗拒并未成为替代性解释。

（3）社会价值观导向会对共享产品影响消费者不道德行为的多重中介效应产生调节作用。消费者对共享产品产生不道德行为的多重中介机制并不是无条件限制的，社会价值观导向会对共享产品的消费者不道德行为产生调节作用。实验3的结果表明，亲自我社会价值观导向的消费者在共享产品引起的低心理所有权时会有更高的消费者不道德行为，而亲社会社会价值观导向的消费者则在高低心理所有权时均有不显著的不道德行为，并且也得到了认知反应的验证。

5.2 研究意义

（1）理论意义。本文的理论贡献主要有三个方面：一是不同于目前绝大多数的研究集中于共享经济的影响因素、技术算法、制度治理等方面，本文从消费者视角探索了共享产品的消费者不道德行为，有效地拓展了共享经济理论的研究视角；二是不同于以往基于社会规范、感知风险和环保责任等方面的理论解释，本文基于心理所有权理论，通过构建多重中介模型深入探索和检验了消费者对共享产品产生不道德行为的心理机制，有效地深化了理论解释和丰富了共享经济理论体系；三是基于心理所有权理论发现，亲自我社会价值观导向的消费者较之于亲社会社会价值观导向的消费者更容易产生不道德行为，社会价值观导向调节作用的发现有助于明确和丰富消费者对共享产品不道德行为的边界条件。

（2）管理启示。本文的研究结果对于共享产品厂商、消费者和政府监管机构都具有重要的管理启示。对于共享产品厂商而言，共享产品被破坏严重损害了厂商的财务收益和企业形象，有的厂商甚至因为共享产品被大量破坏而破产倒闭，如何减少和消除消费者破坏的不道德行为成为厂商高度关注的经营问题，本文的研究发现心理所有权缺失是消费者产生不道德行为的重要原因，而亲自我社会价值观导向的消费者较之于亲社会社会价值观导向的消费者有更高的不道德行为，因此厂商应该积极通过培育共享产品品牌、构建共享产品社群和加强消费者亲社会社会价值观导向教育等增强消费者的心理所有权和转变其社会价值观导向，从而减少消费者不道德行为的发生，这才是共享产品消费者不道德行为的根本治理之策。对于消费者而言，应该充分认识到共享产品给自己和社会带来的价值，例如增强选择自由性、降低负担风险和增强人际关系等，要积极培养对共享产品的心理所有权和社会价值观导向（Belk，2014；Kirk et al.，2015），减少不道德行为的发生和促进共享经济的发展。而对于政府监管机构而言，除了采用法律手段和行政措施加强共享产品管理和消费者消费行为治理外，更重要的是通过宣传引导消费者的共享产品消费和增强消费者亲社会价值观导向教育，进而从根本上促进消费者消费行为改善。

5.3　研究局限

由于研究条件和研究方法的限制，本文也存在以下一些研究局限：一是虽然本文研究发现了共享产品影响消费者不道德行为的多重中介机制和社会价值观导向的调节作用，但由于其影响因素众多，影响结构复杂，更多的影响机制和边界条件有待探索和研究；二是本文只对共享产品影响消费者不道德行为的作用机制和调节边界进行了截面研究，而无论是共享产品还是消费者都是动态发展的，因此需要对该影响进行跟踪研究，调查其时序影响；三是本文在测量心理污染感、消费者不道德行为等构念时为了避免被试产生疲劳效应，都只是采用了代表性的调查问项，未来的研究需要采用更为完整的相关构念测量量表进行检测；四是本文采用的实验商品是共享单车和共享民宿、实验被试是西南某综合性高校的在校大学生和数据收集方法是纸笔自陈报告法，这毫无疑问会影响研究结果的外部效度，因此未来应该扩大实验商品范围与实验被试范围和更多地采用内隐态度测量（IAT）、功能性核磁共振（fRMI）和眼动跟踪技术（ET）等更为科学的方法改进研究的外部效度。

◎ 参考文献

［1］冯素玲，刘会敏，杨杨. 强监管改善了中国网贷市场的有效性吗［J］. 管理评论，2019，31（6）.

［2］国家信息中心分享经济研究中心，中国互联网协会分享经济工作委员会. 中国共享经

济发展年度报告（2020）［R］．［2020-03-11］．https：//www.sohu.com/a/379131759_468661.

［3］ 彭岳．共享经济的法律规制问题——以互联网专车为例［J］．行政法学研究，2016，95（1）．

［4］ 秦铮，王钦．分享经济演绎的三方协同机制：例证共享单车［J］．改革，2017（5）．

［5］ 张旖昕．"公地悲剧"视域下共享单车的分析与对策［J］．现代经济信息，2017（16）．

［6］ 王茜．分享经济发展面临的挑战与对策研究——以共享单车为视角［J］．经济研究参考，2017，2792（16）．

［7］ Argo, J. J. , Dahl, D. W. , Morales, A. C. Consumer contamination：How consumers react to products touched by others［J］．*Journal of Marketing*，2006，70（2）．

［8］ Argo, J. J. , Dahl, D. W. , Morales, A. C. Positive consumer contagion：Responses to attractive others in a retail context［J］．*Journal of Marketing Research*，2008，45（6）．

［9］ Asatryan, V. S. , Oh, H. M. Psychological ownership theory：An exploratory application in the restaurant industry［J］．*Journal of Hospitality & Tourism Research*，2008，32（3）．

［10］ Avey, J. B. , Avolio, B. J. , Crossley, C. D. , et al. Psychological ownership：Theoretical extensions, measurement and relation to work outcomes［J］．*Journal of Organizational Behavior*，2009，30（2）．

［11］ Bardhi, F. , Eckhardt, G. M. Access-based consumption：The case of car sharing［J］．*Journal of Consumer Research*，2012，39（4）．

［12］ Baumeister, C. , Wangenheim, F. V. Access vs. ownership：Understanding consumers' consumption mode preference［J］．*SSRN Electronic Journal*，2014．

［13］ Baxter, W. L. , Aurisicchio, M. , Childs, P. R. N. A psychological ownership approach to designing object attachment［J］．*Journal of Engineering Design*，2015，26（4-6）．

［14］ Belk, R. W. Extended self in a digital world［J］．*Journal of Consumer Research*，2013，40（3）．

［15］ Belk, R. W. Possessions and the extended self［J］．*Journal of Consumer Research*，1988，15（2）．

［16］ Belk, R, W. Sharing［J］．*Journal of Consumer Research*，2010，36（5）．

［17］ Boddy, C. Projective techniques in market research：Valueless subjectivity or insightful reality? A look at the evidence for the usefulness, reliability and validity of projective techniques in market research［J］．*International Journal of Market Research*，2005，47（3）．

［18］ Botsman, R. , Rogers, R. *What's mine is yours：The rise of collaborative consumption*［M］．New York：Harper Business，2010．

［19］ Brown, G. , Lawrence, T. B. , Robinson, S. L. Territoriality in organizations［J］．*The Academy of Management Review*，2005，30（3）．

［20］ Chen, Y. Possession and access：Consumer desires and value perceptions regarding contemporary art collection and exhibit visits［J］．*Journal of Consumer Research*，2009，

35(6).

[21] Churchill, Jr. G. A. A paradigm for developing better measures of marketing constructs[J]. *Journal of Marketing Research*, 1979, 16(1).

[22] Dommer, S. L., Swaminathan, V. Explaining the endowment effect through ownership: The role of identity, gender, and self-threat[J]. *Journal of Consumer Research*, 2013, 39(5).

[23] Durgee, J. F., O'Connor, G. C. An exploration into renting as consumption behavior[J]. *Psychology & Marketing*, 1995, 12(2).

[24] Fairbrother, N., Newth, S. J., Rachman, S. Mental pollution: Feelings of dirtiness without physical contact[J]. *Behaviour Research & Therapy*, 2005, 43(1).

[25] Franke, N., Schreier, M., Kaiser, U. The 'I designed it myself' effect in mass customization[J]. *Management Science*, 2010, 56 (1).

[26] Fritze, M. P. Like a rolling stone? Investigating consumption values and the spillover effect of peer-to-peer sharing[J]. *International Journal of Business Environment*, 2018, 9(4).

[27] Fuchs, C., Prandelli, E., Schreier, M. The psychological effects of empowerment strategies on consumers' product demand[J]. *Journal of Marketing*, 2010, 74 (1).

[28] Fullerton, R. A., Punj, G. Repercussions of promoting an ideology of consumption: Consumer misbehavior[J]. *Journal of Business Research*, 2004, 57(11).

[29] Hamari, J., Sjoklint, M., Ukkonen, A. The sharing economy: Why people participate in collaborative consumption [J]. *Journal of the Association for Information Science and Technology*, 2015, 67(9).

[30] Hasford, J., Hardesty, D. M., Kidwell, B. More than a feeling: Emotional contagion effects in persuasive communication [J]. *Journal of Marketing Research*, 2015, 52(6).

[31] Hayes, A. F. *Introduction to mediation, moderation, and conditional process analysis: A regression-based approach*[M]. Guilford Press, 2013.

[32] Hillenbrand, C., Money, K. G. Unpacking the mechanism by which psychological ownership manifests at the level of the individual: A dynamic model of identity and self [J]. *Journal of Marketing Theory & Practice*, 2015, 23(2).

[33] Hou, Y., Sun, Y., Wan, L. C., et al. How can psychological contagion effect be attenuated? The role of boundary effect on menu design [J]. *Journal of Hospitality & Tourism Research*, 2015, 42(4).

[34] Howard, D. J., Gengler, C. Emotional contagion effects on product attitudes[J]. *Journal of Consumer Research*, 2001, 28(2).

[35] Jussila, I., Tarkiainen, A., Sarstedt, M., et al. Individual psychological ownership: Concepts, evidence, and implications for research in marketing[J]. *Journal of Marketing Theory and Practice*, 2015, 23(2).

[36] Kirk, C. P., Peck, J., Swain, S. D. Property lines in the mind: Consumers' psychological ownership and their territorial responses[J]. *Journal of Consumer Research*,

2018, 45(2).

[37] Kirk, C. P. , Swain, S. D. , Gaskin, J. E. I'm proud of it: Consumer technology appropriation and psychological ownership[J]. *Journal of Marketing Theory and Practice*, 2015, 23(2).

[38] Lovelock, C. , Gummesson, E. Whither services marketing? In search of a new paradigm and fresh perspectives[J]. *Journal of Service Research*, 2004, 7.

[39] Moeller, S. , Wittkowski, K. The burdens of ownership: Reasons for preferring renting [J]. *Journal of Service Theory & Practice*, 2010, 20(2).

[40] Morales, A. C. , Fitzsimons, G. J. Product contagion: Changing consumer evaluations through physical contact with "disgusting" products[J]. *Journal of Marketing Research*, 2007, 44(2).

[41] Morewedge, C. K. , Shu, L. L. , Gilbert, D. T. , et al. Bad riddance or good rubbish? Ownership and not loss aversion causes the endowment effect[J]. *Journal of Experimental Social Psychology*, 2009, 45(4).

[42] Muller, D. , Judd, C. M. , Yzerbyt, V. Y. When moderation is mediated and mediation is moderated[J]. *Journal of Personality & Social Psychology*, 2005, 89(6).

[43] Muncy, J. A. , Vitell, S. J. Consumer ethics: An investigation of the ethical beliefs of the final consumer[J]. *Journal of Business Research*, 1992, 24(4).

[44] Murphy, R. O. , Ackermann, K. A. , Handgraaf, M. J. J. Measuring social value orientation [J]. *Judgment & Decision Making*, 2011, 6(8).

[45] Newman, G. E. , Diesendruck, G. , Bloom, P. Celebrity contagion and the value of objects[J]. *Journal of Consumer Research*, 2011, 38(2).

[46] Peck, J. , Shu, S. From tragedy to benefit of the commons: Increasing psychological ownership to increase stewardship[R]. Working Paper, 2015.

[47] Peck, J. , Shu, S. B. Psychological ownership and consumer behavior [M]. Gewerbestrasse: Springer International Publishing AG, 2018.

[48] Peck, J. , Shu, S. B. The effect of mere touch on perceived ownership[J]. *Journal of consumer Research*, 2009, 36(3).

[49] Pelham, B. W. Self-investment and self-esteem: Evidence for a Jamesian model of self-worth[J]. *Journal of Personality & Social Psychology*, 1995, 69(6).

[50] Pierce, J. L. , Kostova, T. , Dirks, K. T. Toward a theory of psychological ownership in organizations[J]. *Academy of Management Review*, 2001, 26(2).

[51] Pierce, J. L. , Kostova, T. , Dirks, K. T. The state of psychological ownership: Integrating and extending a century of research[J]. *Review of General Psychology*, 2003, 7(1).

[52] Roux, C. , Goldsmith, K. , Bonezzi, A. On the psychology of scarcity: When reminders of resource scarcity promote selfish (and generous) behavior[J]. *Journal of Consumer Research*, 2015(4).

[53] Schaefers,T. , Lawson, S. J. , Kukar-Kinney, M. How the burdens of ownership promote consumer usage of access-based services[J]. *Marketing Letters*, 2016, 27(3).

[54] Sen, S. , Johnson, E. J. Mere-possession effects without possession in consumer choice [J]. *Social Science Electronic Publishing*, 1997, 24(1).

[55] Shu, S. B. , Peck, J. Psychological ownership and affective reaction: Emotional attachment process variables and the endowment effect [J]. *Journal of Consumer Psychology*, 2011, 21(4).

[56] Tian, T. K. , Bearden, W. O. , Hunter, G. L. Consumers' need for uniqueness: Scale development and validation[J]. *Journal of Consumer Research*, 2001, 28(1).

[57] Van Lange,P. A. M. , Otten, W. , De Bruin, E. , et al. Development of prosocial, individualistic, and competitive orientations: Theory and preliminary evidence [J]. *Journal of Personality and Social Psychology*, 1997, 73(4).

[58] VanLange, P. A. M. , De Cremer, D. , Van Dijk, E. , et al. Basic principles of social interaction[C]. // Kruglanski, A. W. , Higgins, E. T. *Social psychology: Handbook of basic principles*[M]. New York: Guilford, 2007.

[59] VanLange, P. A. M. , Visser, K. Locomotion in social dilemmas: How people adapt to cooperative, tit-for-tat, and noncooperative partners[J]. *Journal of Personality and Social Psychology*, 1999, 77(4).

[60] VanLange, P. A. M. , Kuhlman, D. M. Social value orientations and impressions of partner's honesty and intelligence: A test of the might versus morality effect[J]. *Journal of Personality and Social Psychology*, 1994, 67(67).

[61] Watkins, R. D. , Denegriknott, J. , Molesworth, M. The relationship between ownership and possession: Observations from the context of digital virtual goods [J]. *Journal of Marketing Management*, 2016, 32(1-2).

[62] Weber, T. A. Intermediation in a sharing economy: Insurance, moral hazard, and rent extraction[J]. *Journal of Management Information Systems*, 2014, 31(3).

[63] Weitzman,M. L. Some macroeconomic implications of alternative compensation systems [J]. *Economic Journal*, 1983, 93(12).

[64] Zhao, X. , Lynch, J. G. , Chen, Q. Reconsidering Baron and Kenny: Myths and truths about mediation analysis[J]. *Journal of Consumer Research*, 2010, 37(2).

The Shared Products and Consumer Unethical Behavior
—Based on a Model of Moderated Multiple Mediators

Liu Jianxin[1,2] Fan Xiucheng[3] Li Dongjin[4]

(1 College of Economics and Management, Southwest University, Chongqing, 400715;

2, 3 School of Management, Fudan University, Shanghai, 200433;

4 Business School, Nankai University, Tianjin, 300071)

Abstract: With the burgeoning development of sharing economy and information technology, a large number of shared products are rapidly developed, which even are overturning or reconstructing the lifestyle of people. However, many shared products bring the public great convenience, at the same time, it is heavy serious that many shared products are destroyed by some consumers' unethical behavior, which does not only influence the normal usage of the public and increase the operating cost of many sharing enterprises, but also seriously influence the healthy development of sharing economy and the good image of the whole society. But prior related research only focused their attention on the economic or legal field and rare attention on the intrinsic mechanism on consumers' unethical behavior from consumer perspective, to the extent to which influences the management toward shared products and the development of sharing economy. Some observations and studies show that shared products are more likely to cause the consumers' unethical behavior more easily than do such non-shared products as private products, and however the phenomenon has complicated driving mechanism and boundary conditions. Across 3 experiments, the results of the article find that (1) There is a multiple mediators of the unethical behavior that some consumers damaged or destroyed shared products, which is the primary cause of lacking psychological ownership, and the causes of result in the lacking it are because consumers' sense of self-investment is seriously inadequate and their psychological contamination is intensively enhanced; (2) the multiple mediators of consumers' unethical behavior toward shared products has such a boundary condition as social value orientation (SVO), namely pro-self SVO consumers are more likely to generate unethical behavior toward shared products, and however pro-social SVO consumers are more likely to generate less unethical behavior toward shared products. These conclusions have not only an important theoretic significance to deepen or perfect such some theories as sharing economy, psychological ownership theory and social value orientation theory, but also have an important practical implication for sharing enterprises to enhance development or management toward shared products, for the public to heighten cherishment or usage toward them and for Government regulators to improve planning or management toward them.

Key words: Shared products; Self-investment; Psychological contamination; Psychological ownership; Social value orientation; Consumers' unethical behavior

专业主编：寿志钢

物质属性产品图片的展示距离
对产品评价的影响
——虚拟触觉感知视角 *

● 黄 静[1]　刘洪亮[2]　刘如建[3]

（1，2，3 武汉大学经济与管理学院　湖北　武汉　430072）

【摘　要】触觉在消费者的购物过程中发挥着非常重要的作用。然而在线购物会带来触觉体验的缺失，如何弥补在线购物中的触觉体验对研究者和商家来说均至关重要。基于虚拟触觉感知视角，本文研究物质属性产品图片展示距离的远近对消费者产品评价的影响。研究发现：相对于远距离展示，物质属性产品图片的近距离展示会让消费者产生更高的产品评价；虚拟触觉感知在这一效应中起到了中介作用。另外，产品类型在这一效应中起到了调节作用，即功能产品采用近距离展示有更高的产品评价，而社交感官产品采用远距离展示有更高的产品评价。

【关键词】视觉展示　距离远近　虚拟触觉感知　功能产品　社交感官产品
中图分类号：F713.5　　　　文献标识码：A

1. 引言

网购的兴起为消费者带来了便利性的同时，也损失了对触觉的感官体验。（Burke，1997；Peterson et al.，1997；Mooy and Robben，2002，黄静等，2015)，而触觉向来被认为是很重要的一种感觉(Major et al.，1990；Ackerman et al.，2010)，消费者在购物过程中通过触摸可以获得产品质感、坚硬度、温度和重量等触觉信息(Klatzky and Lederman，1992，1993)，这些信息可以提升消费者的产品态度和购买意愿，从而促进消费者的购买行为。如果消费者在购物过程中不能触摸到它们，他们会感到很失望(Citrin et al.，2003；

＊ 基金项目：国家自然科学基金"虚拟感官线索对电商营销绩效的影响：呈现方式、机制及管理逻辑"（项目批准号：71572136）。

通讯作者：刘洪亮，E-mail：1014237176@qq.com。

Peck and Childers, 2003a)。尤其是对于物质属性产品，消费者在购买时更加在意质地、粗糙度、硬度、重量、温度等与触觉相关的属性，产品中的触觉线索对消费者的信息加工和购买评价都会产生非常重要的影响。因此，在线购物情境下，如何补偿消费者缺失的触觉体验成为营销人员和研究者非常关注的问题(Peck and Childers 2007)。

现有研究大多指出通过运用先进的技术手段，如虚拟试衣技术(Park，2008)，三维可视化技术(Lih and Biocccaf，2002)、虚拟模特、数字图像和缩放技术等(Klein，2003)，可以在一定程度上补偿缺失的触觉感知。还有研究提出可以借助五感之间的相互补偿机制，这其中最多的是通过视觉进行补偿。"视觉-触觉"预演模型指出，消费者可以通过视觉获取商品信息，并进行加工形成触觉感知(Klatzky et al.，1993)。目前视觉对触觉补偿研究又主要集中于图片呈现和文字呈现两个维度。在图片呈现中，图片信息会对消费者网上购物产生触觉补偿作用(Min-jung，2006)，例如3D呈现的产品图片(Ki. Soo suh and Lee，2005)、图片中商标、文字和产品的不同位置(Deng and Kahn，2009)、图片中产品模特的面部表情、身体胖瘦程度(朱国玮和吴雅丽，2015)。关于产品的文字描述也可以弥补触觉感知，如文字信息中包含的重量信息(Klatzky et al.，1993)。

在视觉对触觉进行补偿的研究中，还未从产品图片呈现的距离维度进行探讨。然而在线上购物情境中，店铺中商品通过远和近两种形式进行展示十分普遍。已有研究也指出，空间距离在消费者进行信息加工时扮演着重要的角色(Trope et al.，2003)，当物质属性产品距离更近时，才能促进消费者对产品信息进行有效的加工(Klatzky and Lederman，1987，1993)。因此，探讨图片展示距离对消费者产品触觉感知的影响将有着十分重要的理论和实践意义。基于此本文将研究物质属性产品的展示距离是否会影响消费者的产品评价，以及其中的作用机制和可能的边界条件。对上述问题的研究不仅丰富了感官营销中的触觉补偿研究，而且为电商企业实施有效的线上展示来增强消费者的触觉体验提供了一定的指导。

2. 文献综述与假设演绎

2.1 物质属性产品图片展示的距离对产品评价的影响

产品在线上以图片的形式展示时，消费者缺失了对产品的触觉体验，这会影响他们的产品态度(Peck and Childers，2003)。而物质属性产品一般是更加强调质地、粗糙度、硬度、重量、温度等与触觉相关的属性，如：衣服和地毯(Klatzky and Lederman，1992，Klatzky et al.，1993)。消费者在线上购买这类产品时会更加看重与之相关的触觉信息。对于如何弥补消费者在线上购买物质属性产品时缺失的触觉感知，以此来提升消费者的产品评价，本文主要从产品图片展示距离的维度考虑。根据距离相关的研究结论，在线索丰富的光亮环境里，人们可以准确感知到20m范围内物体的空间位置(邓成龙，2015)，且以个体为中心一臂以内的范围为个体周围空间(Previc，1990)，被感知为近距离。在人类的五感中，触觉又是一种近感官(Trope and Liberman，2010)。因此当线上的物质属性产品图片以近距离被展示时，物体展示投射到眼睛背面的影像大，消费者看起来会更清晰

（高秉江，2013），也更容易感知被抓取，从而促进消费者更为流畅地感知到物体的触觉线索，产生类似于真实触觉的感知，进而提升了消费者对产品的态度（Citrin et al.，2003，Peck and Childers，2003）；相反，当物质属性产品图片被远距离展示时，一臂以外远距离的物体展示投射到眼睛背面的影像小，人们看起来更加模糊，也处于人们手臂抓取的范围之外，导致消费者不能流畅地对物体信息进行加工，也就不能让人们感知到物体的相关触觉信息。触觉信息的缺失会降低消费者的产品评价（Citrin et al.，2003，Peck and Childers，2003）。综上本文提出如下假设：

假设1：线上物质属性产品图片的展示距离（远 vs. 近）会影响消费者的产品评价。具体而言，相比于远距离展示，近距离展示会让消费者对物质属性产品有着更高的产品评价。

2.2 虚拟触觉感知的中介作用

消费者在线上浏览图片时会根据图片中产品图片展示距离的远近，产生不同产品信息线索的感知（高秉江，2013），其中包括相关的触觉信息线索的感知。而丰富的触觉线索的视觉感知会让消费者产生虚拟的触觉感知（Li et al.，2001）。其中，人们对于离自己较近的物体会更加清晰地感知到丰富的触觉信息线索，可以获取跟物体相关的质感、温度、重量、硬度等相关的触觉感知，即产生了虚拟触觉感知，从而提升了消费者的产品评价。人们对于离自己较远的物体会感知到较少的触觉信息线索，即产生较低的虚拟触觉感知，从而降低了消费者的产品评价（Citrin et al.，2003，Peck and Childers，2003）。

对于虚拟触觉感知产生的原因，本文继续探讨了物质属性产品图片展示距离对消费者虚拟触觉感知的内在机制。本文认为，虚拟触觉感知是维度重叠和通感共同起作用的结果。维度重叠理论指出，当与任务相关的刺激之间存在着重叠时会让被试更为快速和准确地进行信息加工，即产生了协同性效应（Kornblum et al.，1999）。通感理论指出，视觉和触觉可以对信息进行相同的编码，激活区域存在重合（Fiore and Jin，2003）。即视觉和触觉有着共同的信息存储区域，以实现信息的共享（Woods et al.，2004）。尤其是在视觉刺激足够大的时候，视觉的刺激能够从公共存储区域中提取出相关的触觉感知，以实现跨感官的信息转移（Easton et al.，1997）。

因此本文综合上述两个理论，提出当物质属性产品图片以近距离被展示时，产品图片中的触觉线索与近距离这两种刺激实现了维度重叠，产生了协同性效应（Kornblum et al.，1990）。该效应的产生使得消费者能够近距离地观察到物质属性产品图片的触觉线索，更为准确和快速地进行信息加工，从而这样一种强视觉刺激能够激发出视觉和触觉在大脑公共信息存储区域中对应的触觉感知（Woods et al.，2004），并产生虚拟触觉感知，让消费者产生更高的产品评价；相反，当物质属性产品图片以远距离被展示时，远距离与产品图片中的触觉线索这两种刺激的维度重叠产生了非协同性效应，使得消费者不能快速而准确地感知物质属性产品图片的触觉线索，因此这种较弱的视觉刺激还不足以激发储存在大脑公共信息存储区域中的触觉感知，进而不会产生虚拟触觉感知，降低了消费者的产品评价。综上，本文提出如下假设：

假设 2：虚拟触觉感知在物质属性产品图片的展示距离对消费者产品评价的影响中起到了中介作用。

2.3　产品类型(社交感官产品 vs. 功能产品)的调节

根据消费者购买产品的潜在动机，可以将产品分为功能产品(functional products)和社交感官产品(sensory-social products)(Park et al.，1986)。其中功能产品被定义为满足解决、预防问题需求的产品，如汽车轮胎、防冻剂、厨房卷纸、电动工具等。社交感官产品被定义为满足个人表达需求、传达身份、获得社会认可的产品，如香水、游乐园、巧克力和冰激凌等(Park et al.，1986，Bottomley and Doyle，2006)。

功能产品购买情境下，消费者需要思考、分析加工该产品的属性，以确保其功能能够最大限度满足自己的潜在动机(Bottomley and Doyle，2006)。因此本文认为对于物质属性产品中的功能产品在进行线上产品图片展示时，消费者会更加关注产品的功能方面的属性，如：质地、温度、重量、硬度等。当产品图片以近距离被呈现时，产品呈现距离和触觉线索两种刺激的维度重叠产生了协同效应，消费者会更加快速和准确地感知到产品的触觉线索，从而较强的视觉刺激激发出了消费者大脑中视触信息共同存储区域中的触觉信息，产生了虚拟触觉感知，进而提升了消费者对产品的评价。反之，当物质属性产品中的功能产品图片以远距离被展示时形成的维度重叠产生了非协同性效应，不会产生虚拟触觉感知，从而会降低消费者对产品的态度。

购买社交感官产品时，消费者更加关注自我表达和感官的愉悦。消费者在社交感官产品上寄托了更多的情感因素(Wallendorf and Reilly，1983)，如个人表达、社会认可等。因此，当物质属性产品中的社交感官产品图片以远距离被呈现时，消费者能够从整体上感知到产品整体的设计感、美感，从而满足了对自我认同、群体成员和归属的象征性需求(Park et al.，1986)，进而提升了消费者对产品的态度。相反，当物质属性产品中的社交感官产品图片以近距离被呈现时，虽然近距离与触觉线索产生了维度重叠并形成协同效应，让消费者产生了一定的虚拟触觉感知，但是此时消费者更加看重的是产品的设计元素以及外观属性，因此虚拟触觉感知并不会提升消费者对产品的评价(Citrin et al.，2003，Peck and Childers，2003)。综上，本文提出如下假设：

假设 3：产品类型在物质属性产品图片的展示距离对消费者产品评价的影响中起到了调节作用。其中，社交感官类(vs. 功能类)的物质属性产品会使上述主效应消失。

3. 研究一：二手数据分析

为了检验消费者在购物时面对不同呈现距离的物质产品图片与其最终购买行为之间的关系，我们选取毛衣这一典型的物质属性产品，通过从淘宝网站扒取近千件产品购买数据来探究消费者在线上购买毛衣时，对于触觉的缺失是否有其他因素能够补偿消费者的触觉感知从而促进其做出购买决策。在控制其他条件的前提下，最终选取了近 1000 条二手数据检验图片展示距离的影响是否存在。

3.1 数据收集

本研究通过在淘宝网页的搜索框中输入关键词"毛衣",并获取购买页面中前25页有关毛衣的基本数据共计978条。为了尽可能控制其他变量对销量的影响,只验证毛衣展示图片的远近因素对销量的影响,本文只扒取了购物页面中毛衣的封面展示图片,即通过封面产品图片距离远近的判断来探索其与销量的影响。消费者总体浏览图片中的产品呈现状态时还未点进特定产品页面了解具体信息。在最初的购买页面,每个产品呈现的信息包括价格、销量、产品描述、图片、店名和网址等。因此本文除了扒取产品图片,还将考虑具体产品展示页面中的价格、产品展示有无模特这两个因素对销量的影响。我们有着丰富的购物经验,一件产品的价格以及产品所选模特的形体、外貌都会对我们的购买行为产生重要的影响,因此本文会把这两个因素纳入模型中考量。

3.2 编码

我们首先根据本文对物质属性产品展示距离的标准:一臂以内的范围为个体周围空间(Previc,1990),对978件毛衣图片进行编码(0=近,1=远),随后邀请2位不知实验目的的实验助手,根据自身判断对毛衣图片的距离进行打分(1=非常近,7=非常远),结果显示助手的打分与本文的编码标准一致($M_{近}=2.92$,$M_{远}=5.52$,$t(976)=-49.51$,$p=0.000$)。除此之外,我们还将图片中产品是否使用模特进行编码(0=无,1=有)。

3.3 结果

本文将毛衣产品图片中的模特、价格作为控制变量纳入模型之中,为了消除各个变量不同量纲的影响,模型对毛衣的价格和销量进行了对数化处理。

$$Ln(quantity) = C + \beta_1 \cdot distance + \beta_2 \cdot model + \beta_3 \cdot ln(price) + \varepsilon$$

其中:ε 为随机误差项,quantity 表示产品的销量,distance 表示产品图片展示的距离,model 表示产品中的模特,price 表示产品价格。

对以上变量进行线性回归,结果显示(见表1),3个变量总体对于销量都有着显著的

表1 产品的展示距离、模特、价格对销量的影响

变量	非标准化系数	系数	t 值	Sig
常数	0.313		27.072	0.000
Distance	−0.320	−0.082	−2.667	0.008
Model	0.781	0.167	.301	0.000
Ln(price)	−0.710	−0.373	−11.987	0.000
R^2	0.141			
Sig. F	0.000			

注:R^2 为未经调整的的值;系数为标准化后的值。

影响($R^2 = 0.141$, $F(3, 975) = 53.32$, sig. $= 0.000$)。具体而言，毛衣图片展示距离的远近对销量有着负相关的显著影响($B = -0.320$, $t(976) = -2.667$, sig. $= 0.008$)，即相比于毛衣图片的远距离展示，当毛衣图片以近距离的形式被展示时有着更高的产品销售量。此外，模特对毛衣的销量有着正相关的显著影响($B = 0.781$, $t(976) = 5.301$, sig. $= 0.000$)。相比于没有模特，当产品图片中有模特时，会有着更高的销售量。价格对销量有着负相关的显著影响($B = -0.71$, $t(976) = -11.99$, sig. $= 0.000$)，相比于高价格，更低的价格有着更高的毛衣销售量。

3.4 讨论

二手数据的结果显示，产品图片的展示距离对消费者的购买行为有着显著的影响，尤其是对于物质属性产品，当产品图片以近距离被展示时会让消费者有更高的购买意愿，从而提升了销量。反之，当物质属性产品图片以远距离被展示时，有着相对更低的销售量。这可能是因为物质属性产品的近距离展示会在一定程度上弥补消费者线上购物时缺失的触觉感知，进而提升了购买意愿。而物质属性产品的远距离展示则不会有这样的补偿机制，因此也不会提升消费者的购买意愿。接下来我们会在情境实验中检验展示距离远近产生的影响。

4. 研究二：物质属性产品的展示距离对产品评价的影响

4.1 预实验

在进行主实验前，我们选取了围巾、运动鞋和单肩包、水杯作为实验材料，来对物质属性产品图片的展示距离远近操控进行检验，以保证实验材料的有效性。相关研究指出，在线索充足的光亮环境中，视觉系统可以准确感知 20m 范围以内物体的空间位置(邓成龙，2015)。本文对物质属性产品图片展示远近的图片界定范围主要是根据 Previc(1990)等学者的研究成果，以及消费者在实际网购过程中的距离感知，将图片近距离展示的距离选在一臂以内的范围，将图片远距离展示的距离随机选在一臂以外的范围(Previc, 1990)。实验的参与者为武汉某综合性大学的大学生，总共 210 人(女性 110 人，52.4%)。实验中选取的产品都是在同一光线、背景、角度的条件下拍摄。被试通过随机选择其中一份问卷来判断物质属性产品图片展示距离的远近感知(1 = 感觉非常近，7 = 感觉非常远)。结果发现，围巾($M_{远} = 5.30$, $M_{近} = 2.58$; $t(208) = -12.06$, $p = 0.000$)、运动鞋($M_{远} = 5.38$, $M_{近} = 2.75$; $t(208) = -10.5$, $p = 0.000$)、单肩包($M_{远} = 5.36$, $M_{近} = 2.66$; $t(208) = -10.71$, $p = 0.000$)、水杯($M_{远} = 4.88$, $M_{近} = 2.78$; $t(208) = -10.61$, $p = 0.000$)的远近距离操控都是显著的。接下来的研究中我们将选取围巾作为主实验、运动鞋作为中介实验、单肩包和水杯作为调节实验的材料。

4.2 主效应检验

本实验将直接检验物质属性产品图片展示的距离是否会对消费者的产品评价产生影响，即验证本文假设1。实验选取围巾作为实验材料，由预实验的结果可知，本实验中使用的围巾远近距离展示的图片能使被试感知到远近，符合实验要求。

4.2.1 实验过程

实验采用单因素2水平（距离：远 vs. 近）的被试间实验，选取围巾（见图1）作为实验材料。本实验的参与者为武汉某综合性大学的大学生，总共87人（女性55人，占63.2%）。被试被随机分配到2个实验组中。所有被试被要求想象自己在进行网购，正在浏览将要看见的产品图片，并根据看到的远近距离呈现的物质属性产品图片进行相关产品评价问题的回答。实验问卷通过问卷星的形式发放，被试随机抽取其中一份问卷进行填写。实验采用（Mitchell and Olson，1981）的产品评价量表（$\alpha = 0.68$），以及李克特7级量表来测量他们的产品评价。实验设置了操控实验，以检验被试对产品图片的远近感知。实验最后让被试填写了相关人口统计变量。

图1　围巾远近展示距离图片

4.2.2 实验结果

（1）操控检验

对于围巾的远近展示距离的展示实验结果如下。对收集的数据进行独立样本T检验，结果发现，相比于围巾图片的远距离展示，被试对围巾近距离展示的图片感知更近（$M_{近} = 2.45$，$M_{远} = 5.26$，$t(85) = -15.94$，$p = 0.000$）。综上可知，被试的选择具有偏向性，产品图片展示的距离操控是有效的。

（2）主效应检验

主效应显著。本文将产品图片展示的距离作为自变量，产品评价作为因变量对收集到的数据进行独立样本T检验。结果显示（见图2），相比于围巾图片的远距离展示，被试对围巾图片的近距离展示有着更好的产品评价（$M_{远} = 4.35$，$M_{近} = 5.51$，$t(85) = 7.02$，

$p=0.000$）。因此，假设 1 得到支持。

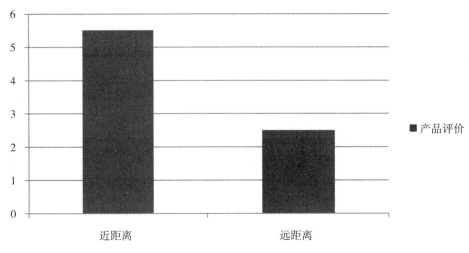

图 2　围巾的图片展示距离对产品评价的影响

4.2.3　实验讨论

实验结果表明，相比于围巾图片的远距离展示，当围巾的图片以近距离被展示时，消费者对于围巾的评价更好。因此，本实验验证了物质属性产品图片展示的距离能够对消费者的产品评价产生影响，其中物质属性产品的近距离展示会让消费者对产品产生更好的评价，物质属性产品的远距离展示会显著降低消费者的产品评价。但是在整个过程中消费者的内在信息处理机制是值得探讨的。在接下来的实验中，本文将主要验证虚拟触觉感知在整个信息处理过程中的中介作用。

5. 研究三：虚拟触觉感知的中介作用

研究二验证了本文的主效应，即物质属性产品图片的展示距离确实会对消费者的产品评价产生影响，其中物质属性产品的近距离展示会让消费者对产品有着更高的评价。研究三将在其基础上进一步验证中介机制，即虚拟触觉感知的中介作用，以检验本文的假设 2。

5.1　实验过程

5.1.1　实验设计与被试

本实验采用单因素 2 水平（距离：远 vs. 近）的被试间实验，选取运动鞋作为实验材料。本实验的参与者为武汉某综合性大学的大学生，总共 89 人（女性 56 人，占 63.0%）。被试被随机分配到 2 个实验组中。

5.1.2　程序

被试被要求想象自己在进行网购，正准备浏览将要看见的运动鞋产品图片，并根据看到的远近距离呈现的产品图片进行相关虚拟触觉感知和产品评价问题的回答。实验问卷通过问卷星的形式发放，被试随机抽取其中一份问卷进行填写。中介变量测量采用(Hornik and Jacob，1992)的虚拟触觉感知量表($\alpha=0.68$)，因变量的测量采取(Mitchell and Olson，1981)的产品评价量表($\alpha=0.83$)，实验使用李克特7级量表。实验设置了操控实验，以检验被试对产品图片的远近感知。实验最后让被试填写了相关人口统计变量。运动鞋的远近距离操控见图3。

图3　运动鞋的远近展示距离图片

5.2　实验结果

5.2.1　操控检验

实验对于运动鞋的远近操控成功。通过对收集的数据进行独立样本 T 检验，结果发现，相比于运动鞋的远距离展示，被试对运动鞋近距离展示的图片感知更近($M_{远}=5.02$，$M_{近}=2.36$，$t(87)=-12.56$，$p=0.000$)。综上可知，被试的选择具有偏向性，产品图片展示的距离操控是有效的。

5.2.2　主效应

主效应显著。本文将物质属性产品图片展示的距离作为自变量，产品评价作为因变量对收集到的数据进行独立样本 T 检验。结果显示(见图4)，相比于运动鞋图片的远距离展示，被试对运动鞋图片的近距离展示有着更好的产品评价($M_{远}=4.82$，$M_{近}=5.75$，$t(87)=8.05$，$p=0.000$)。因此，本实验中主效应显著，物质属性产品图片展示的距离会对产品评价产生影响，再次验证了假设1。

5.2.3　中介效应

中介效应显著。本实验的中介效应主要检验被试在处理从物质属性产品远近距离展示图片到产品评价感知过程中的心理处理机制：虚拟触觉感知。本文借鉴(Zhao et al.，2010)的中介分析过程，结合 Preacher 和 Hayes(2008)提出的 Bootstrap 方法进行中介检验，选择模型4，其中置信区间为95%，样本量设定为5000(Preacher and Hayes，2008)。结果显示(见图5)，对中介路径作用的检验中没有包含0(LLCI = −0.9086，ULCI = −0.2891)，说明此中介效应显著，即虚拟触觉感知的效应显著，大小为−0.5703。同时，在控制了中介变量虚拟触觉感知后，自变量物质属性产品图片的展示距离(远 vs. 近)对因变量消费者产品评价的影响不显著，区间包含0(LLCI = −0.7423，ULCI = 0.0224)，效应大小为

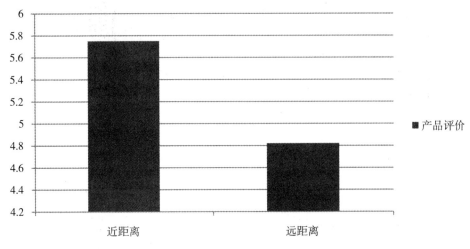

图 4 运动鞋的图片展示距离对产品评价的影响

-0.3599。由此可知虚拟触觉感知为自变量物质属性产品图片的展示距离（远 vs 近）对因变量消费者产品评价的影响的唯一中介。因此，验证了本文的假设 2。

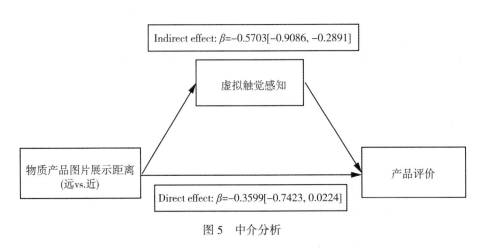

图 5 中介分析

5.3 实验讨论

物质属性产品的展示距离远近会影响消费者的产品评价，具体而言，相比于物质属性产品图片的远距离展示，物质属性产品图片的近距离展示会让消费者有着更好的产品评价。研究发现，虚拟触觉感知在这一影响中起到了中介作用。这是由于近距离与触觉线索两个维度的重叠产生的协同性效应，让被试能够更为快速和准确地观察到产品的触觉线索，这样的强视觉刺激可以促使被试从大脑信息存储区域中提取关于运动鞋的触觉感知，因而产生虚拟触觉感知，进而提升了消费者的产品评价。

6. 研究四：产品类型的调节作用

通过研究二和研究三的实验结果可知，物质属性产品图片展示距离的远近对消费者的产品评价会产生影响，近距离的物质属性产品图片展示会让被试有更好的产品评价。而对于不同类型的产品，消费者关注的属性信息可能有所差异，因此会调节展示距离对产品评价的影响。研究四主要探讨不同的产品类型（社交感官产品和功能产品）是否会调节本文的主效应。

6.1 实验过程

6.1.1 实验设计与被试

本实验采用2(距离：远 vs. 近)×2(产品类型：功能产品 vs. 社交感官产品)的组间实验设计，选取物质属性产品中的单肩包作为社交感官产品，水杯作为功能产品。本实验的参与者为武汉某综合性大学的大学生，总共158人(女性97人，占61.4%)。被试被随机分配到4个实验组中。

6.1.2 程序

被试被要求想象自己在网购，正准备浏览将要看见的产品图片，随后他们根据看到的远近距离呈现的物质属性产品图片进行相关虚拟触觉感知和产品评价问题的回答。实验问卷通过问卷星的形式发放，被试随机抽取其中一份问卷进行填写。中介变量测量采用Hornik and Jacob(1992)的虚拟触觉感知量表($\alpha = 0.75$)，因变量的测量采取Mitchell and Olson(1981)的产品评价量表($\alpha = 0.69$)，实验使用李克特7级量表进行操控实验，以检验被试对产品图片的远近感知。实验最后让被试填写了相关人口统计变量。单肩包和水杯的远近距离操控图片见图6。

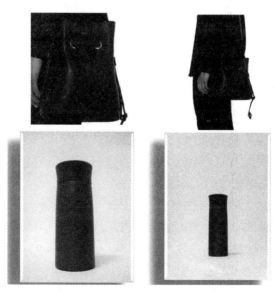

图6　单肩包和水杯的远近展示距离图片

6.2 实验结果

6.2.1 操控检验

单肩包和水杯的远近操控成功。相比于两种产品的远距离图片展示，被试对两种产品近距离展示的图片感知更近（单肩包：$M_{远}=4.95$，$M_{近}=2.70$，$t(85)=-12.43$，$p=0.000$；水杯：$M_{远}=4.64$，$M_{近}=3.37$，$t(69)=-4.197$，$p=0.000$）。

6.2.2 主效应分析

首先，产品展示距离对产品评价的主效应是显著的，物质属性产品的近距离展示会有更好的评价（$M_{近}=4.64$，$M_{远}=4.02$，$F(1,158)=6.861$，$p=0.01$）。其次，展示距离与产品类型的交互效应显著（$F(1,158)=21.806$，$p=0.000$），说明产品类型会调节图片展示距离对产品评价的影响，验证了假设3。具体而言，当产品为社交感官产品时，与近距离展示相比，被试对产品图片的远距离展示有更好的产品评价（$M_{近}=4.51$，$M_{远}=5.06$，$t(85)=-3.11$，$p=0.003$）。当产品为功能产品时，与远距离展示相比，被试对产品图片的近距离展示有更好的产品评价（$M_{近}=4.53$，$M_{远}=3.70$，$t(69)=-3.355$，$p=0.001$）（见图7）。

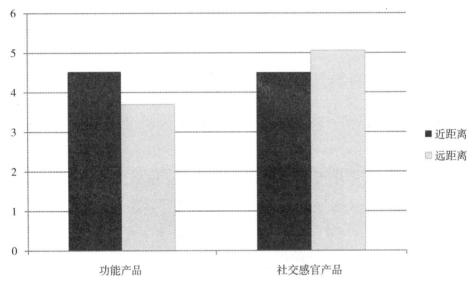

图7　产品类型的调节作用

6.2.3 中介效应分析

本文借鉴 Zhao et al. (2010) 的中介分析过程，结合 Preacher 和 Hayes(2008) 提出的 Bootstrap 方法进行本实验的中介检验，选择模型8，其中置信区间为95%，样本量设定为5000(Preacher and Hayes, 2008)。交互效应值大小为-0.6808，Bootstrap 置信区间为(-1.0548，-0.3611)，不包含0，说明有调节的中介效应显著。具体来说，当产品为功能产品时，间接效应值大小为-0.5380，Bootstrap 置信区间为(-0.8540，-0.2759)，不包含 0，说明虚拟触觉感知的中介作用显著。当产品为社交感官产品时，间接效应值大小为−0.3253，Bootstrap 置信区间为(−0.8191，0.1113)，区间包含 0，说明虚拟触觉感知的中介作用不显著。

6.3 实验讨论

本实验结果发现，产品类型会调节图片展示距离对产品评价的影响，具体来说，当产品(水杯)为功能产品时，物质属性产品的近距离展示会带来更高的产品评价。这是因为被试关注到了更为丰富的触觉线索，距离与触觉线索的维度重叠产生了协同效应，从而产品的视觉呈现能够激发出被试储存在大脑中视触共享信息区域中产品的触觉感知，从而形成了虚拟触觉感知。当产品(单肩包)为社交感官产品时，物质属性产品的远距离展示会带来更高的产品评价。这是因为被试能够更为快速地关注到单肩包的整体效果、形象，也就有更好的产品评价。

7. 结论

7.1 研究结论

本文通过二手数据和实验研究两种方法，探究了物质属性产品图片展示的距离(远 vs. 近)对消费者产品评价产生的影响及其内在解释机制。研究发现，相比远距离展示，当物质属性产品图片以近距离被展示时，消费者有更好的产品评价以及更高的产品销量。虚拟触觉感知在这一影响中起到了中介作用，另外，产品类型起到了调节作用，即物质属性产品中的功能产品图片以近距离被展示时消费者会有更好的产品评价；物质属性产品中的社交感官产品图片以远距离被展示时，消费者有更好的产品评价。

7.2 理论贡献

本文的理论贡献主要表现在以下三个方面：首先，与以往借助视觉对线上购物过程中缺失的触觉线索进行补偿的研究不同，本文聚焦物质属性产品的图片展示距离，为触觉补偿的研究提供了新的视角，借助图片展示距离可以为消费者提供较好的产品触觉信息，丰富了感官补偿方面的理论研究。其次，我们还借助维度重叠理论和通感理论，对视觉与触觉之间的跨感官交互进行了深入的探究，找到了物质属性产品图片展示距离引起消费者的虚拟触觉感知的内在原因，为跨感官营销机制的研究提供了重要的理论价值。最后，在物质属性产品的图片展示中，引入功能产品和社交感官产品作为调节变量，找到了物质属性产品图片展示距离效应的边界条件，拓展了功能产品和社交感官产品在感官营销中的应用。

7.3 管理启示

本文的研究为电商企业线上展示提供了新的视角，一方面，针对线上触觉缺失的问题，可以借助图片展示距离的远近进行补充，特别是物质属性产品，因为此类产品消费者更关注产品的触觉属性，如：质感、重量、硬度、温度，故此类产品图片应采取近距离展示的方式。比如对于服装商家，可以将自己的服装产品中触觉属性较高的产品，比如羊毛衫、围巾等通过近距离拍摄的形式进行产品展示，以此突出这些产品的触觉线索，从而激发出消费者脑海中关于产品的触觉感知，即产生虚拟触觉感知，从而有助于提升他们的购买意愿以及对产品和品牌的态度。另一方面，商家还可以针对不同的产品设置展示的距离远近。例如对于功能产品，如毛衣、袜子、手套等，消费者更加关注产品的具体功能属性，关心这些功能是否能够发挥作用，因此线上采取近距离的展示会让消费者更加清晰快速地观察到这些功能性的线索，从而提高消费者的产品评价。对于社交感官产品，如婚纱、晚礼服、奢侈包等产品，消费者更加关注产品的精美设计、整体效果，因此线上采取远距离的展示会让消费者更加清晰快速地观察到这些象征性、整体性的线索，从而提高消费者的产品评价。

7.4 局限性与未来研究展望

本研究的局限一方面是被试均为在校大学生，虽然满足了样本之间性质的一致性，但是外部效度没有被纳入实验，学生群体的年龄、生活环境、消费水平、审美标准等方面并不能全面地反映出各个职业、阶层、年龄消费者的情况，因此对本研究的推广会有一定的局限。另一方面，本文主要采用情境实验的方式进行检验，有一定的局限性，可以考虑开展田野实验，从而在比较真实的购物场景中测量消费者的态度和行为，以增加研究的外部效度。

另外，本文主要探讨了产品类型的边界条件，后期的研究还可以跳出产品本身类别的思维，去探索其他维度的边界。如消费者的个人特质会不会影响到本文的主效应。消费者身上有许多消费特质会影响他们的购买意愿和消费行为。如对于高触觉需求和低触觉需求的消费者来说就有着不同的消费行为。男女之间的性别差异应该也会产生较大的消费差异。在环境因素的维度，如文化差异、设备差异等因素也应该会对本文的购物场景产生影响。

◎ 参考文献

[1] 程大志，隋光远，陈春萍．联觉的认知神经机制[J]．心理科学进展，2009，17(5)．

[2] 邓成龙．视觉注意影响距离感知[D]．上海：华东师范大学，2015．

[3] 高秉江．贝克莱论视觉距离感[J]．湖湘论坛，2013，26(4)．

[4] 黄静，郭昱琅，王诚，等．你摸过，我放心！在线评论中触觉线索对消费者购买意愿的影响研究[J]．营销科学学报，2015，11(1)．

[5] 米健，宋紫峰．国外消费者对"中国制造"的认同度：现状、问题与对策[J]．江淮论坛，2019(2)．

[6] 刘晟楠．消费者虚拟触觉研究：成因与结果[D]．大连：大连理工大学，2011．

[7] 张潇．不同距离条件下视觉反应的差异性研究[D]．重庆：西南大学，2014．

[8] 朱国玮，吴雅丽．网络环境下模特呈现对消费者触觉感知的影响研究[J]．中国软科

学, 2015(2).

[9] Ackerman, J. M., Nocera, C. C., Barghe, J. A. Incidental haptic sensations influence social judgments and decisions[J]. *Science*, 2010, 328(5986).

[10] Bottomley, P. A., Doyle, J. R. The interactive effects of colors and products on perceptions of brand logo appropriateness[J]. *Marketing Theory*, 2006, 6(1).

[11] Burke, R. R. Do you see what I see? The future of virtual shopping [J]. *Journal of The Academy of Marketing Science*, 1997, 25(4).

[12] Citrin, A. V., Stem, D., Spangenberg, E. R., et al. Consumer need for tactile input: An internet retailing challenge[J]. *Journal of Business Research*, 2003, 56(11).

[13] Deng, X., Kahn, B. E. Is your product on the right side? The "location effect" on perceived product heaviness and package evaluation[J]. *Journal of Marketing Research*, 2009, 46(6).

[14] Easton, R. D., Greene, A. J., Srinivas, K. Transfer between vision and haptics: Memory for 2-D patterns and 3-D objects[J]. *Psychonomic Bulletin & Review*, 1997, 4 (3).

[15] Fiore, A. M., Jin, Hyun-Jeong. Influence of image interactivity on approach responses towards an online retailer[J]. *Internet Research*, 2003, 13(1).

[16] Hornik, J. Tactile stimulation and consumer response[J]. *Journal of Consumer Research*, 1992, 19(3).

[17] Huang, J., Wang, Z. R., Liu, H. L., et al. Similar or contrastive? Impact of product-background color combination on consumers' product evaluations [J]. *Psychology & Marketing*, 2020, 37(7).

[18] Klatzky, R. L., Lederman, S. *Intelligent exploration by the human hand* [M], New York: Dextrous Robot Hands, Springer, 1990.

[19] Klatzky, R. L., Lederman, S. J. Stages of manual exploration in haptic object identification[J]. *Perception & Psychophysics*, 1992, 52(6).

[20] Klatzky, R. L., Lederman, S. J., Matula, D. E. Haptic exploration in the presence of vision[J]. *Journal of Experimental Psychology Human Perception & Performance*, 1993, 19(4).

[21] Klein, L. R. Creating virtual product experiences: The role of telepresence[J]. *Journal of Interactive Marketing*, 2003, 7(1).

[22] Kornblum, S., Hasbroucq, T., Osman, A. Dimensional overlap: Cognitive basis for stimulus-response compatibility--a model and taxonomy[J]. *Psychological Review*, 1990, 97(2).

[23] Kornblum, S., Lee J-W. Stimulus-response compatibility with relevant and irrelevant stimulus dimensions that do and do not overlap with the response [J]. *Journal of Experimental Psychology: Human Perception & Performance*, 1995, 21(4).

[24] Kornblum, S, Stevens, G. T., Whipple, A., et al. The effects of irrelevant stimuli:

1. The time course of stimulus – stimulus and stimulus – response consistency effects with stroop-like stimuli, simon-like tasks, and their factorial combinations [J]. *Journal of Experimental Psychology: Human Perception & Performance*, 1999, 25(3).

[25] Krishna, A., Elder, R. S., Caldara, C. Feminine to smell but masculine to touch? Multisensory congruence and its effect on the aesthetic experience[J]. *Journal of Consumer Psychology*, 2011, 21(3).

[26] Krishna, A., Morrin, M. Does touch affect taste? The perceptual transfer of product container haptic cues[J]. *Journal of Consumer Research*, 2008, 34(6).

[27] Li, H., Daugherty, T., Biocca, F. Impact of 3-D advertising on product knowledge, brand attitude, and purchase intention: The mediating role of presence [J]. *Journal of Advertising*, 2002, 31(3).

[28] Li, H., Daugherty, T., Biocca, F. Characteristics of virtual experience in electronic commerce: A protocol analysis[J]. *Journal of Interactive Marketing*, 2001, 15(3).

[29] Major, B., Schmidlin, A. M., Williams, L. Gender patterns in social touch: The impact of setting and age[J]. *Journal of Personality & Social Psychology*, 1990, 58(4).

[30] Mitchell, A. A., Olson, J. C. Are product attribute beliefs the only mediator of advertising effects on brand attitude[J]. *Journal of Marketing Research*, 1981, 18(3).

[31] Mooy, S. C., Robben, H. S. J. Managing consumers' product evaluations through direct product experience[J]. *Journal of Product And Brand Management*, 2002, 11(7).

[32] Park, C. W., Jaworski, B. J., Macinnis, D. J. Strategic brand concept-image management[J]. *Journal of Marketing*, 1986, 50(4).

[33] Park, J., Stoel, L., Lennon, S. J. Cognitive, affective and conative responses to visual simulation: The effects of rotation in online product presentation[J]. *Journal of Consumer Behaviour*, 2008, 7(1).

[34] Peck, J., Childers, T. L. To have and to hold: The influence of haptic information on product judgments[J]. *Journal of Marketing*, 2003, 67(2).

[35] Peck, J., Childers, T. L. If I touch it I have to have it: Individual and environmental influences on impulse purchasing[J]. *Journal of Business Research*, 2006, 59(6).

[36] Peterson, R. A., Balasubramanian, S., Bronnenberg, B. J. Exploring the implications of the internet for consumer marketing[J]. *Journal of the Academy of Marketing Science*, 1997, 25(4).

[37] Preacher, K. J., Hayes, A. F., Asymptotic and resampling strategies for assessing and comparing indirect effects in multiple mediator models [J]. *Behavior Research Methods*, 2008, 40(3).

[38] Previc, F. H. Functional specialization in the lower and upper visual fields in humans: Its ecological origins and neurophysiological implications [J]. *Behavioral Brain Sciences*, 1990, 13(3).

[39] Trope, Y., Liberman, N. Temporal construal[J]. *Psychological Review*, 2003, 110(3).

[40] Trope, Y. , Liberman, N. Construal-level theory of psychological distance [J]. *Psychological Review*, 2010, 117(2).

[41] Wallendorf, M. , Reilly, M. D. Ethnic migration, assimilation, and consumption [J]. *Journal of Consumer Research*, 1983, 10(3).

[42] Zhao,X. , Lynch, Jr. J. G. , Chen, Q. Reconsidering baron and kenny: Myths and truths about mediation analysis[J]. *Journal of Consumer Research*, 2010, 37(2).

The Effect of Display Distance of Material Attribute Product Image on Product Evaluation
—The Perspective of Virtual Tactile Perception

Huang Jing[1]   Liu Hongliang[2]   Liu Rujian[3]

(1, 2, 3 Economics and Management School of Wuhan University, Wuhan, 430072)

Abstract: The sense of touch plays a very important role in consumers' shopping process. However, online shopping leads to a lack of tactile experience. How to make up for the sense of touch experience in online shopping is very important for both researchers and merchants. Based on the perspective of virtual tactile perception, this paper studies the effect of the display distance of material attribute product image on consumer product evaluation. The findings are as follows: Relative to the long-range display, the close-range display of the material attribute product image will generate higher product evaluation for consumers. virtual tactile perception plays a mediating role in this effect. In addition, product type plays a moderating role in this effect. that is, functional product has higher product evaluation with close-range display, while social sensory product has higher product evaluation with long-range display.

Key words: Visual display; Distance; Virtual tactile perception; Functional product; Social sensory product

专业主编：寿志钢

环肥还是燕瘦？字体长宽比对消费者的影响[*]

● 谢志鹏[1]　田佳禾[2]　欧阳晨晨[3]　肖婷婷[4]

(1，2，4 华中师范大学经济与工商管理学院　武汉　430079；
3 华中师范大学心理学院　武汉　430079)

【摘　要】营销材料中字体和字形的选择能够直接决定消费者对产品或品牌的印象。近年来研究不同类型字体对消费者影响的文献层出不穷，但未有研究关注到字体长宽比对消费者的影响。在营销实践中，文字的长宽比（胖瘦）不仅会影响文本的可读性，而且可能影响消费者对产品或品牌属性的感知。通过 4 组实验证明：对于与品牌具有共有关系范式的消费者来说，长宽比大的字体（相较长宽比小的字体）会引起更强的消费者溢价支付意愿；而对于与品牌具有交易关系范式的消费者来说，长宽比小的字体（相较长宽比大的字体）会引起更强的消费者溢价支付意愿；可爱感知中介了字体长宽比与消费者溢价支付意愿之间的关系。研究结论不仅为企业实践提供了指导性意见，而且丰富了现有字体研究领域与可爱感知相关理论。

【关键词】字体　长宽比　激活扩散理论　可爱感知　关系范式
中图分类号：C93　　　　　　文献标识码：A

1. 引言

营销传播中，视觉传播是最为直接和影响最大的途径之一（Chaiken & Eagly，1976）。品牌广告或产品包装上的字体是重要的视觉要素，它不仅决定了消费者的第一印象，而且更能影响其深层感知。如今，已有不少研究探讨了字体/字形对消费者产品感知的影响，如字体大小、间距、形状等，却鲜有研究关注字体长宽比设计对消费者的影响。一般来说，和水平面同方向的边为长，反之为宽。本文将字体长宽比定义为两种字体在占用面积

---

　* 本文是国家自然科学基金青年项目"大家都喜欢笑脸吗？产品表情对消费者的影响研究"（项目批准号：71702189）的阶段性成果。

　通讯作者：谢志鹏，E-mail：469491018@qq.com。

相等的情况下由于长宽比不同而引起的视觉差异，一般来说长宽比大的字体看上去更宽且矮，视觉效果呈现为"胖"，长宽比小的字体看上去更窄且高，视觉效果呈现为"瘦"（Maeng &Aggarwal，2018；卫保国 & 沈兰荪，2004）。

现实生活中，我们时常能发现一些品牌在字体的长宽比设计上绞尽脑汁，如"汇源"标识上的字体逐渐往长宽比大的设计方向转变，"士力架""燕京啤酒""长城汽车"包装或广告上的字体长宽比也偏大，而"金典"牛奶、"登喜路"等品牌的字体长宽比却偏小。其中让人印象深刻的是 ZARA 在 2019 年初更换了品牌标识，缩减了原有标识的长宽比值，由原先的"矮胖"型变为"瘦高"型，但却迎来了一边倒的负面评价。而同样是品牌标识的"瘦"化，巴黎世家在 2017 年的改变却吸了一波粉丝。究竟为何消费者对企业字体长宽比设计的相同改变具有如此大的评价分化呢？遗憾的是，营销学界并没有对这一现象进行深入探究。此外，已有研究对其他事物的长宽比进行过考察，如 Carré 等（2009）的研究证明脸型更宽的人往往会让人觉得更善良以及更热情。但至今仍未有研究关注到营销中字体长宽比的效应，也没有研究对字体长宽比效应的作用边界进行过讨论。考虑到营销实践领域中字体应用的广泛性，对字体长宽比设计进行有针对性的讨论具有重要意义。

在日常生活中，娃娃脸总是被认为十分可爱，通过测量研究者发现这类脸型的设计往往更宽而非更长，即当脸型的长宽比比值越大，该脸型越接近娃娃脸（Carré et al.，2009），同时 Brosch 等（2007）指出婴儿的外观属性会使人感知可爱。一方面，本文研究的字体长宽比设计一定程度上可以与采用面部长宽比简单刻画的面部特征进行类比，即当人们接触到与娃娃脸相似（长宽比值大的字体）的设计后，大脑会迅速对信息进行加工，触发与婴儿相关的认知（Fazio & Russell，1986），进而激发其可爱感知（Brosch et al.，2007）。另一方面，在产品同质化严重、市场竞争日趋激烈的今天，相较于功能价值，品牌的象征意义或附加价值更能使消费者进行溢价支付。消费者溢价支付意愿的提升不仅能为企业带来高额利润，而且是品牌竞争力的直接体现。综上，本文基于激活扩散理论与关系范式理论，并结合可爱感知相关激发方式，探究企业的字体长宽比设计在营销情境中对与品牌具有不同关系范式消费者的溢价支付意愿所产生的差别影响。

2. 文献回顾和研究假设

2.1 营销中字体对消费者的影响

研究表明，字体不仅影响了内容的可读性，而且会影响消费者的感知（Mackiewicz，2005）。知觉理论认为简单和谐的字体比复杂不和谐的字体更受欢迎，适度和平衡的字体特征会让消费者觉得该产品具有专业属性（Mackiewicz，2005）。

回顾前人对字体的研究文献可以发现，不同的字体形状和类型会对消费者产生不同的影响。有研究指出，在广告中使用较大的字体比选择小字体更容易让消费者记住该品牌。但是也有学者提出，消费者的最优阅读体验来自中等大小的字体（Aggarwal & Rajiv，2016）。除此之外，字体粗细（Davis & Smith，1933）、间距（Eagly，1993）、残缺/完整（Hagtvedt，2011）、手写体/印刷体（Schroll et al.，2018）等均是影响消费者感知的因素。

其中字体直接影响阅读难度，字母之间的较大空间会提升消费者在阅读更多文字时的耐心（Eagly，1993）；Davis等（1933）注意到，笔画较细的字体往往表现出产品的精致之美，使人感知到其柔弱，而粗体字则表现出产品的力量之美，体现出产品刚劲有力的特点；手写字体能够向消费者传达更友好、更个性化的感知（Schroll et al.，2018）；公司在徽标设计中有意地将部分字符隐去会使消费者感知模糊，不完整的字体会降低消费者对企业的可信度评价，但有利于提升消费者对企业的创新性评价（Hagtvedt，2011）。

以上与字体相关的研究均证明不同字体形状和类型会对消费者产生不同影响，而字体长宽比作为字体形状的组成部分之一却鲜有人研究，因此本文将基于激活扩散理论与关系范式理论，针对字体的长宽比设计对消费者感知与溢价支付意愿的影响作出更为细致的探讨。

2.2　长宽比设计对消费者感知的影响

本文关注点在于两种字体在占用面积相等的情况下仅由于长宽比不同而引起的视觉差异。目前已有研究初步探讨了其他事物的长宽比对消费者的影响：如Carré等（2009）的研究证明脸型更宽的人往往会让人觉得更善良以及更热情，而钟科和王海忠（2015）则通过研究品牌标识的形状发现长条形（相对于正方形）的品牌标识会让消费者认为产品可使用的时间更长。

研究表明，"宽额头""丰满的脸颊"等特征会使消费者联想到婴儿（Gorn et al.，2008），Carré等（2009）指出这是因为婴儿的脸型最显著的特征是更宽而非更长。字体的长宽比设计一定程度上可以与采用面部长宽比简单刻画的面部特征进行类比，长宽比的比值越大，表明与婴儿的脸型越接近，因此越容易使人联想到婴儿。激活扩散理论表明，情感反应可以由一个事物的存在自动激发（Fazio & Russell，1986），人们所产生的复杂知觉往往和心理表征紧密联系（Dijksterhuis et al.，2005）。Brosch等（2007）发现婴儿的外观属性会使人感知可爱，而且凡是具有婴儿特征的动物（Brosch et al.，2007）甚至是非生命物体（Hinde & Barden，1985）都会让人觉得可爱。正如Dijksterhuis等人（2005）所指出的，人们之所以会无意识地产生某种认知，是基于先前存在的心理表征，人们在接收信息之后能够启动对后续行为有重要影响的感知，所以本文推测，当字体长宽比的比值较大时，由于其外形上与婴儿脸型的相似性，人们会产生与见到婴儿脸庞时相似的感知（Brosch et al.，2007），即激发消费者的可爱感知。

本文研究的字体长宽比与其他事物的长宽比研究具有两方面的不同：（1）研究对象不同。以往关于长宽比的研究主要关注人体脸型和产品标识长宽比设计对消费者评价的影响，而没有对字体的长宽比效应进行研究。（2）影响机制不同。字体是有意义的符号，人们在阅读字体时的认知加工方式不同于人们在人际交往过程中对人的评判，或对产品外观的评判。所以现有关于长宽比的研究结论无法直接推广到字体长宽比对消费者的影响上。此外，现有字体研究也对与字体长宽比相似的概念进行过研究，如字体圆润程度。字体圆润程度是指字体笔画的弯曲程度与曲率，圆形特征的字体具有友好、简单且不完美的属性（Mackiewicz，2005）。但字体圆润程度的定义及其视觉呈现效果均与字体长宽比存在较大差异，所以该类研究同样无法解释字体的长宽比设计对消费者感知的影响。

2.3 关系范式

字体设计对消费者的影响往往取决于多方面的因素，例如 Hagtvedt(2011)的研究指出残缺/完整字体对消费者的影响会由于消费者的个人特质而不同，注重企业可信度的消费者更加偏好完整字体，而注重企业创新性的消费者则更加偏好残缺字体。消费者和企业间的关系范式会使消费者对同一营销刺激产生完全不同的解读(Aggarwal，2004)，因此我们使用消费者与企业间的关系范式作为调节变量，探究字体长宽比设计对消费者溢价支付意愿的影响。

Aggarwal 等(2004)证明了消费者与品牌建立的关系范式类似于真实情境中的人际关系，他们和品牌交往过程中的行为是基于现实生活中的交往准则而产生的。基于经济因素和社会因素的区别，Clark 和 Mils(1993)将消费者与企业的关系划分为交易关系范式与共有关系范式。在交易关系范式中，消费者在付出的同时会更期望获取利益，即交易条件。基于这种心理期望，他们往往十分注重消费选择的结果(Aggarwal，2005)。因此在交易关系范式下，消费者会十分注重产品的价值信息，处在交易关系范式下的消费者通常是理性的，他们在购买过程中更关心产品本身的性能和价值。而共有关系范式则更像是人们和家庭成员之间的关系(Clark & Mils，1993)，每个人都会积极地去关心对方，而不是仅仅关注自身利益。相对于交易关系范式，拥有共有关系范式的消费者，他们更注重情感感受，而更少关注产品的回报价值等经济类信息(Aggarwal，2005)。消费者对品牌的态度和行为在很大程度上受到与品牌互动时产生的关系范式的影响，当产品设计符合消费者与品牌之间建立的关系范式时，消费者会对该品牌作出积极的评价(Aggarwal，2004)。

研究表明婴儿/女性类设计、动物类设计和反常规设计均符合人们对可爱的认知。正如前面提到的，Carré 等(2009)指出婴儿的脸型最显著的特征是更宽而非更长，圆润、宽额头等设计都具有婴儿的特征，所以长宽比更大的字体会使消费者联想到婴儿的脸庞(Carré et al.，2009；Gorn et al.，2008)，进而激发其可爱感知(Brosch et al.，2007)，同时可爱感知会进一步让人感知温暖、友好和对产品与品牌的情感依赖(Nitschke et al.，2004)，强烈的移情又会增强消费者对产品与品牌的溢价支付意愿(Thomson et al.，2005)。由于在共有关系范式情境下，消费者更强调关系和温暖，这与可爱感知被激发后所产生的情感依赖相匹配，因此长宽比值大的字体(相比长宽比值小的字体)会带来更强的溢价支付意愿。

但是，可爱感知的作用并不是在所有情况下都是积极的。对于更加理性与注重利益满足的交易关系范式消费者来说，长宽比值大的字体所产生的可爱感知反而会带来不利影响。谢志鹏和赵晶(2017)指出可爱会让人感觉弱小、没有能力，所以与其合作的风险会很高(Gorn et al.，2008)。因此交易关系范式的消费者由于更加理性以及注重利益满足，长宽比值大的字体反而会增加他们关于产品性能低下、不可靠以及高风险等为主导的负面感知，最终对溢价支付意愿产生不利影响。于是本文提出假设：

H1：对于与品牌具有共有关系范式的消费者来说，长宽比值大的字体(相比长宽比值小的字体)会引起更强的消费者溢价支付意愿。

H2：对于与品牌具有交易关系范式的消费者来说，长宽比值小的字体(相比长宽比值大的字体)会引起更强的消费者溢价支付意愿。

2.4 激活扩散理论与可爱感知

消费者的溢价支付意愿是在消费者经过一定考量之后所作出的选择，其主要受到消费者内心感知的作用，本文将基于激活扩散理论以及可爱感知的相关激发方式对字体长宽比对消费者溢价支付意愿的影响进行进一步分析。

激活扩散理论是指人们接收到的信息会触发内心与之相关的心理意象，从而影响人们后续的选择和判断(Dijksterhuis et al.，2005)，是研究者们常用于解释启动效应(priming effect)的认知理论(Fazio，2001)。它把人们的认知定义成一个相互连接的网络，当其中的某个节点被激活时，它会沿着认知网络自动扩散到相应的其他节点，从而通过启动效应(priming effect)启动相应的感知(马红骊和方芸秋，1992)。对知觉-行为联系的研究表明，人们产生的知觉往往与心理表征紧密联系，无论是简单的动作还是精心设计的行为模式都能通过启动人们的先前经验进而对人们产生影响(Dijksterhuis et al.，2005)。例如当听到"老人"这个词汇时，就会立马产生"缓慢、慈祥"的认知；当反常规或异想天开的可爱设计呈现在我们面前时，我们无意之间会产生放纵性消费(Nenkov & Scott，2014)。我们认为，与社会群体、产品属性、环境线索类似，字体设计也可以激活对后续行为有重要影响的感知，尽管是微妙的呈现，也能对行为产生强大的影响(Fitzsimons et al.，2008)。因此当消费者接收到某个信息之后，大脑能够迅速进行加工处理，触发消费者相关的心理表征，进而产生与之相对应的感知。

可爱是一种让人产生疼爱的正面感知(HellÉN & Sääksjärvi，2013)，可以通过模仿婴儿及女性化的外观特征来博取好感(Epley et al.，2007)。可爱感知通常使人感觉温暖与友好，同时也会增强娱乐消费的意愿(Nenkov & Scott，2014)。当前关于可爱感知激发方式的研究发现，在产品的外观设计上，婴儿/女性化的设计会让产品显得和蔼可亲和便于使用(Gorn et al.，2008)，与婴儿相关的颜色(Yano & Kitty，2004)、体型以及与女性相关的设计(比如使用女性喜爱的颜色或是图案)(Nenkov & Scott，2014)都会让人联想到可爱；毛茸茸的小型哺乳动物(如小猫、小狗和小鸟)比大型的、裸露的动物更容易让消费者感觉到可爱(Gerbasi，2008)。人类对可爱有着先天的趋从性，从生物学角度来看，保护幼崽是生物的本能，因此我们对类似幼崽的事物存在与生俱来的保护欲和亲近欲；从社会学角度来看，可爱往往代表年幼和脆弱，侵略性较低，更容易唤起他人的帮助欲。由激活扩散理论我们可以发现，长宽比大的设计具有娃娃脸的特征，因此会通过启动效应触发人们温暖、可爱以及保护欲等心理表征，从而触发消费者可爱感知，而可爱感知会进一步增强消费者对产品和品牌的情感依赖(Nitschke et al.，2004)，并直接影响其溢价支付意愿(Thomson et al.，2005)。不同的消费者对社会、品牌和产品属性等有不同的认知，所以不同关系范式的消费者会根据自己最直观的感受进行评判(Srull et al.，1980)，由字体所触发的可爱感知会与共有关系范式消费者所注重的情感与温暖维度相匹配，却使得交易关系范式消费者的能力低下、弱小等负面感知成为主导，进而对两种关系范式消费者的溢价支付意愿产生差别影响。

基于以上理论，本文推论字体长宽比设计能够通过启动效应触发消费者的可爱感知，从而影响消费者溢价支付意愿。因此本文提出以下假设。

H3：可爱感知中介了字体长宽比与消费者溢价支付意愿之间的关系。

本文的研究模型见图1。

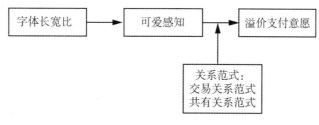

图1　研究模型

3. 实证研究

3.1　研究一：广告中字体长宽比对不同关系范式消费者溢价支付意愿的影响：产品情境

字体是广告当中不可或缺的要素之一。如在2017年，感动无数人的《油烟情书》全程以信笺上的手写字体为背景，以其"人小字大"的创意吸引了消费者的注意。故本文实验1使用产品广告为研究情境，考察字体长宽比对不同关系范式消费者溢价支付意愿的影响。

1. 实验设计

(1)被试和设计：实验1共包含有效被试120名，男性占比50.8%($M_{年龄}$=21.50岁，SD=2.04)。实验采用两因素2(字体类型：大长宽比 vs. 小长宽比)×2(关系范式：交易范式 vs. 共有范式)被试间实验设计，将消费者的溢价支付意愿作为因变量，所有被试被随机分配到4种情形下。被试来源于武汉当地的几所高校。每次实验用时3~5分钟，所有被试完成实验后会得到2元现金或等额礼品。本文通过陷阱题验证、连续同值/连续极值排除等规则来对被试进行筛选。为排除消费者先前产品知识及消费体验的影响，本实验采用虚拟科技类电子产品品牌：睿达。虚拟品牌名称的选择符合三方面要求：首先，该品牌与市面上任何真实存在的品牌都不存在相似性；其次，"睿达"的字体、字义和读音都不会引发任何有明显倾向的意义联想；最后，品牌中的两个汉字在结构上较为方正，可以较为容易地进行长宽比变换的图形操作。研究者询问了被试对这个品牌名称的熟悉程度以及初始态度，结论显示虚拟品牌没有激发任何联想和倾向。

(2)实验过程：实验主要包括4个部分：启动关系范式，操纵检验，呈现实验刺激物和因变量测量。首先，研究者采用Aggarwal(2004)的方法，要求被试阅读一篇描述顾客与企业之间关系的短文，来激发被试与企业间的关系规范。短文假设被试经常购买文中科技类企业的产品，并与该企业有着长期的联系。在交易范式情境下，短文强调企业作为商人的角色；在共有范式情境下，短文强调企业作为朋友的角色。之后，采用黄敏学等

(2009)的方法对实验操纵的有效性进行检验。为控制其余无关变量的干扰，同时对被试阅读关系范式材料后的情绪状态和感知产品服务质量进行测量。对情绪状态的测量采用了谢志鹏和赵晶(2017)的量表，对感知产品服务质量的测量源自 Aggarwal(2004)的研究。

接下来，研究者向被试随机展示两种广告设计中的一种，图中的主体内容为手机产品广告文案。为排除字体笔画本身棱角和圆润的影响，本文采用了边角中性(既不圆润也不尖锐)的微软雅黑字体。字体长宽比的变形在正常字体基础上完成，即将大长宽比字体的长拉伸为先前字体的125%，将宽缩减为先前字体的80%；对小长宽比字体的处理则刚好相反。为严格控制刺激物中其他属性的影响，除对广告文案中字体长宽比的操控外，广告的字体种类、整体面积、字间距、笔画粗细、单字占地面积等其他变量都保持恒定(见图2)。当被试观看完图中的刺激物后，测量被试的溢价支付意愿。对因变量的测量参考了Netemeyer 等(2004)和邵兵家等(2016)的研究，共有 3 道题，在本实验中该量表的内部一致性系数为 Cronbach's $\alpha = 0.91$。以上所有量表均为 7 分量表，使用各量表内部题项的平均分作为该量表所测量的指标得分。最后收集人口学信息。

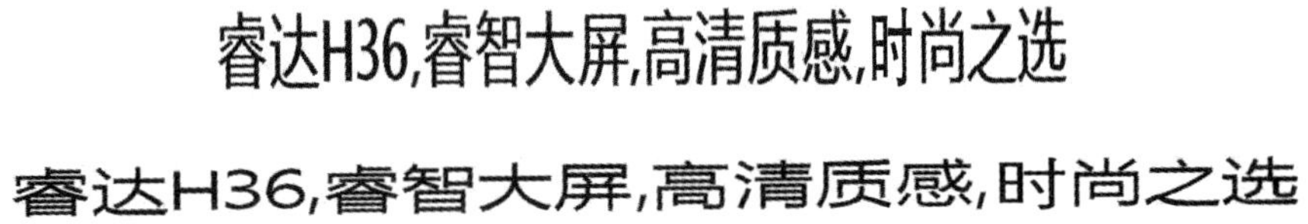

睿达H36,睿智大屏,高清质感,时尚之选

睿达H36,睿智大屏,高清质感,时尚之选

图2　实验1刺激物

以往研究表明，当消费者感知到产品或广告更熟悉(Reber, Winkielman, & Schwarz, 1998)、更好看或可读性更高(Mccarthy & Mothersbaugh, 2002)的时候，会对他们对产品或广告的态度产生影响。为了确保本实验中的刺激物不会引入上述混淆因素，我们进行了前测($N = 73$)来确认两类字体在品牌熟悉度、美观程度及可读性等方面不会产生差异。结果显示，不同字体组在品牌熟悉度($M_{小长宽比} = 5.03$，$M_{大长宽比} = 5.35$，$t(71) = -0.76$，$p > 0.05$)、美观程度($M_{小长宽比} = 4.22$，$M_{大长宽比} = 4.68$，$t(71) = -1.18$，$p > 0.05$)和可读性($M_{小长宽比} = 5.06$，$M_{大长宽比} = 4.81$，$t(71) = 0.90$，$p > 0.05$)上都没有显著差异。

2. 数据分析和结果

(1)操纵检验：独立样本 t 检验结果显示，操纵检验是成功的。相较于共有关系范式组($M_{共有} = 4.48$，SD $= 1.27$)，交易关系范式组更倾向于将企业感知为商人($M_{交易} = 5.82$，SD $= 1.24$)，$t(118) = 5.87$，$p < 0.001$；而相较于交易关系范式组($M_{交易} = 4.74$，SD $= 1.16$)，共有关系范式组($M_{共有} = 5.63$，SD $= 0.87$)的被试组更倾向于将企业感知为朋友，$t(107.294) = -4.75$，$p < 0.001$。对控制变量的分析表明，经不同关系范式材料启动后，两组被试的情绪状态和感知产品服务质量无差异($t > 0.05$)。

(2)溢价支付意愿：ANOVA 分析表明，字体长宽比和关系范式的交互作用显著($F(1, 116) = 15.40$，$p < 0.001$，$\eta^2 = 0.12$)，但字体类型($F(1, 116) = 0.09$，$p = 0.76$)和关系范式($F(1, 116) = 0.20$，$p = 0.66$)的主效应均不显著。进一步的简单效应分析表明，

交易关系范式下的消费者在观看使用了小长宽比字体的广告后有着显著更高的溢价支付意愿($M_{\text{小长宽比}}=4.41$，SD $=1.42$；$M_{\text{大长宽比}}=3.59$，SD $=1.09$；$t(57)=2.50$，$p=0.02$），而共有关系范式下的消费者则对使用了大长宽比字体的产品广告有着显著更高的溢价支付意愿（$M_{\text{小长宽比}}=3.42$，SD $=1.30$；$M_{\text{大长宽比}}=4.38$，SD $=1.14$；$t(59)=-3.07$，$p=0.003$），详见图3。

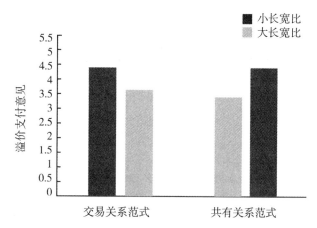

图 3　实验 1 中不同关系范式组被试对不同字体的广告溢价支付意愿对比

3. 讨论

实验 1 的结果支持本文的假设 H1 和 H2，字体长宽比与关系范式通过交互作用影响消费者的溢价支付意愿。共有关系范式下的消费者显著偏好大长宽比字体的广告，并呈现出更高的溢价支付意愿；交易关系范式下的消费者则显著偏好小长宽比字体的广告，从而呈现出更高的溢价支付意愿。对于实验 1 中的这种效应，若将刺激物由产品换为服务，或更换广告语义的侧重点，是否还能得出相同的结论？为排除这些干扰，我们更换情境后进行了研究二，对研究一中的结论再次进行验证。

3.2　研究二：广告中字体长宽比对不同关系范式消费者溢价支付意愿的影响：服务情境

研究二与研究一有两方面的不同：首先，考虑到服务和产品之间的差异有可能导致消费者理解的差异，为排除这一影响，将品牌从产品品牌更换为服务品牌；其次，消费者在观看广告时往往侧重的是广告的语义，对服务不同方面特性的强调或许会对字体长宽比的主效应产生影响，因此研究二拟通过两个子实验考察不同语义侧重点（服务价值：享乐价值 vs. 实用价值）对实验一中效应所可能起到的作用。

综上，为检验产品类广告中字体长宽比对消费者溢价支付意愿的影响是否在服务类广告情境中也同样成立，研究者更换实验材料后，在两个不同的服务情境中对实验一中的效应进行重复验证。其中，实验 2a 的广告语强调的是服务的享乐价值；实验 2b 的广告语强调的是服务的实用价值。为排除无关因素干扰，本实验同样采用虚拟餐馆名称：鲜之味。选择该虚拟品牌名称的理由与实验 1 一致。

3.2.1 实验 2a：享乐价值情境

（1）实验设计

①被试和设计：实验 2a 共包含有效被试 128 名，其中男性占比 47.7%（$M_{年龄}=21.82$ 岁，SD＝2.37）。实验同样采用两因素 2（字体类型：大长宽比 vs. 小长宽比）× 2（关系范式：交易范式 vs. 共有范式）被试间实验设计，将消费者的溢价支付意愿作为因变量，所有被试被随机分配到四种情形下。被试为武汉市大学生。实验用时、被试报酬及被试排除规则与实验 1 保持一致。

②实验过程：实验 2a 的程序和测量与实验 1 基本保持一致。本实验与实验 1 的不同主要有两处：一是考虑到服务类企业的特性，将实验 1 中用以激发被试不同关系范式状态的短文进行适当改编后得到实验 2a 中的关系范式启动材料。二是将本实验中的刺激物更换为强调服务享乐价值的广告文案，并以图片形式将文案进行呈现。对广告中字体的选择、处理方法和拉伸比例也与实验 1 保持一致，除广告语中字体的长宽比外，基于与实验 1 相同的理由，整个广告的字体、整体面积、字间距、笔画粗细、单字占地面积等无关变量均保持不变（见图 4）。

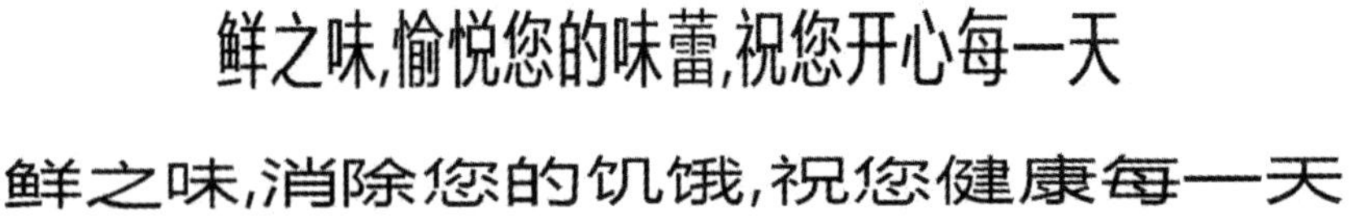

鲜之味,愉悦您的味蕾,祝您开心每一天

鲜之味,消除您的饥饿,祝您健康每一天

图 4　实验 2a 刺激物

为排除无关变量的干扰，研究者同样对实验 2a 中的两组刺激物进行了前测（$N=78$）。结果表明，实验 2a 中不同组的刺激物也不会引起品牌熟悉度（$t(76)=0.56$，$p>0.05$）、美观程度（$t(76)=0.61$，$p>0.05$）及可读性（$t(76)=-0.67$，$p>0.05$）等方面的差异。

（2）数据分析和结果

①操纵检验：更换实验材料后，对于关系范式的操纵依然是成功的，即交易关系范式组（$M_{交易}=6.15$，SD＝0.68）在交易关系分量表上的评分显著高于共有关系范式组（$M_{共有}=5.01$，SD＝1.38），$t(95.25)=6.00$，$p<0.001$；而共有关系范式组（$M_{共有}=5.56$，SD＝1.14）在共有关系分量表上的评分显著高于交易关系范式组（$M_{交易}=5.00$，SD＝1.05），$t(126)=-2.87$，$p=0.005$。其余控制变量均无显著差异。

②溢价支付意愿：方差分析的结果表明，在享乐价值广告情境下，仅字体长宽比与关系范式交互效应显著（$F(1,124)=8.34$，$p=0.005$，$\eta^2=0.06$）。具体而言，交易关系范式组更倾向于展示出对小长宽比字体广告更高的溢价支付意愿（$M_{小长宽比}=4.88$，SD＝1.15；$M_{大长宽比}=4.30$，SD＝1.07；$t(60)=2.05$，$p=0.045$），而共有关系范式组对大长宽

比字体广告的溢价支付意愿更高($M_{小长宽比}=3.97$，SD=1.22；$M_{大长宽比}=4.60$，SD=1.27；$t(64)=-2.05$，$p=0.04$)，详见图 5。

小长宽比
大长宽比
溢价支付意愿
5.5
5
4.5
4
3.5
3
2.5
2
1.5
1
0.5
0
交易关系范式
共有关系范式

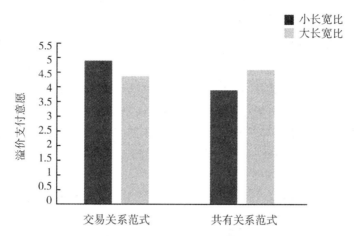

图 5　实验 2a 中不同关系范式组被试对不同字体广告的溢价支付意愿对比

3.2.2　实验 2b：实用价值情境

(1)实验设计

①被试和设计：实验 2b 共包含有效被试 111 名，其中男性占比 54.1%($M_{年龄}=22.05$ 岁，SD=2.52)。实验同样采用两因素 2 (字体类型：大长宽比 vs. 小长宽比) × 2(关系范式：交易范式 vs. 共有范式)被试间实验设计，将消费者的溢价支付意愿作为因变量，所有被试被随机分配到 4 种情形下。被试主要是来自武汉几所高校的大学生。实验用时、被试报酬及被试排除规则与实验 1 保持一致。

②实验过程：实验 2b 的材料、程序和测量与实验 2a 基本相同。唯一的更改在于，将实验 2b 中的刺激物更换为强调服务实用价值的广告文案，与之前所有实验相同，除对自变量的操纵外，刺激物中的所有其他无关因素均保持不变(见图 6)。与先前实验一致，我们也对实验 2b 中的刺激物进行了前测($N=61$)。同样，实验 2b 中的刺激物也不会引起品牌熟悉度($t(47.17)=-0.75$，$p>0.05$)、美观程度($t(51.34)=-1.53$，$p>0.05$)及可读性($t(59)=-1.04$，$p>0.05$)等方面的差异。

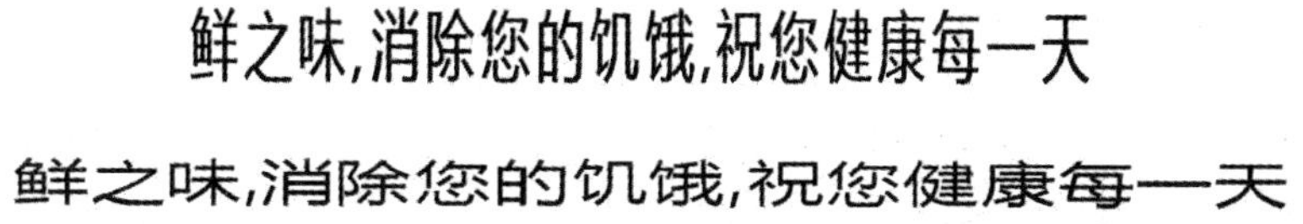

鲜之味,消除您的饥饿,祝您健康每一天
鲜之味,消除您的饥饿,祝您健康每一天

图 6　实验 2b 刺激物

(2)数据分析和结果

①操纵检验：操纵检验结果显示，实验操纵成功。即交易关系范式组($M_{交易}=5.88$，

SD=1.03）在交易关系分量表上的评分显著高于共有关系范式组（$M_{共有}$=5.24，SD=1.12），$t(109)$=3.17，p=0.002；共有关系范式组（$M_{共有}$=5.55，SD=1.05）在共有关系分量表上的评分显著高于交易关系范式组（$M_{交易}$=4.93，SD=1.02），$t(109)$=−3.16，p=0.002。其余控制变量均无显著差异。

②溢价支付意愿：ANOVA 结果表明，在实用价值广告情境下，仅字体长宽比与关系范式交互效应显著（$F(1, 107)$=15.65，$p<0.001$，η^2=0.13）。进一步的分析可知，交易关系范式组显著偏好小长宽比字体广告，并由此展现出更高的溢价支付意愿，（$M_{小长宽比}$=4.49，SD=1.26；$M_{大长宽比}$=3.50，SD=0.83；$t(50.59)$=3.51，p=0.001）；而共有关系范式组显著偏好大长宽比字体广告，因而展现出更高的溢价支付意愿（$M_{小长宽比}$=3.93，SD=1.19；$M_{大长宽比}$=4.67，SD=1.23；$t(53)$=−2.25，p=0.03），见图7。

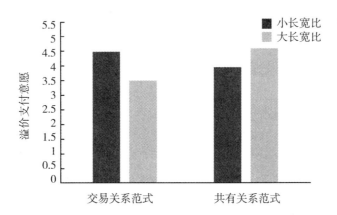

图7　实验2b中不同关系范式组被试对不同字体广告的溢价支付意愿对比

（3）讨论

实验2中的两个子实验的结果显示，无论广告语的内容侧重点如何，共有关系范式下的消费者都会对使用了大长宽比字体的广告展现出显著较高的溢价支付意愿，而交易关系范式下的消费者则恰好相反。这与实验1的结果相同，表明了本文主效应结果的稳健性。但这种效应是如何产生的呢？其背后的机制是什么？本文将在实验3中选用品牌标识情境对本文的主效应再次进行检验，并尝试验证可爱感知是否中介了上述效应。

3.3　研究三：可爱感知的中介作用

企业的品牌标识是品牌身份的一种象征，在消费者的品牌态度形成和产品评价过程中起着重要作用。而字体同样是品牌标识中重要的组成部分。尽管在商业活动当中，广告与品牌标识同样常见，但广告上的字体和品牌标识的字体却有着如下三方面的差异：第一，从长度来看，品牌标识上的文字数量要少得多；第二，从内容来看，广告中的文字更多地是对具体产品和服务功能特性的描述，品牌标识中的文字却往往只是品牌的名称，因此，当情境从广告转向品牌标识时，关系范式的作用是否会变化是未知的；第三，从作用来看，消费者在观看广告时更注重的是语义，在观看品牌标识时，却会更加注重其外观特征。

综上，为检验广告中字体长宽比对不同关系范式消费者溢价支付意愿的影响是否在品牌标识情境下同样成立，同时对上述效应产生作用的具体机制进行探索，我们开展了实验3。实验3在将刺激物更换为自行车后，在品牌标识情境下对可能的中介机制进行了检验。此外，以往研究表明，面孔长宽比会引发感知支配性(Mileva, Cowan & Cobey, 2014)、权力感知(Haselhuhn & Wong, 2012)和正直感知(Ormiston, Wong & Haselhuhn, 2017)等方面的差异，因而本实验也将对这些可能的替代中介进行检验。实验中所采取的虚拟自行车产品品牌为"易顺"。选择该虚拟品牌名称的理由与先前实验一致。

1. 实验设计

(1)被试和设计：实验3共包含来自专业问卷调查平台的有效被试136名，其中男性占比57.4%($M_{年龄}$=28.03岁，SD=4.75)。实验同样采用两因素2(字体类型：大长宽比 vs. 小长宽比)×2(关系范式：交易范式 vs. 共有范式)被试间实验设计，因变量不变，所有被试被随机分配到4种情形下。实验用时、被试报酬及被试排除规则与实验1相同。

(2)实验过程：实验3的程序和测量与先前实验基本一致。与先前实验的不同主要有三处：一是本实验根据自行车产品的特性，再度对先前所使用的关系范式短文进行了适当的改编。二是将本实验的刺激物更换为文字品牌名称"易顺"(见图8)。基于与先前实验相同的理由，字体的选择及对材料的处理方法也与先前实验一致。除自变量外，刺激物中其余无关变量均控制不变。此外，尽管本实验中的刺激物为品牌标识，但多余的装饰也可能影响消费者态度(Mccarthy & Mothersbaugh, 2002)。为了对纯粹的字体长宽比的效应进行考察，在设计刺激物时不再进行过多的装饰(Hagtvedt, 2011)。对本实验中刺激物进行前测(N=66)的结果表明，不同字体组不会引发品牌熟悉度($t(64)$=0.47，p>0.05)、美观程度($t(64)$=1.07，p>0.05)及可读性($t(64)$=−1.03，p>0.05)等方面差异。三是增设对中介变量可爱感知以及替代中介的测量。对可爱感知的测量为Nenkov和Scott(2014)的三问项量表，被试需对产品的可爱、讨人喜欢、惹人喜爱程度进行评分(1=完全不同意；7=完全同意)。在本文中，该量表的内部一致性系数Cronbach's α=0.91。对感知支配性的测量采用Maeng和Aggarwal(2018)对感知产品支配性测量的两个正向计分的题项，即"侵略性"和"权力感"；对权力感知的测量采用Lammers(2010)等人的三题项状态权力感量表；对正直感知的测量选用Xie和Peng(2009)对正直感知测量的两道题目，要求被试评定品牌多大程度上是"诚实的"和"非常正直的"。以上量表均为7点评分。

图8 实验3的刺激物

2. 数据分析和结果

(1)操纵检验：本实验中的操纵检验结果表明，本实验对于关系范式的操纵有效，即交易关系范式组($M_{交易}=6.05$，SD$=0.63$)在交易关系分量表上的评分显著高于共有关系范式组($M_{共有}=5.75$，SD$=0.82$)，$t(127.23)=2.34$，$p=0.021$；而共有关系范式组($M_{共有}=6.03$，SD$=0.54$)在共有关系分量表上的评分显著高于交易关系范式组($M_{交易}=5.69$，SD$=0.81$)，$t(114.36)=-2.89$，$p=0.005$。其他控制变量均无显著差异。

(2)溢价支付意愿：与先前实验的结果一致，根据方差分析的结果，仅字体类型与关系范式交互效应显著($F(1,132)=13.34$，$p<0.001$，$\eta^2=0.092$)。根据简单效应分析，交易关系范式下的被试对小长宽比字体广告展现出显著更高的溢价支付意愿($M_{小长宽比}=5.74$，SD$=0.61$；$M_{大长宽比}=5.18$，SD$=1.06$；$t(48.573)=2.64$，$p=0.01$)，而共有关系范式下的被试却对大长宽比字体广告展现出显著更高的溢价支付意愿($M_{小长宽比}=5.39$，SD$=0.83$；$M_{大长宽比}=5.85$，SD$=0.73$；$t(67)=-2.45$，$p=0.02$)。

(3)中介效应检验：首先，研究者将字体长宽比作为自变量，关系范式作为调节变量，可爱感知作为因变量进行方差分析。结果显示，仅字体的主效应显著($M_{小长宽比}=4.54$，SD$=1.19$；$M_{大长宽比}=5.43$，SD$=1.17$；$F(1,132)=19.41$，$p<0.001$)，即对消费者而言，大长宽比字体的品牌标识能引发更高的可爱感知；同时，交互作用不显著提示前半段并不存在调节作用($F(1,132)=0.77$，$p=0.381$)。之后，研究者采用Hayes(2018)的中介效应分析模型Model 14，在95%置信区间下，选择样本量为5000，用Bootstrapping法来检验可爱感知的中介作用。结果发现，可爱感知中介了字体长宽比对消费者溢价支付意愿的影响(LLCI$=0.1110$，ULCI$=0.7064$，不含0)，效应量为0.36；且关系范式的调节作用出现在中介链条的后半段(LLCI$=0.1854$，ULCI$=0.6280$，不含0)，详见图9。至此，本文的假设H3成立。同时，将感知支配性、权力感知及正直感知放入模型进行中介效应检验，置信区间均含0(感知支配性$[-0.0373,0.2413]$，权力感知$[-0.0598,0.1917]$，正直感知$[-0.0336,0.6851]$)，因此可排除上述替代中介。

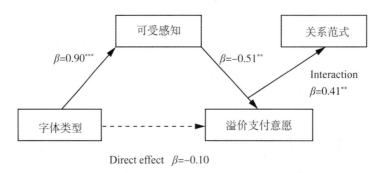

图9 实验3中可爱感知的中介作用

注：＊＊表示$p<0.001$，＊＊＊表示$p<0.001$。

4. 结论和讨论

4.1 结论

本文通过 4 组实验探讨了字体长宽比设计对消费者溢价支付意愿的影响,并验证了关系范式在其中的调节作用。研究结果显示:对于共有关系范式情境下的消费者来说,长宽比值大的字体(相比长宽比值小的字体)会引起更强的消费者溢价支付意愿;对于交易关系范式情境下的消费者来说,长宽比值小的字体(相比长宽比值大的字体)会引起更强的消费者溢价支付意愿;可爱感知中介了字体长宽比与消费者溢价支付意愿之间的关系。

4.2 理论贡献

总体而言,本文的理论贡献主要有以下三点:

第一,本文对可爱感知的激发方式进行了进一步深挖。从外观上的婴儿/女性化设计、动物类设计以及反常规设计激发可爱感知延伸到字体外观设计层面,将前人的研究理论进行细化,是对可爱感知相关理论的丰富和发展。

第二,本文丰富了营销领域的字体研究。现有营销领域对字体方面的研究主要集中在字体大小、间距、残缺等,本文将营销领域内尚存在研究空白的字体长宽比作为研究对象,探究其对消费者溢价支付意愿的影响,填补了现有文献的空缺,丰富了现有营销领域字体对消费者态度影响方面的研究内容。

第三,本文丰富了关系范式的相关理论。本文的重要价值之一在于证实了字体长宽比设计对不同关系范式的消费者溢价支付意愿有不同的作用结果。前人也在产品表现类型上对不同关系范式的消费者进行了相关研究(Aggarwal,2005),即不同关系范式下的消费者对产品的信赖和偏好最终是基于自身实际需求的选择。本文为消费者关系范式差异化的深入研究提供了新的思路。

4.3 管理建议

本文提醒企业在生产管理实践活动中无论是否有意进行可爱营销,都需要对可能激发可爱感知的要素进行持续的关注和管理。本文为企业广告宣传、产品包装和产品本身形态等方面的设计提供了参考。

首先,字体长宽比设计在营销中运用频繁,影响大,但是许多企业只关注到视觉上的美观,忽视了字体长宽比对消费者感知的影响,因此本文提醒企业需关注字体"胖瘦"的深层作用。结合本文结论,企业在对新产品进行全方位设计时,可根据目标客户群体类型,对共有关系范式消费者采用长宽比大的字体进行刺激,而对交易关系范式消费者采用长宽比小的字体进行刺激,在产品视觉化效果上精准识别和定位,提升客户的溢价支付意愿。

其次,本文指出可爱感知是关键的中介机制,品牌可以通过基于认知的过程来塑造行为,因此,企业可以通过能够启动可爱感知的设计影响消费者的消费行为。可爱感知可以潜移默化地渗入产品的各个部分，因此，在产品本身或是品牌推广中，加上可爱的属性能够创造消费者感知上的差异并同时吸引共有关系范式消费者更多的关注和喜爱。此外，企业可以举一反三，对其他可能激发消费者可爱感知的因素（如沟通方式、名称设计）进行科学管理。

最后，本文的研究结论也强调了对于不同关系范式下的顾客进行分类管理的重要性。由于不同关系范式下的消费者在对企业的营销传播信息的感知上存在着显著差异，因此当企业推出以可爱为主打风格的产品和广告时，可以通过识别和激发共有关系范式的消费者来让营销价值最大化。

4.4 研究局限和未来研究展望

本文存在以下两点研究局限：第一，由于资源受限，样本来自中国，亚洲文化下消费者对可爱、温暖格外喜欢，未来可以尝试进行跨文化可爱感知研究；第二，被试的年龄都不大，有研究指出老年人对可爱的趋向性更强，未来可以多收集不同年龄的样本进行调节检验。

未来研究可以从以下三个方面来继续深入进行。首先，可以进一步探究字体长宽比设计对消费者态度与行为的影响是否还存在于其他方面。可爱感知的启动效应也可能受其他因素调节，比如年龄、性别等。其次，可以进一步研究这一研究结论是否也适用于字体设计的其他方面，例如，字体语言（如英文字体）、字体大小、颜色、间距、完整性、有无衬线、语义一致性、形状等，这些因素的改变是否也会引发可爱感知以及会对消费者态度和行为的哪些方面产生何种程度的影响。最后，未来还可以对能够激发可爱感知的其他变量进行关注，为企业利用可爱元素进行营销提供更多借鉴。

◎ 参考文献

[1] 顾欣，应珊. 我国城镇居民不同收入组群的消费结构研究[J]. 湖北大学学报（哲学社会科学版），2018，45(6).

[2] 黄敏学，才凤艳，周元元，等. 关系规范对消费者抱怨意愿及潜在动机的影响模型[J]. 心理学报，2009，41 (10).

[3] 马红骊，方芸秋. 启动效应的研究及其理论[J]. 心理科学，1992，15 (5).

[4] 邵兵家，崔文昌. 网络零售商无缺陷退货政策对溢价支付意愿的影响研究[J]. 软科学，2016，30 (7).

[5] 卫保国，沈兰荪. 舌体胖瘦的自动分析[J]. 计算机工程，2004，30 (11).

[6] 谢志鹏，赵晶. 高冷还是温情？温暖程度对消费者奢侈品广告态度影响[J]. 珞珈管理评论，2017，16 (4).

[7] 钟科，王海忠. 品牌拉伸效应：标识形状对产品时间属性评估和品牌评价的影响[J]. 南开管理评论，2015，18 (1).

[8] Aggarwal, P. The effects of brand relationship norms on consumer attitudes and behavior[J]. *Journal of Consumer Research*, 2004, 31 (1).

[9] Aggarwal,P. , Law, S. Role of relationship norms in processing brand information[J]. *Journal of Consumer Research*, 2005, 32 (3).

[10] Aggarwal, P. , Rajiv, V. Is font size a big deal? A transaction-acquisition utility perspective on comparative price promotions[J]. *Journal of Consumer Marketing*, 2016, 33 (6).

[11] Brosch,T. , Sander, D. , Scherer, K. R. That baby caught my eye: Attention capture by infant faces[J]. *Emotion*, 2007, 7 (3).

[12] Brown, S. Where the wild brands are: Some thoughts on anthropomorphic marketing[J]. *The Marketing Review*, 2010, 10 (3).

[13] Brownlow, S. Seeing is believing: Facial appearance, credibility, and attitude change [J]. *Journal of Nonverbal Behavior*, 1992, 16 (2).

[14] Carré, J. M. , McCormick, C. M. , Mondloch, C. J. Facial structure is a reliable cue of aggressive behavior[J]. *Psychological Science*, 2009, 20 (10).

[15] Chaiken, S. , Eagly, A. H. Communication modality as a determinant of message persuasiveness and message comprehensibility [J]. *Journal of Personality and Social Psychology*, 1976, 34(October).

[16] Clark, M. S. , Mils, J. The difference between communal and exchange relationships: What it is and is not[J]. *Personality and Social Psychology Bulletin*, 1993, 19 (6).

[17] Davis, R. C. , Smith, H. J. Determinants of feeling tone in typefaces[J]. *Journal of Applied Psychology*, 1933, 17 (6).

[18] Dijksterhuis,A. , Smith, P. K. , Van Baaren, R. B. , et al. The unconscious consumer: Effects of environment on consumer behavior[J]. *Journal of Consumer Psychology*, 2005, 15 (3).

[19] Eagly, A. H. , Chaiken, S. *The psychology of attitudes*[M]. Harcourt Brace Jovanovich College Publishers, 1993.

[20] Epley,N. , Waytz, A. , Cacioppo, J. T. On seeing human: A three-factor theory of anthropomorphism[J]. *Psychological Review*, 2007, 114 (4).

[21] Fazio,R. H. On the automatic activation of associated evaluations: An overview [J]. *Cognition and Emotion*, 2001, 15 (2).

[22] Fazio, R. H. *How do attitudes guide behavior?* [M]. Handbook of Motivation and Cognition Foundations of Social Behavior. Gulford Press, 1986.

[23] Fitzsimons, G. M. , Chartrand, T, L. , Fitzsimons, G. J. Automatic effects of brand exposure on motivated behavior: How apple makes you "think different."[J]. *Journal of Consumer Research*. 2008, 35 (1).

[24] Gerbasi, K. C. , Paolone, N. , Higner, J. Furries from A to Z (anthropomorphism to zoomorphism)[J]. *Society & Animals*, 2008, 16 (3).

[25] Gorn, G. J. , Jiang, Y. W. , Johar, G. V. Babyfaces, trait inferences, and company evaluations in a public relations crisis[J]. *Journal of Consumer Research*, 2008, 35 (1).

[26] Hagtvedt, H. The impact of incomplete typeface logos on perceptions of the firm[J]. *Journal of Marketing*, 2011, 75 (4).

[27] Hayes, A. F. *Introduction to mediation, moderation, and conditional process analysis second edition: A regression-based approach, second edition* [M]. New York, NY: Guilford Press, 2018.

[28] HellÉN, K., Sääksjärvi, M. Development of a scale measuring childlike anthropo-morphism in products[J]. *Journal of Marketing Management*, 2013, 29 (1-2).

[29] Haselhuhn, M. P., Wong, E. M. Bad to the bone: Facial structure predicts unethical behaviour[J]. *Proceedings of the Royal Society B: Biological Sciences*, 2012, 279.

[30] Lammers, J., Stapel, D. A., Galinsky, A. D. Power increases hypocrisy: Moralizing in reasoning, immorality in behavior[J]. *Psychological Science*, 2010, 21 (5).

[31] Mackiewicz, J. How to use five letterforms to gauge a typeface's personality: A research-driven method[J]. *Journal of Technical Writing and Communication*, 2005, 35 (3).

[32] Maeng, A., Aggarwal, P. Facing dominance: Anthropomorphism and the effect of product face ratio on consumer preference[J]. *Journal of Consumer Research*, 2018, 44 (5).

[33] Mileva, V. R., Cowan, M. L., Cobey, K. D., et al. In the face of dominance: Self-perceived and other-perceived dominance are positively associated with facial-width-to-height ratio in men[J]. *Personality and Individual Differences*, 2014, 69.

[34] Mccarthy, M. S., Mothersbaugh, D. L. Effects of typographic factors in advertising-based persuasion: A general model and initial empirical tests [J]. *Psychology & Marketing*, 2002, 19 (7-8).

[35] Muniz, A. M., O'guinn, T. C. Brand community[J]. *Journal of Consumer Research*, 2001, 27 (4).

[36] Nenkov, G. Y., Scott, M. L. So cute I could eat it up: Priming effects of cute products on indulgent consumption[J]. *Journal of Consumer Research*, 2014, 41 (2).

[37] Netemeyer, R. G., Krishnan, B., Pullig, C., et al. Developing and validating measures of facets of customer-based brand equity [J]. *Journal of Business Research*, 2004, 57 (2).

[38] Nitschke, J. B., Nelson, E. E., Nelson, B. D. Orbitofrontal cortex tracks positive mood in mothers viewing pictures of their newborn infants[J]. *Neuroimage*, 2004, 21 (2).

[39] Ormiston, M. E., Wong, E. M., Haselhuhn, M. P. Facial-width-to-height ratio predicts perceptions of integrity in males[J]. *Personality and Individual Differences*, 2017, 105.

[40] Reber, R., Winkielman, P., Schwarz, N. Effects of perceptual fluency on affective judgment[J]. *Psychological Science*, 1998, 9 (1).

[41] Schroll, R., Schnurr, B., Grewal, D. Humanizing products with handwritten typefaces [J]. *Journal of Consumer Research*, 2018, 45 (3).

[42] Srull, T. K., Wyer, R. S. Category accessibility and social perception: Some implications for the study of person memory and interpersonal judgements[J]. *Journal of Personality and Social Psychology*, 1980, 38 (6).

[43] Terry, W. S. Effects of priming unconditioned stimulus representation in short-term memory on pavlovian conditioning [J]. *Journal of Experimental Psychology: Animal Behavior Processes.* 1976, 2 (4).

[44] Thomson, M., Macinnis, D., Park, W. The ties that bind: Measuring the strength of consumer's emotional attachment to brands[J]. *Journal of Consumer Psychology*, 2005, 15 (1).

[45] Xie, Y., Peng, S. How to repair customer trust after negative publicity: The roles of competence, integrity, benevolence, and forgiveness [J]. *Psychology & Marketing*, 2009, 26 (7).

[46] Yano,C. R. Kitty litter: Japanese cute at home and abroad [M]. Goldstein, J., Buckingham, D., Brougere G. Toys, games, and media. Mahwah: Lawrence Erlbaum, 2004.

Chubby or Slim? The Impact of Font's Aspect Ratio on Consumers

Xie Zhipeng[1] Tian Jiahe[2] Ouyang Chenchen[3] Xiao Tingting[4]

(1, 2, 4 School of Economics and Business Administration of Central
China Normal University, Wuhan, 430079;

3 School of Psychology of Central China Normal University, Wuhan, 430079)

Abstract: The choice of font style and shape plays an important role in consumers' impression formation towards products and brands. In recent years, increasing number of marketing studies has investigated the influence of font type on consumer behavior, but surprisingly few have paid attention to the potential role of font's aspect ratio. Our research inferred that, in marketing activities, the aspect ratio of text (smaller vs. larger) not only affects the legibility of the content, but also affects consumers' perception of attributes of products and brand. In this research, findings from four experiments suggested that, firstly, for consumers in communal relationship with the brand, font with larger aspect ratio (vs. font with smaller aspect ratio) was more likely to raise their willingness to pay a price premium. Secondly, for consumers in exchange relationship, font with smaller aspect ratio (vs. font with larger aspect ratio) was more likely to raise their willingness to pay a price premium. Finally, the relationship between font's aspect ratio and consumers' willing to pay a price premium was mediated by perceived cuteness. This study provides important implications for practitioners, as well as enriches the understanding of font research filed and relevant theories of perceived cuteness.

Key words: Font; Aspect ratio; Spreading-activation theory; Perceived cuteness; Relationship norms

专业主编: 寿志钢

服务企业关系投资对顾客忠诚的影响
——关系利益与顾客关系倾向的作用 *

● 陈国平¹　杨梦婷²　李四兰³

（1，2 武汉科技大学恒大管理学院　武汉　430081；
3 武汉科技大学服务科学与工程中心　武汉　430081）

【摘　要】通过关系投资挽救顾客忠诚是服务企业常用的策略，但这种策略的有效性仍被很多学者怀疑。原因之一是形式复杂多样的关系投资策略对顾客忠诚影响的中间过程还未得到充分的实证研究。文章以美容美发服务业为背景，采用访问调查法收集了 461 份有效样本数据，从顾客感知关系利益角度考察了关系投资对顾客忠诚的影响及其作用机制。实证结果显示，关系投资及其三个维度人际沟通、特殊待遇和实质性回馈正向影响感知关系利益和顾客忠诚；关系利益对顾客忠诚也具有正向影响，且在关系投资对顾客忠诚的影响中具有部分中介效应；顾客关系倾向在关系利益对顾客忠诚的影响中起到了正向调节作用。文章还讨论了相应的理论贡献和管理启示。

【关键词】关系投资　感知关系利益　顾客忠诚　顾客关系倾向

1. 引言

为了提高顾客忠诚度，企业除了需要创造具有核心竞争力的产品和服务，还需掌握满足不同顾客需求的交流互动形式，做好关系投资和关系管理。由于关系投资复杂多样的形式，关系投资对顾客忠诚的影响研究尚存很多问题以待解决。从顾客角度看，顾客是否愿意与服务企业建立长期稳定的关系，是由顾客对自身从这种关系中所能获得的除核心利益

* 基金项目：教育部人文社会科学研究规划基金项目"基于顾客感激的我国服务企业关系营销理论与实践研究"（项目批准号：17YJA630007）；"企业社会责任对产品伤害危机后品牌信任修复的作用机制研究"（项目批准号：17YJA630043）；武汉科技大学服务科学与工程研究中心开放基金重点项目"服务交互对消费者体验及行为的影响研究"（项目批准号：CSSE2017KA03）。
通讯作者：陈国平，E-mail：cgp1717@163.com。

之外的利益能否满足其要求的估量所决定的。Gwinner 等(1998)研究表明，顾客愿意与服务企业建立和保持关系的部分原因是这种关系所带来的相关利益，也即感知关系利益。Richard 等(1996)从心理倾向层面指出，顾客的潜意识认为关系就代表着某种利益，这一见解似乎也与中国传统文化对于关系潜在含义的理解相符。可见，关于企业关系投资活动和努力是否会对顾客忠诚产生影响，顾客感知关系利益在其中可能发挥了某些作用。然而现有文献大多直接探讨感知关系利益对关系结果的影响，譬如顾客满意与顾客忠诚(Hennig-Thurau et al.，2002；Liu et al.，2014；林素绣，2012)，只有少数学者聚焦感知关系利益的前置因素——不同形式的关系投资活动对顾客忠诚的影响及其中间机制(De Wulf 等，2001)。

此外，现有文献表明，企业关系营销活动的成功部分还取决于顾客的个人特征和偏好，比如顾客关系倾向，这样的个人特征可能会激励顾客去维持与企业之间的关系(Reynolds & Beatty，1999；Odekerken-Schröder et al.，2003；白琳，2012)。然而，顾客关系倾向对客户关系管理有效性的潜在影响尚未得到充分研究。

为此，本研究以中国美容美发行业为研究背景，从顾客感知关系利益的视角，探讨企业关系投资对顾客忠诚的影响，同时考虑顾客关系倾向可能的角色，以期为我国服务企业关系营销活动的成功实施提供有益的启示。

2. 文献综述

2.1 顾客忠诚及其影响因素

在营销理论与实践中，顾客忠诚度被视为服务行业的一项重要资产。顾客忠诚的早期定义只是强调顾客行为，专注于由营销人员的活动触发的顾客重复购买行为。后来，研究人员质疑这种完全基于行为的忠诚度测量方式，指出这种方法没有区分真实忠诚和虚假忠诚，建议将忠诚的概念分为两个维度，在行为的基础上增加态度维度(Hennig-Thurau et al.，2002)。Oliver(1999)将忠诚描述为一种顾客持有的深度承诺，即顾客在未来持续重购或再惠顾某一偏好产品或服务品牌，尽管情境因素和营销工作有可能导致转换行为。本研究采取行为和态度的复合观点，认为顾客忠诚是顾客对企业产品或服务的重复购买行为和对企业产品或服务的积极持续偏好。

营销领域中有关顾客忠诚的驱动因素也得到学界不断的深入探究，目前提出并广为接受的有两大因素，一是关系质量，即顾客满意—信任—承诺的范式。关系营销理论往往强调关系质量(满意度、信任、承诺)在影响卖方绩效结果中的作用。如 Doma(2013)研究发现航运服务业中 B2B 环境中关系质量对客户忠诚度有显著正向影响。二是感知关系利益。Liu 等(2014)研究表明，连锁店餐厅的顾客感知关系利益正向影响顾客忠诚。

2.2 关系投资：概念与维度

Huppertz 等(1978)认为，关系投资与互惠规范的理论观点一致，衡量的是企业对顾客做出的努力，以达到交易双方互惠的目的。目前学术界较为接受的关系投资概念，主要是学者 Smith（1998）和 De Wulf（2001）的相关表述。其中，Smith（1998）认为关系投资是指企业投入大量的不可回收资源，以期取得顾客情感上的依附和信任，继而构筑、保持或提升与既有顾客之间的持续稳定的交易关系，从而达到长期合作的目的。当双方间的这种关系结束时，这种不可回收资源的投资是无法替代和恢复的。De Wulf 等（2001）将关系投资定义为顾客对服务提供商所投入的资源、努力和注意力的感知，目的是维持或加强与没有外部价值的普通客户之间的关系，如果这些关系被终止，则投资无法恢复。

在关系投资的维度划分方面，早期 Sin 等（2000）指出，关系投资的主要内容是赠送礼品和投其所好。在商业环境中，投其所好是一种交际方式，为实现某些商业目的牵线搭桥，营销人员经常会为其合作伙伴提供一些满足个人偏好的物品。De Wulf 等（2001）在检验关系投资对关系质量和顾客忠诚的影响研究中，从情感性和经济性两个方面将关系投资分为直邮、人际沟通、特殊待遇、实质性回馈四个维度。直邮指企业通过直接邮件向其老顾客提供相关信息；人际沟通指企业与其老顾客以温暖和私人方式进行交互和沟通；特殊待遇是指企业对待和服务其老顾客的程度要比非固定顾客好，可能的情况下经常采取特殊方式处理老顾客的特殊诉求；实质性回馈是指企业为其老顾客提供赠品、奖品和价格优惠等实质性的有形奖励。此外，Shi 等（2016）在对中国保险业客户关系投资与关系强度的研究中，提出了更为抽象的企业关系投资三维度划分法，即财务投资努力、社交投资努力、结构投资努力。

综上所述，学者们几乎都是从情感性和经济性两方面对关系投资的维度进行划分。本研究采用 De Wulf 等（2001）对关系投资维度的分类法。由于直邮方式在国内服务企业中很少使用，故将其在本研究中剔除，从而重点研究人际沟通、特殊待遇和实质性回馈三个维度对顾客忠诚的影响。

2.3 感知关系利益

学术界普遍认可和引用 Gwinner 等（1998）对感知关系利益的定义，即"在与企业维持长期稳定关系的过程中，带给顾客超出核心利益之外的其他利益"。从此定义可看出顾客感知关系利益的两个特点：第一，这种利益独立于顾客获得的产品、服务质量等直接核心利益；第二，超出核心利益之外的这种利益源于企业与顾客双方建立的这种长期稳定的合作关系。当顾客对企业提供的产品或服务没有特殊诉求，或产品同质化严重时，顾客获得的显而易见的核心利益基本一致，在这种情况下顾客所感知的关系利益将起到关键作用，会影响甚至决定顾客的选择。

关于感知关系利益的分类，众多学者根据不同的研究情境有不同的观点。Gwinner 等（1998）通过实证检验归纳得出感知关系利益的三个维度：信任利益、社交利益和特殊对待利益。尽管后来一些学者提出了关系利益的其他一些方面，如经济利益、面子利益、娱乐利益等，但是 Gwinner 等（1998）对感知关系利益的三个划分维度得到了学术界普遍认可。这三个维度集中体现了顾客核心利益之外的获得感，包括较高的信任感和认同感、超出商业关系的友谊和情感以及定制化的个性服务、额外服务和专有折扣等。

对感知关系利益变量的运用和处理方式，不同学者根据不同的研究情境需要而有所不同。当感知关系利益被作为自变量研究时，大部分学者倾向于将其进行分维度研究。当感知关系利益作为中介变量或因变量时，学者们倾向于将其作为单一维度综合变量来处理。本研究主要考察感知关系利益在关系投资对顾客忠诚影响中的中介作用，故将感知关系利益处理为单一维度的综合变量。

2.4 顾客关系倾向及其作用

关系营销的成功并不单单取决于制定和实施有效的营销策略，还要看消费者个人对建立和维持关系的偏好倾向。Richard(2010)使用"心理上的预先倾向"来表达一些客户本质上倾向于与其他人建立(经营)关系的想法。De Wulf等(2001)、Bloemer等(2003)使用术语"顾客关系倾向(consumer relationship proneness，CPR)"来反映消费者相对稳定和有意识地与特定产品类别的卖家建立关系的趋势。他们认为顾客这种有意识地想要与服务提供商建立关系的倾向和趋势是一种个人层面的特质(Kim et al.，2012)。这个定义强调顾客有意识地倾向于建立(经营)关系，而不是基于惯性或便利性倾向，因为顾客只是由于便利或习惯而与企业或服务提供商建立的这种关系是不牢靠的。

不同的顾客具有不同程度的关系倾向，这种差异也会导致不同的顾客行为，拥有低强度关系倾向的顾客喜欢短期的接触，不太容易与企业或服务提供商产生并维持长期的稳定关系，企业想将这样的顾客发展成忠诚顾客具有相当大的难度(Parish & Holloway，2010)。与"非/弱关系"顾客相比，拥有高强度关系倾向的那些客户更倾向于建立(经营)关系，甚至主动寻找亲密的关系，企业想将这样的顾客发展成忠诚顾客就比较容易(Su，2013)。显然，顾客关系倾向是影响关系营销结果的重要顾客特征，这种特征的重要性对于顾客忠诚度的影响作用是显而易见的，然而，顾客关系倾向对客户关系管理有效性的潜在影响尚未得到充分的实证研究。

3. 研究模型与假设

3.1 研究模型

根据互惠行为理论和社会交换理论，在服务企业通过关系投资活动与顾客建立持续关系过程中，一方面可能使顾客从中感知到某些关系利益，另一方面，这些潜在的或现实的利益可能引发顾客对企业投资的回馈结果，包括重复光顾、口传推荐行为或意向，以体现其忠诚。由此，构建本研究的概念模型，见图1。

3.2 研究假设

(1)关系投资对顾客忠诚的影响

根据互惠行为理论，在社会交换过程中，一方为另一方提供了某些帮助或者某种资源的同时，就建立了一种义务，即另一方在未来某时有义务回报他所获得的帮助和资源(周志民等，2014)。当个人不履行互惠义务，违反互惠规范时，违反者会产生内疚感，甚至会受到惩罚。国内外学者对企业关系投资与顾客忠诚的关系进行了相应的实证研究。De Wulf等(2001)在调查零售商与消费者关系的研究中表明，关系投资影响关系质量，最终

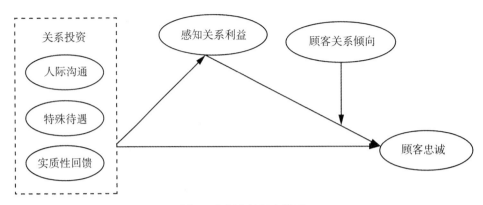

图 1　本研究的概念模型

导致顾客行为忠诚。唐小飞等人(2008)以酒店为背景行业构建顾客赢回模型,实证研究表明关系投资对顾客忠诚行为产生正向影响。

互惠规范理论也可以解释高度服务接触且双方互动频繁关系下的感激情感与回报行为(Bock et al.,2016;Cambra-Fierro et al.,2018)。在与顾客的长期交易过程中,美容美发企业或员工基于互惠性常常通过多形式的人际沟通互动与顾客建立友谊和情感,或者给特定顾客以特殊待遇,或者通过积分奖励、价格折扣和实质性礼品等行为,将金钱、时间、情感等不可逆的资源投资在与顾客长期关系上,希望激发顾客感激之情,使顾客与企业保持长期关系并获得相应回报,这些回报包括响应营销者的善意、重复光顾和口碑推荐等。基于此,本研究提出如下假设:

假设1:企业关系投资对顾客忠诚有正向影响。

假设1a:人际沟通对顾客忠诚有正向影响。

假设1b:特殊待遇对顾客忠诚有正向影响。

假设1c:实质性回馈对顾客忠诚有正向影响。

(2)关系投资对顾客感知关系利益的影响

社会交换理论认为,个人通常希望在社会规范的基础上通过交换获得利益,如个人的情感、信任、感恩和经济回报。因此,从成本收益的角度看,该理论认为顾客与企业组织间相互依赖的高质量关系的建立是从成本和收益的平衡出发来考虑的(尚林,2015)。根据社会交换理论的观点,企业通过关系营销投资活动与顾客进行互动并发展长期关系,不仅企业预期能从中获得长期性经济利益,顾客也可望从交互关系中获得产品核心利益之外的一些利益,从而相互促进,形成一个良性的循环。从顾客层面看,基于自利主义,顾客是否愿意与服务企业建立长期稳定的关系,是由顾客对自身从这种关系中所能获得的利益(产品核心利益之外)能否满足其要求的估量所决定的(Marchand et al.,2017)。可见,这种顾客-企业关系能为顾客带来某些有价值的利益(超过关系成本),是顾客愿意保持这种长期交换关系的基础和潜在动机。

目前关于企业关系投资活动对关系利益影响的相关实证研究较少。林素绣(2012)以台湾寿险业为研究对象,分别从企业层面和员工层面探讨关系投资对顾客满意和忠诚的影响,结果表明,寿险企业层面的关系投资和员工层面的关系投资均直接显著正向影响顾客感知关系利益。本研究认为，美容美发企业不同类型的关系投资活动可能对顾客感知关系利益的不同层面产生影响，人际沟通努力可能对顾客感知信任利益、友谊和情感等社交利益产生更明显的影响，给予特殊顾客特殊待遇更可能影响该顾客的社交利益感知和特殊对待利益感知，而实质性回馈可能让老顾客产生非老顾客没有的待遇上的优越感，从而增进顾客的信任利益和特殊对待利益感知。基于此，本研究提出如下假设：

假设2：企业关系投资对顾客感知关系利益有正向影响。

假设2a：与顾客人际沟通水平越高，顾客感知关系利益越大。

假设2b：对顾客特殊待遇水平越高，顾客感知关系利益越大。

假设2c：对顾客实质性回馈水平越高，顾客感知关系利益越大。

(3)感知关系利益对顾客忠诚的影响

按照互惠性行为理论，如果顾客从与企业的长期交往关系中确实感觉自己获得了某些利益，就会产生某种回报企业或其员工的意愿，甚至是某种义务。在这种回报意愿或义务驱使下，顾客可能会自觉或不自觉地重复光顾，或以良好的口碑推荐企业的产品或服务，在有条件的情境下甚至做出一些有利于企业的公民行为。此外，按照感知关系利益的内涵和构成，较高的感知关系利益意味着顾客从关系中获得了较高的信任利益，能够产生较高的信任水平，根据顾客忠诚的满意–信任–承诺的范式，高度信任水平下容易导致高度的顾客忠诚。

感知关系利益对顾客忠诚的这种正向影响近年来已得到学者们在不同行业的实证检验。张明立等人(2014)选择电子产品、日用品、食品、汽车和服装等产品品牌对象，研究品牌关系互动对顾客品牌忠诚的影响中关系利益的中介作用，研究证实关系利益显著影响品牌忠诚。Feng等(2015)通过在餐饮业和美发业中的实证研究表明，顾客感知关系利益显著正向影响顾客忠诚，其中信任利益和社交利益维度对顾客忠诚有显著正向影响，而特殊对待利益则无影响。Yen等(2015)通过比较研究旅游产品三种交易类型下关系利益与关系营销结果的关系，发现互联网交易、人际交往和电视购物三种交易类型中，感知关系利益的三个维度：信任利益、社交利益和特殊对待利益都与顾客忠诚正相关。基于此，提出如下假设：

假设3：感知关系利益对顾客忠诚有正向影响。

根据互惠行为理论和社会交换理论，基于上述假设1、假设2和假设3的逻辑演绎过程，可以说，在服务企业通过关系投资努力与顾客建立长期稳定的关系时，这种关系投资努力既可能直接影响顾客忠诚，也可能通过顾客对关系利益与成本的权衡评价后间接影响顾客忠诚。因此，我们进一步提出：

假设4：感知关系利益在关系投资对顾客忠诚的影响中具有中介作用。

假设4a：感知关系利益在人际沟通对顾客忠诚的影响中具有中介作用。

假设4b：感知关系利益在特殊待遇对顾客忠诚的影响中具有中介作用。

假设4c：感知关系利益在实质回馈对顾客忠诚的影响中具有中介作用。

(4)顾客关系倾向的角色

顾客关系倾向被定义为消费者相对稳定和有意识地与特定产品类别的卖家建立关系的趋势(Bloemer等，2003)。一般来说，倾向于与服务提供商建立关系的顾客(高关系倾向顾客)具有较高的信任和承诺,他们对服务提供商表现出更强烈的忠诚(Su,2013)。

关于顾客关系倾向与顾客忠诚的关系,早期研究主要关注顾客关系倾向对顾客忠诚的直接影响。Parish 等(2010)以旅游行业为研究对象,发现顾客关系倾向与顾客忠诚、顾客份额、重购意愿等重要关系结果呈现正相关关系。白琳(2012)以美发行业为研究对象发现,顾客关系倾向对顾客主动忠诚没有显著正向影响,对顾客被动忠诚有显著正向影响。Feng 等(2015)在调查服务环境中顾客个人特征对顾客感知关系利益和顾客忠诚的影响时,发现顾客关系倾向不仅对顾客忠诚有直接影响,还通过感知关系利益对顾客忠诚有间接影响。后期研究开始关注顾客关系倾向在顾客忠诚影响机制中的调节效应,但这方面实证研究相对较少。Su(2013)研究保险业员工关系销售行为时将顾客关系倾向作为调节变量,研究发现顾客关系倾向在关系销售行为对关系质量影响中起到正向调节作用。综上,本研究提出如下两个假设:

假设 5:顾客关系倾向对顾客忠诚有正向影响。

假设 6:顾客关系倾向在感知关系利益对顾客忠诚的影响中具有正向调节作用。

4. 研究设计与数据收集

4.1 研究背景与变量测量

本研究选取美发服务行业和企业作为研究背景和数据来源,主要基于两点考虑:其一,美发行业属于 Bowen(1990)服务分类法中的第一类,员工与顾客高度接触并提供个性化的定制服务,顾客对企业关系投资的感知更明显,忠诚度较高;其二,美发服务提供商代表传统服务企业的典型特征,服务需求很大但同时伴随着激烈竞争,各服务提供商均采用关系投资的营销手段来提升竞争力。研究方法采用现场拦截问卷调查法。调查对象为连锁美容美发店及经常到店消费的顾客。

研究变量的初始测量量表均采纳或借鉴以往的权威成熟量表,并根据美发行业的具体情形对测量项目进行了适当的调整与修改。测量关系投资的具体条目参考 Metcalf 等(1992)和 De Wulf 等(2001)的成熟量表,分为人际沟通、特殊待遇、实质性回馈三个维度进行测量,其中每个维度各有 3 个测量项目。感知关系利益具体测量语句来自 Gwinner 等(1998),并结合美发行业情境进行了略微修改,共有 6 个测项。顾客忠诚的测量条目参考 Zeithaml(1996)的测量量表,共有 4 个测项。顾客关系倾向的测量条目参考 De Wulf 等(2001)的测量量表,共有 3 个测项。所有测量项目使用 Liker t7 点量表进行评分,1 代表"非常不同意",7 代表"非常同意"。

4.2 实地调查与样本特征

在正式调研之前,研究人员先在湖北省武汉市的热门商圈中的全国连锁美发店进行了一次预调研,共发放问卷 70 份,回收有效问卷 64 份。数据分析结果显示信度和效度均符合研究需要,仅有少量语句存在理解歧义,对此进行了略微修改后正式施测。

正式调查从 2017 年 12 月开始,历时两个月。调查地点分布在湖北省武汉市热门商区的全国连锁美发店。调研过程采取在美发店随机拦截访问、被试自愿作答的方式,被试当面完成问卷填答，并接受必要的访问。总共回收调查问卷 510 份。采取三个原则筛选有效问卷：第一，剔除在美发店消费时长"半年以下"的被试问卷；第二，剔除被试者与该美发店店长或员工熟悉程度为"非常不熟悉"和"不熟悉"的问卷；第三，剔除填写不完整的问卷。通过整理和筛选，最终有效问卷为 461 份，有效率为 90.39%。

本次调查的有效样本中，女性被试者 329 人，占总人数的 71.4%，男性占比则为 28.6%，女性样本顾客数量远多于男性，这正符合美容美发店长期消费群体的性别分布。从年龄分布上来看，20~30 岁的顾客人数最多，占比 31.5%，其次为 20 岁以下的人群。从学历分布上看，具有本科学历的人数最多。月均收入这一项中，4001~6000 元区间的人数最多，占比 31.5%。大体来说，样本数据既符合美容店消费人群的特征，同时也符合武汉市居住人群的大体结构特征。

4.3 数据质量分析

（1）信度分析

本研究采取两个指标来检验测量的信度，即外在信度（corrected item-total correlation, CITC）和内在信度（Cronbach's Alpha）。信度分析结果如表 1。

表 1　　　　　　　　　　各变量量表的信度分析结果（$n=461$）

变量与维度	测量题项	CITC	Alpha 系数	标准化因子负载	S. E.	C. R.	P	AVE
人际沟通	A1	0.726		0.815	—	—	—	
	A2	0.700	0.841	0.795	0.054	17.222	***	0.640
	A3	0.693		0.789	0.053	17.109	***	
特殊待遇	A4	0.766		0.832	—	—	—	
	A5	0.775	0.884	0.855	0.051	20.873	***	0.717
	A6	0.783		0.854	0.053	20.872	***	
实质性回馈	A7	0.766		0.829	—	—	—	
	A8	0.781	0.886	0.861	0.052	21.085	***	0.723
	A9	0.789		0.861	0.053	21.074	***	
关系投资	—	—	0.892					—
感知关系利益	B1	0.814		0.871	—	—	—	
	B2	0.767		0.815	0.039	22.318	***	
	B3	0.837	0.911	0.897	0.036	26.531	***	0.637
	B4	0.797		0.838	0.040	23.443	***	
	B5	0.661		0.678	0.042	16.755	***	
	B6	0.638		0.656	0.043	15.993	***	

变量与维度	测量题项	CITC	Alpha 系数	标准化因子负载	S. E.	C. R.	P	AVE
顾客忠诚	C1	0.778	0.899	0.837	——	——	——	0.692
	C2	0.748		0.797	0.053	19.591	***	
	C3	0.785		0.839	0.049	21.035	***	
	C4	0.792		0.854	0.051	21.525	***	
顾客关系倾向	D1	0.703	0.851	0.782	——	——	——	0.657
	D2	0.735		0.834	0.066	16.823	***	
	D3	0.723		0.814	0.064	16.691	***	

注：＊＊＊表示 $p<0.001$（双侧）。

由表 1 可见，变量的每个测量题项的 CITC 值均大于 0.6，且每个变量的 Cronbach's Alpha 系数值都大于 0.8，说明变量测量的外部和内部信度均良好。

（2）效度分析

变量测量效度检验通过分析各变量测量的结构效度和区分效度来实现。采用验证性因子分析法（CFA）计算各变量的测量题项的标准化因子负载和变量的平均提取方差值（AVE）。表 1 的右半部分显示，各变量的测量题项的标准化因子负载均大于 0.6（$p<$ 0.001），各变量的 AVE 值均大于 0.6。从表 2 中可见各测量变量的拟合优度指标均达到了可接受标准。因此，测量模型表现出良好的结构效度。

表 2　　　　　　　　　　各测量变量的拟合优度指标（$n=461$）

拟合指标	CMIN/DF (<3)	RMSEA (<0.08)	TLI (>0.9)	NFI (>0.9)	CFI (>0.9)	GFI (>0.9)
关系投资	1.542	0.034	0.992	0.985	0.995	0.983
感知关系利益	2.935	0.065	0.984	0.985	0.990	0.981
顾客忠诚	2.151	0.050	0.994	0.996	0.998	0.995

注：顾客关系倾向的验证性因子分析结果显示，该变量共有 3 个测量题项，模型恰好辨识，因此无须报告模型拟合度指标。

从表 3 可见，本研究中任一变量与其他变量的相关系数均要小于该变量的平均提取方差值（AVE）的平方根，表明所有变量测量的区分效度良好。

表 3 变量间相关性以及区分效度分析结果($n=461$)

	人际沟通	特殊待遇	实质性回馈	关系利益	顾客关系倾向	顾客忠诚
人际沟通	(0.800)					
特殊待遇	0.510**	(0.847)				
实质性回馈	0.509**	0.516**	(0.850)			
关系利益	0.464**	0.507**	0.579**	(0.798)		
顾客关系倾向	0.312**	0.282**	0.304**	0.283**	(0.811)	
顾客忠诚	0.527**	0.564**	0.614**	0.515**	0.371**	(0.832)

注： * 表示 $p<0.05$ ， * * 表示 $p<0.01$ ， * * * 表示 $p<0.001$ (双侧)；对角线括号内的值为相应变量的 AVE 值的平方根，其他值均为相关系数。

5. 假设检验

(1)关系投资对顾客忠诚的直接效应检验

分别以关系投资及其各维度为自变量，顾客忠诚为因变量做回归分析，结果如表 4 所示。其中，控制变量顾客月均收入对顾客忠诚的影响显著($\beta=0.185$ ， $p<0.001$)，说明顾客月均收入越高，其忠诚度就越高。

表 4 中模型 5 的结果显示，关系投资对顾客忠诚的标准化回归系数为 0.681，且 $p<0.001$ ，表明关系投资对顾客忠诚具有显著正向影响，假设 1 成立。从关系投资各维度的影响来看，人际沟通、特殊待遇和实质性回馈对顾客忠诚的标准化回归系数分别为 0.513 ($p<0.001$)、0.556($p<0.001$)和 0.603($p<0.001$)，表明人际沟通、特殊待遇和实质性回馈对顾客忠诚都具有显著正向影响，从而假设 1a、假设 1b 和假设 1c 成立。结果表明，实质性回馈的影响最大。

表 4 关系投资及其各维度对顾客忠诚的回归分析($n=461$)

变量	模型 1	模型 2	模型 3	模型 4	模型 5
控制变量					
性别	−0.012	−0.012	0.013	0.026	0.018
年龄	0.041	0.031	0.067	0.012	0.035
学历	−0.024	−0.003	−0.044	−0.014	−0.018
月均收入	0.185***	0.132***	0.135***	0.126***	0.105**
自变量					
人际沟通		0.513***			

变量	模型 1	模型 2	模型 3	模型 4	模型 5
特殊待遇			0.556***		
实质性回馈				0.603***	
关系投资					0.681***
F	4.169**	38.259***	46.987***	59.018***	88.229***
Adjusted R^2	0.027	0.288	0.333	0.387	0.487
ΔR^2	—	0.261	0.306	0.360	0.460

注：表内回归系数皆为标准化回归系数；＊表示 $p<0.05$，＊＊表示 $p<0.01$，＊＊＊表示 $p<0.001$（双侧）。

（2）关系投资对感知关系利益的直接效应检验

分别以关系投资及其各维度为自变量，感知关系利益为因变量做回归分析，结果如表 5 所示。其中，顾客月均收入对感知关系利益的影响具有显著性（$\beta=0.146$，$p<0.01$）。表 5 中模型 5 显示，关系投资对感知关系利益的标准化回归系数为 0.619，且 $p<0.001$，表明关系投资对感知关系利益具有显著正向影响，假设 2 成立。从关系投资各维度的影响来看，人际沟通、特殊待遇和实质性回馈对感知关系利益的标准化回归系数分别为 0.454（$p<0.001$）、0.499（$p<0.001$）和 0.566（$p<0.001$），表明人际沟通、特殊待遇和实质性回馈对感知关系利益都具有显著正向影响，从而假设 2a、2b 和 2c 成立。结果表明，实质性回馈的影响最大。

表 5　　　　　　　关系投资及其各维度对感知关系利益的回归分析（$n=461$）

变量	模型 1	模型 2	模型 3	模型 4	模型 5
控制变量					
性别	−0.099*	−0.099*	−0.076	−0.063	−0.071*
年龄	0.036	0.027	0.059	0.009	0.031
学历	−0.047	−0.028	−0.064	−0.037	−0.042
月均收入	0.146**	0.100*	0.102*	0.091*	0.074*
自变量					
人际沟通		0.454***			
特殊待遇			0.499***		
实质回馈				0.566***	
关系投资					0.619***
F	3.730**	28.011***	34.895***	48.457***	62.937***

变量	模型 1	模型 2	模型 3	模型 4	模型 5
Adjusted R^2	0.023	0.227	0.269	0.340	0.402
ΔR^2	—	0.204	0.246	0.317	0.379

注：表内回归系数皆为标准化回归系数；＊表示 $p<0.05$，＊＊表示 $p<0.01$，＊＊＊表示 $p<0.001$（双侧）。

（3）感知关系利益对顾客忠诚的影响检验

以感知关系利益为自变量、顾客忠诚为因变量进行回归分析，结果显示，感知关系利益对顾客忠诚的标准化回归系数为 0.502，且 $p<0.001$，表明感知关系利益对顾客忠诚具有显著正向影响，假设 3 成立。

（4）感知关系利益在关系投资与顾客忠诚之间的中介作用检验

采用层次回归分析法检验感知关系利益的中介作用，结果如表 6 所示。首先，表 6 中模型 5 显示，关系投资对顾客忠诚的标准化回归系数为 0.681，且 $p<0.001$，自变量对因变量有显著影响的条件成立。其次，表 5 中模型 5 显示，关系投资对感知关系利益的标准化回归系数为 0.619，且 $p<0.001$，自变量对中介变量有显著影响的条件成立。最后，表 6 中模型 9 显示，在加入中介变量感知关系利益后，关系投资对顾客忠诚的标准化回归系数下降为 0.607，且 $p<0.001$，仍然具有显著正向影响。因此，感知关系利益在关系投资对顾客忠诚的影响中具有部分中介作用，假设 4 成立。

同理，人际沟通对顾客忠诚的标准化回归系数为 0.513（$p<0.001$），人际沟通对感知关系利益的标准化回归系数为 0.454（$p<0.001$），在加入感知关系利益后，人际沟通对顾客忠诚标准化回归系数由 0.513 下降为 0.362（$p<0.001$），即感知关系利益在人际沟通对顾客忠诚的影响中具有部分中介作用，假设 4a 成立。特殊待遇对顾客忠诚的标准化回归系数为 0.556（$p<0.001$），特殊待遇对感知关系利益的标准化回归系数为 0.499（$p<0.001$），在加入感知关系利益后，特殊待遇对顾客忠诚标准化回归系数由 0.556 下降为 0.410（$p<0.001$），即感知关系利益在特殊待遇对顾客忠诚的影响中也具有部分中介作用，假设 4b 成立。实质性回馈对顾客忠诚的标准化回归系数为 0.603（$p<0.001$），实质性回馈对感知关系利益的标准化回归系数为 0.566（$p<0.001$），在加入感知关系利益后，实质性回馈对顾客忠诚标准化回归系数由 0.603 下降为 0.473（$p<0.001$），即感知关系利益在实质性回馈对顾客忠诚的影响中同样起到部分中介作用，假设 4c 成立。

表 6　　感知关系利益在关系投资与顾客忠诚之间的中介效应分析结果（$n=461$）

变量	模型 1	模型 2	模型 3	模型 4	模型 5	模型 6	模型 7	模型 8	模型 9
控制变量									
性别	−0.012	−0.012	0.013	0.026	0.018	0.021	0.036	0.041	0.027
年龄	0.041	0.031	0.067	0.012	0.035	0.022	0.050	0.010	0.032

续表

变量	模型1	模型2	模型3	模型4	模型5	模型6	模型7	模型8	模型9
学历	-0.024	-0.003	-0.044	-0.014	-0.018	0.006	-0.025	-0.005	-0.013
月均收入	0.185***	0.132***	0.135***	0.126***	0.105**	0.099**	0.105**	0.105**	0.096**
自变量									
人际沟通		0.513***				0.362***			
特殊待遇			0.556***				0.410***		
实质性回馈				0.603***				0.473***	
关系投资					0.681***				0.607***
中介变量									
感知关系利益						0.334***	0.294***	0.230***	0.120**
F	4.169**	38.259***	46.987***	59.018***	88.229***	46.677***	51.069***	56.580***	75.910***
Adjusted R^2	0.027	0.288	0.333	0.387	0.487	0.373	0.395	0.420	0.494
ΔR^2	—	0.261	0.306	0.360	0.460	0.346	0.368	0.393	0.467

注：表内回归系数皆为标准化回归系数；* 表示 $p<0.05$，* * 表示 $p<0.01$，* * * 表示 $p<0.001$（双侧）。

（5）顾客关系倾向对顾客忠诚影响的角色检验

为检验顾客关系倾向对顾客忠诚的影响，仍然采用层级回归分析法，分析结果见表7。在进行回归分析前对变量数据进行了中心化处理，以减少变量间的多重共线性问题。

表7　　顾客关系倾向对顾客忠诚影响的回归分析结果（$n=461$）

变量	模型1	模型2	模型3	模型4
控制变量				
性别	-0.012	0.038	0.026	0.037
年龄	0.041	0.023	0.031	0.031
学历	-0.024	0.001	-0.021	-0.018
月均收入	0.185***	0.112**	0.093*	0.098*
自变量				
感知关系利益		0.502***	0.436***	0.431***
调节变量				
顾客关系倾向			0.237***	0.245***

变量	模型 1	模型 2	模型 3	模型 4
交互项				
感知关系利益×顾客关系倾向				0.104**
F	4.169**	35.280***	37.288***	33.446***
Adjusted R^2	0.027	0.271	0.321	0.331
ΔR^2	—	0.244	0.294	0.304

注：表内回归系数皆为标准化回归系数；＊表示 $p<0.05$，＊＊表示 $p<0.01$，＊＊＊表示 $p<0.001$（双侧）。

首先，从表 7 中模型 2 可知，感知关系利益对顾客忠诚的标准化回归系数为 0.502，且 $p<0.001$，有显著正向影响。接着从表 7 中模型 3 可见，加入顾客关系倾向后，顾客关系倾向对顾客忠诚的标准化回归系数为 0.237，且 $p<0.001$，说明顾客关系倾向对顾客忠诚有显著正向影响，这样假设 5 得到验证。最后，从表 7 中模型 4 可知，加入交互项(感知关系利益×顾客关系倾向)后，感知关系利益对顾客忠诚仍然有显著正向影响($\beta=0.431$ ， $p<0.001$)，且交互项对顾客忠诚的标准化回归系数为 0.104($p<0.01$)，也具有显著正向影响。这表明，顾客关系倾向在感知关系利益对顾客忠诚的影响中起到正向调节作用。因此，假设 6 成立。

由图 2 可以进一步看出顾客关系倾向的调节效应。在高顾客关系倾向情境下，感知关系利益对顾客忠诚的影响程度更大；而在低顾客关系倾向的情境下，感知关系利益对顾客忠诚的影响程度较小。

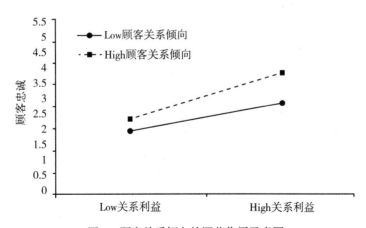

图 2　顾客关系倾向的调节作用示意图

6. 研究结论与启示

6.1 研究结论及理论贡献

通过形式多样的关系投资保持顾客忠诚是服务企业常用的竞争策略，但这些策略是否有效仍然需要来自中国的经验证据支持。本文基于互惠行为理论和社会交换理论，考查了不同类型的关系投资活动与顾客忠诚的联结关系和作用机制，探讨了感知关系利益的中介作用以及顾客关系倾向的调节作用。研究发现：第一，关系投资对顾客感知关系利益以及顾客忠诚均具有正向影响，但它的三个维度的影响程度存在差异，实质性回馈的影响最强，特殊待遇的影响次之，而人际沟通的作用程度最弱。第二，顾客感知关系利益对顾客忠诚具有显著的积极影响，且关系利益在企业关系投资对顾客忠诚的影响中起到部分中介作用，即企业关系投资对顾客忠诚的影响会随着感知关系利益变量的加入而减小。第三，在感知关系利益对顾客忠诚的影响中，顾客关系倾向具有正向调节作用。在顾客关系倾向高的情况下，顾客忠诚被关系利益影响的程度更大，而在顾客关系倾向低的情况下，顾客忠诚被关系利益影响的程度较小。

本研究的理论贡献主要有三个方面。

(1)拓展了服务性企业顾客忠诚的机制研究。以往学术界对顾客忠诚形成机制的研究大多遵循"关系质量(满意度、信任、承诺)—关系结果"的范式(Crosby 等，1990)。本研究从企业关系投资与互惠回报的视角探索并验证了顾客感知关系利益也可以作为顾客忠诚的中介角色，揭示了不同形式关系投资工具对顾客忠诚影响的中间过程，在很大程度上拓展了顾客忠诚机制的研究，有益于丰富关系营销理论。

(2)细化了不同类型关系投资行为对顾客忠诚影响的差异性研究。本研究证实了西方三种流行的关系投资行为在中国商业环境下同样能够有效影响顾客忠诚，但影响程度有差异，其中实质性回馈的影响最强，特殊待遇的影响次之，而人际沟通的影响最弱。这一结果与 De Wulf 等(2001)在欧美的实证研究结果不同。De Wulf 等在欧美的实证研究结果表明，人际沟通被证明是感知关系投资效应的主要决定因素。由此看来，中国文化背景下，实质性回馈(有形奖励)对顾客而言还是最有效的关系营销工具。除了文化背景的差异性外，导致不同结果的另一个可能原因是，De Wulf 等的研究是以实体产品为背景，而本研究背景是高接触性服务，在高接触性服务中，人际沟通是一种经常发生的行为，不易被顾客感知为企业的一种关系投资行为或工具，它对改进顾客-企业关系的吸引力自然不高。

(3)通过发掘顾客个体特征——顾客关系倾向对于关系营销投资有效性的影响，深化了服务企业关系投资效应的影响因素及其角色效应的研究。以往学术界更多关注顾客关系倾向对顾客忠诚的直接效应角色(白琳，2012；Parish & Holloway，2010；Feng 等，2015)，本研究结果证实，顾客关系倾向对顾客忠诚的确具有直接效应，同时发现在关系利益对顾客忠诚的影响中，顾客关系倾向还可以充当调节变量，表明顾客关系倾向对关系投资的有效性具有补充性的调节效应，其原因可能在于顾客关系倾向对于提高顾客对服务提供商努力的敏感度发挥了作用。现有研究(白琳，2012)尽管也曾注意到顾客人格特征

(顾客关系倾向)能够影响关系营销投资的有效性，但只是一个探索性研究，没有提供经验证据，也没有探究顾客关系倾向的调节角色。

6.2 管理启示

第一，服务企业必须诊断并改进现有关系营销投资策略工具的有效性，减少关系投资的盲目性。本研究结果表明实质性回馈在美容美发行业是最有效的赢得顾客忠诚的投资策略，特殊待遇的影响次之，而人际沟通的效果最弱。这一研究结果提示，对于高接触服务业，良好的人际沟通本是题中应有之义，对于提升顾客感知关系投资努力及其效果的作用有限，而给与顾客实质性回馈或奖励，比如，会员卡积分累计兑换、会员卡充值优惠、直接折扣、赠送实物礼品等，将是较有吸引力的关系投资策略工具，有利于明显提升顾客感知关系利益和顾客保持率。

第二，通过加强顾客-企业关系管理来提高顾客感知关系利益是提升顾客忠诚的有效路径。在高接触服务中，如旅游业、招待服务业、美容健身服务业等，通过服务人员尤其是一线服务员工强化顾客所知觉的关系利益有利于增进顾客对企业的认同、信任和商业友谊，以及作为老顾客的优越感，增加顾客背离成本，从而赢得顾客忠诚。为此，服务组织要采取形式多样的、恰当的沟通策略，凸显企业为顾客提供的各项信任利益、社交利益和特殊对待利益。

第三，服务提供商不仅应该更多地投资于顾客关系，而且应该同样重视寻找最容易接受这种投资的消费者。根据顾客关系倾向对消费者进行细分可能会影响企业预期的市场份额和客户份额。实现这个目标的实际方法可以是在企业客户忠诚卡的注册表中增加一些测量顾客关系倾向的问题。对顾客进行适当区别，将关系投资的推广重点放在那些关系倾向更高的顾客身上，从而有针对性地开展关系营销活动，这有利于显著改善企业关系投资努力的效果，因为那些倾向于与服务提供商建立关系的顾客一般具有较高的信任和承诺，他们对服务提供商表现出更强烈的忠诚。否则，企业关系投资努力效果可能会不尽如人意。

◎ 参考文献

[1] 白琳. 人格特征对关系利得、顾客满意及忠诚的影响：一项探索性研究[J]. 上海管理科学，2012，34(5).

[2] 林素绣. 从顾客知觉关系利益观点探讨寿险业顾客关系投资努力对关系结果之影响[J]. 管理学报(中国台湾)，2012，29(3).

[3] 尚林. B2B 客户推荐意愿影响因素研究——基于关系营销理念和社会交换理论[J]. 理论与改革，2015(4).

[4] 唐小飞，周庭锐，陈淑青. 中国市场关系投资对顾客忠诚影响的实证研究——来自四川、云南和浙江三省酒店业顾客赢回管理的研究[J]. 中国工商管理研究前沿，2008(1).

［5］张明立，唐塞丽，王伟．服务主导逻辑下品牌关系互动对品牌忠诚的影响［J］．管理学报，2014，11（8）．

［6］赵璨，曹伟，叶子菱．客户关系、市场势力与企业创新产出［J］．广东财经大学学报，2019，34（5）．

［7］周志民，张江乐，熊义萍．内外倾人格特质如何影响在线品牌社群中的知识分享行为——网络中心性与互惠规范的中介作用［J］．南开管理评论，2014，17（3）．

［8］Bloemer, J., Odekerken-Schröder, G., Kestens, L. The impact of need for social affiliation and consumer relationship proneness on behavioural intentions: an empirical study in a hairdresser's context［J］. *Journal of Retailing & Consumer Services*, 2003, 10(4).

［9］Bock, D. E., Folse, J. A. G., Black, W. C. Gratitude in service encounters: Implications for building loyalty［J］. *Journal of Services Marketing*, 2016, 30(3).

［10］Cambra-Fierro, J., Melero-Polo, I., Sese, F. J., et al. Customer-firm interactions and the path to profitability: A chain-of-effects model［J］. *Journal of Service Research*, 2018, 21(2).

［11］Crosby, L. A., Evans, K. R., Cowles, D. Relationship quality in service selling: An interpersonal influence perspective［J］. *Journal of Marketing*, 1990, 54(3).

［12］De Wulf, K., Odekerken-Schröder, G., Iacobucci, D. Investments in consumer relationships: A cross-country and cross-industry exploration［J］. *Journal of Marketing*, 2001, 65(4).

［13］Doma, S. S. B. A. Relationship quality as predictor of B2B customer loyalty［J］. *Journal of Systemics Cybernetics & Informatics*, 2013, 11(1).

［14］Feng, X., Zhang, M. Personality traits, relational benefits and customer loyalty: An empirical study in service context［J］. *Journal of Convergence Information Technology*, 2013, 8(10).

［15］Feng, X., Zhang, M., Ye, J. Empirical study of the influence of consumer relationship proneness on customer loyalty in service context［J］. *International Journal of u- and e-Service, Science and Technology*, 2015, 8(1).

［16］Gwinner, K. P., Gremler, D. D., Bitner, M. J. Relational benefits in services industries: The customer's perspective［J］. *Journal of the Academy of Marketing Science*, 1998, 26(2).

［17］Hennig-Thurau, T., Gwinner, K. P., Gremler, D. D. Understanding relationship marketing outcomes: An integration of relational benefits and relationship quality［J］. *Journal of Service Research*, 2002, 4(3).

［18］Huppertz, J. W., Arenson, S. J., Evans, R. H. An application of equity theory to buyer-seller exchange situations［J］. *Journal of Marketing Research*, 1978, 15(2).

［19］Kim, H., Kang, J. M., Johnson, K. K. P. Effect of consumer relationship proneness on perceived loyalty program attributes and resistance to change[J]. *International Journal of Retail & Distribution Management*, 2012, 40(5).

[20] Liu,C. M. , Huang, C. J. , Chen, M. L. Relational benefits, customer satisfaction, and customer loyalty in chain store restaurants[J]. *International Journal of Organizational Innovation*, 2014, 7(1).

[21] Marchand, A. , Paul, M. , Hennig-Thurau, T. , et al. How gifts influence relationships with service customers and financial outcomes for firms[J]. *Journal of Service Research*, 2017, 20(2).

[22] Metcalf,L. E. , Frear, C. R. , Krishnan, R. Buyer-seller relationships: An application of the IMP interaction model[J]. *European Journal of Marketing*, 1992, 26(2).

[23] Odekerken-Schröder, G. , De Wulf, K. , Schumacher, P. Strengthening outcomes of retailer-consumer relationships: The dual impact of relationship marketing tactics and consumer personality[J]. *Journal of Business Research*, 2003, 56(3).

[24] Oliver, R. L. Whence consumer loyalty? [J]. *Journal of Marketing*, 1999, 34(63).

[25] Parish, J. T. , Holloway, B. B. Consumer relationship proneness: A reexamination and extension across service exchanges[J]. *Journal of Services Marketing*, 2010, 24(1).

[26] Reynolds,K. E. , Beatty, S. E. Customer benefits and company consequences of customer-salesperson relationships in retailing[J]. *Journal of Retailing*, 1999, 75(1).

[27] Richard, C. , Gordon, O. , Joe P. Relationship marketing in consumer markets[J]. *Arts Business*, 1996, 12(1).

[28] Shi, G. C. , Bu, H. M. , Ping, Y. , et al. Customer relationship investment and relationship strength: Evidence from insurance industry in China[J]. *Journal of Services Marketing*, 2016, 30(2).

[29] Sin, L. Y. M. , Yau, O. H. M. , Tse, A. C. B. , et al. Is relationship marketing for everyone? [J]. *European Journal of Marketing*, 2000, 34(9/10).

[30] Smith,J. B. Buyer-seller relationships: Similarity, relationship management, and quality [J]. *Psychology & Marketing*, 1998, 15(1).

[31] Su, Y. L. The influence of relational selling behavior on relationship quality: The moderating effect of perceived price and customers' relationship proneness[J]. *Journal of Relationship Marketing*, 2013, 12(3).

[32] Yen, C. H. , Liu, L. L. , Chen, C. Y. , et al. Customer relational benefits and relationship-marketing outcomes: Comparing three transaction types of travel product [J]. *Asia Pacific Journal of Tourism Research*, 2015, 20(2).

[33] Zeithaml, V. A. The behavioral consequences of service quality[J]. *Journal of Marketing*, 1996, 60(2).

The Effect of Service Enterprise Relationship Investment on Customer Loyalty

—The Role of Perceived Relational Benefits and Consumer Relationship Proneness

Chen Guoping[1]   Yang Mengting[2]   Li Silan[3]

(1, 2 School of Management, Wuhan University of Science and Technology, Wuhan, 430081;

3 Centre for Service Science and Engineering, Wuhan University of Science and Technology, Wuhan, 430081)

Abstract: It is a common strategy of service enterprises to save customer loyalty through relationship investment, but the effectiveness of this strategy is still doubted by many scholars. One of the reasons is that the intermediate process of the influence of various forms of relationship investment strategies on customer loyalty has not been fully empirical studied. Based on the background of hairdressing service industry, 461 valid sample data are collected by means of survey. The empirical results show that relationship investment and its three dimensions of interpersonal communication, special treatment and substantive feedback positively affect perceived relationship interests and customer loyalty. Relationship interest also has a positive influence on customer loyalty, and has some mediating effect on the influence of relationship investment on customer loyalty. Customer relationship proneness plays a positive regulating role in the influence of relationship interest on customer loyalty. The paper also discusses the corresponding theoretical contribution and management implication.

Key words: Relationship investment; Perceived relational benefits; Customer loyalty; Consumer relationship proneness

专业主编：曾伏娥

员工品牌的价值：从员工品牌依恋到公司品牌忠诚的转化[*]

● 黎建新¹　谢东杉²　何　昊³　曹　澍⁴

（1，2，3，4 长沙理工大学经济与管理学院　长沙　410076）

【摘　要】当前，对员工在公司品牌共创中的作用已形成共识，员工品牌化因此备受重视，但员工个人品牌创建对公司品牌共创的独特性影响尚缺乏相应研究。文章从消费者与员工品牌的依恋关系出发，基于品牌依恋资源观理论模型和刻板印象内容模型等理论，构建了消费者对员工品牌依恋的成因及其影响概念模型，并以发型师为研究对象，通过收集美容美发行业数据对假设模型进行了验证。研究发现：服务热情、专业能力和职业道德能够影响消费者对员工品牌依恋的形成；员工品牌依恋既可直接影响消费者的公司品牌忠诚，也可通过员工品牌忠诚或公司品牌依恋的中介机制转化为公司品牌忠诚。文章还讨论了研究结论对公司品牌管理和服务管理的重要启示。

【关键词】员工品牌　员工品牌依恋　员工主导型服务　刻板印象内容模型品牌忠诚

中图分类号：F270　　　　　文献标识码：A

1. 引言

在专业服务或个人服务领域中，知识型、技能型员工最有可能树立个人品牌。典型的例子是，名医和名师一直是消费者和用人单位都追捧的对象，他们往往会获得较高的市场溢价。而为了确立个人职业优势和保证就业安全，这类员工也有树立个人品牌的动力和能力。近年来，由于互联网和社交媒体的兴起，人们可以在微博、微信、脸书、推特和领英等社交软件上开设实名账户并开展人际互动，个人品牌化活动变得更加便利和高效。但

＊ 基金项目：国家自然科学基金面上项目"员工个人品牌创建与公司品牌绩效：基于专业服务领域的系统考察"（项目批准号：71772018）；湖南省研究生科研创新项目"员工品牌的创建及其影响研究——跨行业样本数据的实证"（项目批准号：CX2019692）。

通讯作者：黎建新，E-mail：228909228@qq.com。

是，对于这种现象，服务企业表现出了较多忧虑，如提防员工跳槽、担心员工品牌与公司品牌的冲突（Rangarajan et al.，2017）。因此，如何将员工品牌纳入公司的管理之中，以发挥其在公司品牌价值共创中的作用，就成为这类企业迫切要考虑的问题（Sheikh & Lim，2011）。

纵览现有文献，员工对公司品牌价值的共创大致有两个途径：一是员工品牌化途径，即员工通过自身适当的言行传递一致的公司品牌形象以提升公司品牌资产，二是员工个人品牌化途径，即员工通过创建个人品牌以增强公司品牌绩效。目前学术界大多聚焦于前者，而对后者却研究不够。员工品牌化强调员工是公司品牌大使（Sirianni et al.，2013），其本质是员工的公司品牌化。换言之，员工品牌化只是将员工视为公司品牌形象的一个构成要素，而没有将员工看作一个相对独立的品牌。显然，员工品牌化并不能全面解释员工在公司品牌共创中的作用。尽管学术界对人品牌和人品牌化现象表现出了较大的研究热情，但总的来看，现有研究基本上聚焦于独立型人品牌和人品牌本身，而较少从公司（或组织）层面，分析员工个人品牌（员工品牌）与公司品牌的关系（Speed et al.，2015）。因此，为了更好地理解员工（品牌）在公司品牌价值共创中的作用，本文将研究员工个人品牌创建及其与公司品牌的关系。

在服务管理与营销文献中，学者们区分了一些特殊类型的服务，如 Bowen（1990）划分的高度接触和定制化的个人服务，Stell 和 Donoho（1996）划分的选购性服务和专业性服务。这些服务的共同点是顾客需求定制化程度高、顾客参与性强、员工不可替代性较高以及顾客与员工的人际互动频繁，典型的服务形式如医疗、美容美发、法律服务和装饰设计等。这些服务对员工的要求高，其好坏与成败主要取决于员工，如员工的服务技能、工作经验和服务态度等（Bowen，1990）。本文将这类服务称为"员工主导型服务"。从现有人品牌研究文献来看，员工主导型服务中的员工具有个人品牌化的潜质，容易形成个人品牌。因此，本文将基于员工主导型服务情境考察员工品牌创建与公司品牌的关系。

现有研究指出，品牌依恋是消费者产生品牌忠诚的重要心理变量，是理解消费者-品牌关系最便捷的入口（Park et al.，2010）。鉴于此，本文将从消费者与员工品牌的依恋关系出发，根据品牌依恋资源观模型和刻板印象内容模型探析消费者-员工品牌依恋的影响因素，进而讨论员工品牌依恋对公司品牌忠诚的相关影响。

2. 理论基础与研究假设

2.1 人品牌、员工品牌（化）及其与公司品牌的关系

人品牌（human brand）是指任何可作为营销沟通对象的知名人物（Thomson，2006）。知名人物之所以能成为品牌，是因为他们能被专业地管理以及具有相应的品牌联想和其他品牌特征（Thomson，2006）。起初的人品牌主要指公众性人物，如明星演员和歌手（Thomson，2006）、球星（Carlson & Donavan，2013）等，目前人品牌研究的对象已经被拓展到了"小圈子名人"（micro-celebrity）（Khamis et al.，2017），即小有名气的普通人，如大学教授（Jillapalli & Wilcox，2010）、销售经理（Rangarajan et al.，2017）和导游（Yen et al. ，2018)。

个人品牌化(personal branding)一词在一些关于职业发展的畅销书中出现的频率较高。其基本观点是，个人就像普通产品和服务一样，只要通过适当的方式，也可以成为品牌。个人品牌化是自我营销的结果，其基本目的是追求职场竞争优势以获得职业成功(Speed et al. ，2015)。

员工品牌化(employee branding)是指员工在接受企业的相关培训和企业文化熏陶后，理解并认同企业愿景中的品牌形象，并将该品牌形象传递给顾客和企业其他利益相关者的过程(Sirianni et al. ，2013)。员工品牌化强调的是员工与公司品牌形象的一致性，即员工是公司品牌大使。

通过总结文献可以发现，人品牌、个人品牌和员工品牌(化)，这些概念既有联系又存在区别。个人品牌是相对于公司或机构品牌而言的，人品牌是相对于非人品牌(或物品牌)品牌而言；个人品牌自然是人品牌，而员工品牌是基于组织视角的个人品牌或人品牌。现有员工品牌化文献强调了员工与公司品牌的一致性，但忽视了员工作为个人品牌的相对独立性。而公司架构中的员工个人品牌属性及其影响正是本文关注的焦点。

员工品牌化能够给公司品牌带来多方面的正面效应，如促进公司品牌信任和承诺、提升公司品牌资产等，这已经被不少实证研究所证实(Sirianni et al. ，2013)。至于员工品牌与公司品牌的关系，现有文献涉及不多，研究不够充分。一些学者研究了运动员品牌对球队品牌的影响(Carlson & Donavan，2013)，明星 CEO 品牌对公司品牌的影响(刘伟等，2018)，明星 CEO 品牌与公司品牌的相互背书效应(Scheidt et al. ，2018)，尽管这些研究涉及员工品牌与公司品牌的关系，但运动员与 CEO 毕竟是较特殊的员工，其结论的一般性需进一步研究。

2.2　员工品牌依恋及其影响因素

品牌依恋(brand attachment)是指消费者将自我概念与特定品牌关联起来的认知和情感关系的强度(Park et al. ，2006)。人品牌依恋是品牌依恋理论在人品牌领域的扩展。人品牌依恋是指消费者与特定人品牌的情感联系的强度(Thomson，2006)。像产品品牌和公司品牌一样，消费者对人品牌也同样存在依恋。现有研究发现，消费者既存在名人或偶像品牌依恋情结(Carlson & Donavan，2013；Huang，et al. ，2015；Loroz & Braig，2015；Thomson，2006)，也对非名人品牌存在依恋现象，如普通教授品牌依恋(Jillapalli & Jillapalli，2014；Jillapalli & Wilcox，2010)和导游品牌依恋(Cheng et al. ，2016；Yen et al. ，2018)。从与组织的关系来看，普通教授品牌依恋和导游品牌依恋总体上可以视为员工品牌依恋。

员工品牌依恋是如何形成的？现有研究尚缺乏有效解释。Thomson 提出的 A-R-C 模型从一般层面解释了人品牌依恋的形成。该模型认为，如果人品牌满足消费者自主(autonomy)、关联(relatedness)和能力(competence)的需要，消费者就会对其产生较强的依恋(Thomson，2006)。已有的一些实证研究表明，在解释名人品牌或偶像品牌依恋时，A-R-C 模型具有较高的解释力(Huang et al. ，2015；Loroz & Braig，2015)，但将其应用到非名人品牌研究中时，该模型的解释效果却不是很理想。如 Jillapalli 和 Wilcox（2010）将 A-R-C 模型用于解释普通教授品牌依恋的形成，发现只有能力和关联因素对教授品牌依恋有显著正向影响，而自主因素的影响则不显著。

A-R-C 模型侧重于从消费者个体需要层面来解释人品牌依恋的形成，而且讨论的主要是名人品牌情形，而对于本文所研究的员工品牌，该理论的解释力可能存在局限。相较而言，品牌依恋的资源观模型则从消费者与品牌互动关系层面来诠释品牌依恋的成因，更符合本文的研究情境。因此，本文将从品牌依恋的资源观模型出发，并结合刻板印象内容模型，识别消费者对员工品牌依恋的具体影响因素。

品牌依恋的资源观模型（Park et al.，2013；Park et al.，2006；Park et al.，2010）认为，品牌能够为消费者提供享乐性资源、功能性资源和象征性资源；一个品牌提供的资源越能够实现消费者自我扩张目的，该品牌就越能使消费者与其紧密联结在一起，即形成品牌依恋。其中，享乐性资源具有感官或审美体验特征，可以实现吸引或满足消费者自我的需要；功能性资源来源于品牌的实用性，可以促进消费者实现自我的需要；而象征性资源具有自我表达和自我认同属性，可以满足消费者丰富自我的需要。

刻板印象内容模型（stereotype content model）是一个在社会心理学领域得到广泛验证的社会知觉模型（吴波和李东进，2013）。其核心观点主要有两点：（1）当人们遇到作为个体或群体成员的他人时，首先会做出他人是友还是敌的意图判断，即热情（warmth）判断，然后再做出他人是否有能力实现其意图的判断，即能力（competence）判断（Fiske et al.，2002）。其中，热情判断涉及友善、助人、真诚、可信和道德等社会特质，而能力判断则与聪明、技能、创造性和高效率等个人特质有关（Cuddy et al.，2008）；（2）人们对他人的热情和能力判断会诱发相应情感和行为反应（Cuddy et al.，2007）。

近年来，刻板印象内容模型在营销和品牌管理研究领域也得到了较多应用。比较典型的是 Kervyn 等人提出的品牌代理人框架（brands as intentional agents framework）（Kervyn et al.，2012）。基于刻板印象内容模型，该框架认为，消费者与品牌之间的关系类似于人与人之间的关系，因此，人们对他人的感知及其相应情感和行为反应，也同样适用于消费者与品牌的关系，即消费者也会对品牌做出意图（热情）和能力的感知，并对该品牌产生相应钦佩、轻视、嫉妒和怜悯等情感以及支持或购买行为。一些实证研究表明，品牌代理人框架在消费者–品牌关系方面有较好的解释力（Aaker et al.，2012；庞隽和毕圣，2015；魏华等，2016）。

尽管刻板印象内容模型所主张的热情与能力两维度的普适性得到了跨文化研究的检验（Cuddy et al.，2009），然而，一些学者对该模型维度划分的代表性和命名的准确性提出了质疑。有研究者发现，相比于热情或能力特质，道德特质对整体印象具有更好的预测作用（Brambilla et al.，2012）；道德可能是比热情更为重要的维度。研究者认为热情可以区分为社交性（sociability）和道德（moral）两种成分，因此主张将道德从热情中独立出来（Brambilla et al.，2011）。最近，有学者进一步将品牌代理人框架中的意图（热情）和能力感知拓展为道德、能力和亲切（热情）（吴波等，2015）。基于此，本文将根据刻板印象内容模型上述三维度来考察其对员工品牌依恋的影响。

综合刻板印象内容模型及其相关研究，消费者在与品牌接触时，会对该品牌做出能力、热情和道德等三个方面的感知判断（Kervyn et al.，2012；程婧婷等，2015；吴波等，2015），而这三种品牌感知判断契合了品牌依恋资源观中的三种品牌资源的特征，因此本研究将热情、能力和道德作为影响品牌依恋形成的三种资源。员工品牌作为人品牌的一种形式，同样具有品牌的特质，由此可推知，消费者对于员工品牌同样能够产生热情、能力、道德三个维度的感知。基于上述分析，本研究提出"员工主导型服务"情境下的员工品牌资源。其中，热情指品牌所具有的社交性，本文命名为服务热情，具体指消费者所感知的员工品牌的友好、积极的服务态度及行为，其对应品牌享乐性资源；能力指品牌所具有的实际功效，本文命名为专业能力，具体指消费者所感知的员工品牌拥有的专业知识、经验及其解决消费者相关问题的能力，其对应品牌功能性资源；道德指品牌所具有的诚信、仁慈和正直等社会特质，本文命名为职业道德，具体指消费者所感知的员工品牌的职业操守和诚信可靠、敬业等品质，其对应品牌象征性资源。

在公司品牌依恋相关研究中，公司品牌资源对公司品牌依恋的影响已获得实证研究支持，即当公司品牌为消费者提供相应享乐性资源、功能性资源和象征性资源使消费者达到满足自我、实现自我和丰富自我目的时，消费者的公司品牌依恋就会形成（Vlachos et al.，2010；Vlachos & Vrechopoulos，2012）。基于此，本文推断，在员工主导型服务消费情境中，员工品牌对消费者的友好与热忱，可以满足消费者的享乐性需求，因此能够达到消费者满足自我的目的；员工品牌所具有的专业能力，可以满足消费者的功能性需求，从而能够达到消费者实现自我的目的；员工品牌对消费者的诚信和负责任，可以满足消费者的象征性需求，最终能够达到消费者丰富自我的目的。当员工品牌提供这三种资源并实现与消费者自我概念相联结时，消费者就会对员工品牌形成依恋。此外，品牌代理人框架认为，当品牌展现高意图（热情）和高能力时，消费者会对品牌产生钦佩等正面情感（Kervyn et al.，2012）。实证研究也证实，CEO 品牌的美德与能力正向影响消费者对 CEO 的钦佩感（刘伟等，2018）。基于以上讨论，本文提出以下假设：

H1：服务热情对员工品牌依恋具有正向影响。

H2：专业能力对员工品牌依恋具有正向影响。

H3：职业道德对员工品牌依恋具有正向影响。

2.3 员工品牌依恋到公司品牌忠诚的转化

2.3.1 员工/公司品牌依恋对员工/公司品牌忠诚的影响

品牌忠诚是指消费者对同一品牌的实际购买、重复购买意向和推荐行为（Chaudhuri & Holbrook，2001）。服务领域研究文献划分了员工忠诚和公司忠诚（Yim et al.，2008），据此，从研究情境出发，本文将品牌忠诚区分为员工品牌忠诚和公司品牌忠诚，同样，将品牌依恋区分为员工品牌依恋和公司品牌依恋。

品牌依恋体现的是消费者-品牌之间的强烈情感关系。为了维持与品牌的依恋关系，消费者会在依恋品牌上积极地投资自己的资源（Park et al.，2010）。在产品品牌依恋效应相关的研究中发现，具有高产品品牌依恋倾向的消费者，会表现出较高层次的品牌支持行

171

为，如一直购买其新款产品、溢价购买和自愿推广（Park et al.，2010）；更包容依恋品牌的负面信息，并对其开展维护行为（Japutra et al.，2014）；更可能购买依恋品牌（母品牌）的延伸品类，宽恕延伸品牌与母品牌之间的差异，并向他人积极推荐延伸品牌（Fedorikhin et al.，2008）。对零售商品牌有强烈正面情感的消费者，也展现了较高程度的品牌忠诚行为（Vlachos et al.，2010；Vlachos & Vrechopoulos，2012）。因此，本文推断，在员工主导型服务情境中，当对公司品牌产生依恋时，消费者也可能表现出类似的公司品牌忠诚行为。因此，提出假设：

H4：公司品牌依恋对公司品牌忠诚具有正向影响。

在名人品牌依恋效应研究方面，有研究发现，当观众对"奥普拉"（美国著名主持人）形成情感依恋时，他们表现出对名人品牌"奥普拉"的忠诚和承诺，更愿意收看她主持的节目，也更愿意购买她推荐的代言产品（Loroz & Braig，2015）；对偶像歌星依恋的年轻人，更可能购买歌星的音乐产品（Huang et al.，2015）。在员工品牌研究领域，也有研究发现，游客对导游品牌的依恋有助于建立顾客承诺并导致顾客公民行为（Cheng et al.，2016），大学生对教授品牌的依恋促进了顾客关系承诺（Jillapalli & Jillapalli，2014）。据此可以推断，当消费者对员工品牌形成情感依恋时，相应的员工品牌忠诚也会发生，如推荐、等候和重复购买品牌员工的服务。因此，提出假设：

H5：员工品牌依恋对员工品牌忠诚具有正向影响。

2.3.2 员工品牌依恋的迁移效应

员工品牌依恋的迁移效应是指消费者由于对品牌员工产生情感依恋，因此将这种情感转移到公司品牌之上，形成公司品牌依恋和公司品牌忠诚。这种效应可以通过情感迁移机制来解释。

情感迁移是指人们对某一对象的情感转移到另一关联对象之上的现象。在营销领域，存在较多的情感迁移现象，比如，消费者因对母品牌的偏爱而偏爱延伸品牌，因喜欢某一名人而喜欢其代言的产品，因信赖独立品牌进而也信赖联合品牌。Yim 等（2008）研究发现，在服务消费情境中，由于员工代表公司为消费者提供服务，并且具有相对独立性，因此消费者除了与公司或公司品牌建立关系，还会同其接触的员工产生联系。在消费者-员工和消费者-公司(公司品牌)这两种关系中也存在类似的情感迁移效应，即消费者对员工的信任(忠诚)也能迁移到对公司的信任(忠诚)。

员工品牌依恋本质上是消费者对品牌员工的偏爱、认同和信任等情感。依据情感迁移机制（Yim et al.，2008），我们推断，在本研究情境中，如果消费者对品牌员工产生依恋情感，也可能产生爱屋及乌似的情感迁移效应，即员工品牌依恋会迁移到公司服务支持系统，并最终迁移到公司品牌之上。简言之，员工品牌依恋将导致公司品牌依恋和公司品牌忠诚。

有研究发现，在个人服务消费情境中，与员工建立人际联系是消费者降低服务感知风险的措施之一，与员工有较强人际关系的消费者表现出较高的公司支持行为和较低的公司转换意愿（Macintosh，2002）。此外，员工品牌依恋的迁移效应已获得一些相关实证研究支持，如，观众对运动员(品牌)的认同能够导致对运动员所在球队的认同，而运动员依恋和球队认同又将影响球队门票收入和对球队其他延伸产品的购买（Carlson & Donavan，2013）。消费者对 CEO 品牌的钦佩可转化为对其所代表公司品牌的正面态度和行为，如购买、推荐等（刘伟等，2018）。综合以上讨论，提出以下假设：

H6：员工品牌依恋对公司品牌依恋具有正向影响。

H7：员工品牌依恋对公司品牌忠诚具有正向影响。

2.3.3 员工品牌忠诚对公司品牌忠诚的影响

在消费者看来，员工与服务企业是一个相互联系的不可分的整体（Bove & Johnson，2006），一方面，员工是服务的关键提供者，另一方面，公司是员工的工作平台，即员工离不开公司系统提供的运营服务支持。从归因理论来分析，消费者通常会将良好服务体验和员工的表现归因为公司的有效管理，所以员工的优质服务能够获得消费者对该公司的好评和青睐（Yim et al.，2008）。如果一个消费者重视与员工的关系并希望该员工持续提供服务，那么只要这个员工还在这家公司，该消费者就会与公司品牌紧密地联系在一起，并表现出对公司品牌的忠诚。此外，一些实证研究也证实，在服务消费环境中，顾客-员工忠诚对顾客-公司忠诚存在正向影响（Bove & Johnson，2006；Yim et al.，2008）。这些研究中涉及的是普通一线员工，而在本研究情境中讨论的是品牌员工，因此，可以推断，这种忠诚迁移效应应该同样存在，而且较之更为突出，所以，提出假设：

H8：员工品牌忠诚对公司品牌忠诚具有正向影响。

在上述假设推演的基础上，本文形成了如图 1 所示的概念模型。该模型基于品牌依恋资源观模型以及刻板印象内容模型，结合员工主导型服务情境，识别了消费者-员工品牌依恋的三种重要影响因素，即服务热情、专业能力以及职业道德，并且反映了员工品牌依恋影响公司品牌忠诚的三条路径。

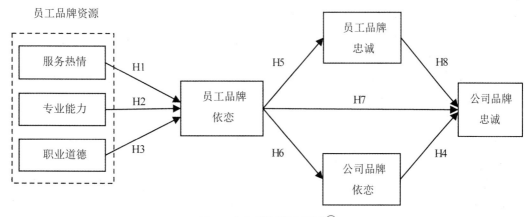

图 1　本文研究概念模型①

———————————

① 本文是从消费者角度研究员工品牌依恋及其影响，其中员工品牌依恋、员工品牌忠诚、公司品牌依恋和公司品牌忠诚均指消费者的感知。

3. 研究方法

3.1 数据收集与样本特征

人品牌研究文献表明，在员工主导型服务中，具有专业技能的个体或员工更容易、更有潜力树立个人品牌。基于这种认识，本文从研究目标契合性出发，通过对消费者和相关从业者的深度访谈，考察了律师(律师事务所)、会计师(会计师事务所)、理财师(金融机构)、医师(医疗机构)和发型设计师(美容美发店)。然后，根据消费者自由选择性、交易重复性和调查便利性等原则，最终选择发型设计师和美容美发店作为研究情境。这种选择应该是适当的，主要理由是：(1)发型师的发型设计技能需要专门培训和较长时间实践，因此其具有塑造个人品牌的潜力和条件；(2)美发造型具有个性化、高度定制化的特点(Yim et al.，2008)，顾客为减少相关风险，一般会同发型师保持长久关系(Macintosh，2002)；(3)美发造型属于高接触和高体验型服务，发型师和顾客之间具有较多接触与互动的机会(Bove & Johnson，2006)，顾客更有可能对特定发型师产生情感上的依恋；(4)在美发服务中，消费者既与发型师存在人际联系，又与美发店存在商业关系(Bove & Johnson，2006；Macintosh，2002；Yim et al.，2008)；(5)美容美发行业的市场化程度较高，消费者都有美容美发经历，样本收集也较为便利。

确定研究情境后，本研究首先走访了美容美发店并对具有美发造型经历的消费者进行了访谈，以此为基础编写了本研究的消费者自填式问卷。之后，通过对50名消费者的预调查，又对问卷的一些措辞和问项进行了修改，最后形成了正式调查问卷。正式调查问卷包括以下几个部分：首先是基本消费情况，如进店消费的项目、频率和金额等，此外，这一部分还包括2条样本甄选问句，即是否常在同一家美发店消费并记得其店名，是否在该店有固定的发型师并记得其长相或者艺名、工作号等(回答为"否"将终止调查)；接下来是问卷的主体，涉及消费者对发型师及美发店相关内容的评价；问卷的最后一部分是人口统计信息，包括性别、年龄、职业和个人收入等。

在正式调查阶段，我们首先在大众点评网以企业规模、服务和人气等指标对长沙市美容美发企业进行排序，选取前40家美容美发店作为抽样框，然后从中随机抽取了10家分布在长沙市不同地段的美发店。通过与各美发店的协商，最终征得其中6家店的同意和配合。这6家店都属于中高档美容美发店，其发型师数量在10~20名不等。采取两种方式发放和填写问卷：一是在实体店现场引导顾客用微信扫描二维码填写问卷；二是通过这6家美容美发店顾客微信群发送问卷链接填写问卷。经事后检测，这两种问卷发放渠道收集的数据无显著差异。为了鼓励参与，调查设置了微信红包，填答完成后，受访者可以获得随机金额的微信红包。问卷发放的时间为2018年11—12月，涉及工作日和双休日的不同时段。经系统自动排除IP地址重复的问卷后，本研究共收集到538份顾客自填式问卷。在此基础上，通过筛选剔除未完整填答、前后矛盾的问卷以及不能满足甄选条件的问卷，最终获得有效问卷324份，有效率为60.2%。

表1列出了样本的基本特征及其分布情况，包括受访者的性别、年龄、职业、月均收

入/支出、受教育程度、消费频率和单次消费金额等。由表1可知，受访者以中青年白领女性为主，他们具有较高的收入和受教育程度，单次消费金额多在300元以上，这些较好地反映了中高档美容美发消费人群的特征。

表1　　　　　　　　　　　　样本特征及其分布（$N=324$）

特征	人数	比例（%）	特征	人数	比例（%）
性别			职业		
女	232	71.6	在校学生	21	6.5
男	292	28.4	政府机关/事业单位	69	21.3
			企业职员	102	31.5
年龄			自由职业者	57	17.6
18~30岁	115	35.5	其他	75	23.1
31~40岁	124	38.3			
41~50岁	64	19.7			
50以上	21	6.5			
月均收入/支出			受教育程度		
3000元以下	20	6.2	高中/中专及以下	28	8.6
3001~6000元	113	34.9	大学专科	58	17.9
6001~10000元	108	33.3	大学本科	209	64.5
10000元以上	83	25.6%	研究生	29	9.0%
消费频率			单次消费金额		
1个月以内	124	38.3	100元以内	29	9.0
1~2个月	97	29.9	100~300元	94	29.0
2~3个月	38	11.7	301~600元	142	43.8
3个月以上	65	20.1%	600元以上	59	18.2

3.2　变量测量

本文涉及的变量或构念主要有服务热情、专业能力、职业道德、员工品牌依恋和员工品牌忠诚、公司品牌依恋及公司品牌忠诚等，这些变量的测项均源自已有中英文文献。对于其中的英文文献，在英文-中文和中文-英文双向互译以保证量表内容效度的基础上，本文根据文化适应性做了适当修改。其中，服务热情变量有5个测项，根据Aaker等（2012）和Fiske等（2012）的研究编写；专业能力变量有4个测项，根据Echchakoui（2015）和刘伟等（2018）的研究编写；职业道德变量有3个测项，参考Echchakoui（2015）和刘伟等（2018）的研究编写；员工品牌依恋变量共5个测项，参考Thomson（2006）和Park等（2010）的研究编写；员工品牌忠诚变量共5个测项，参考Yim等（2008）以及Chaudhuri和

Holbrook（2001）的研究编写；公司品牌依恋变量共 5 个测项，根据 Vlachos 和 Vrechopoulos（2012）的研究编写；公司品牌忠诚变量有 4 个测项，参考 Chaudhuri 和 Holbrook（2001）以及 Yim 等（2008）的研究编写。

上述变量均采用 Likert 5 级量表测量，"1"表示完全不同意，"5"表示完全同意。具体测量项目详见表 2。

表 2　　　　　　　　　　　　变量测项、信度与收敛效度检验结果

潜变量	测量项目	标准化因子载荷
服务热情 Cronbach's α = 0.812 AVE = 0.641 CR = 0.899	1. 到店接受服务过程中，该发型师对我很友好	0.817
	2. 对我的要求或意见，该发型师会积极地回应和处理	0.755
	3. 对于美发效果，该发型师会关心我的个人感受	0.785
	4. 该发型师能够很热情地为我服务	0.809
	5. 到店接受服务时，该发型师会主动询问我的想法和感受	0.836
专业能力 Cronbach's α = 0.785 AVE = 0.617 CR = 0.865	1. 该发型师是专业的	0.785
	2. 该发型师具有丰富的发型设计经验	0.782
	3. 在发型设计等方面的疑惑，该发型师能够专业地予以解答	0.720
	4. 该发型师能够设计适合我的发型	0.849
职业道德 Cronbach's α = 0.809 AVE = 0.661 CR = 0.853	1. 该发型师是诚实可靠的	0.856
	2. 该发型师对顾客是负责任的	0.826
	3. 该发型师对工作是敬业的	0.753
员工品牌依恋 Cronbach's α = 0.861 AVE = 0.654 CR = 0.904	1. 该发型师为我设计的发型，我内心感觉很愉悦	0.846
	2. 我对该发型师的发型设计总是充满期待	0.816
	3. 我时常会想起该发型师为我设计的满意发型	0.822
	4. 当和朋友交谈中提到我发型时，我会想起该发型师	0.752
	5. 当其他人对该发型师给出好评时，我内心也感觉很高兴	0.804
员工品牌忠诚 Cronbach's α = 0.839 AVE = 0.698 CR = 0.920	1. 我把该发型师作为我发型设计的首选	0.867
	2. 当我去该美发店的时候，我很少关注其他发型师	0.774
	3. 若该发型师轮休，我愿意为等待他/她而推迟相关消费行为	0.852
	4. 如果该发型师离开这家店，我可能会跟随他/她到其他店	0.825
	5. 我会主动将该发型师介绍给我的亲朋好友	0.855

潜变量	测量项目	标准化因子载荷
公司品牌依恋 Cronbach's α = 0.863 AVE = 0.628 CR = 0.894	1. 我喜欢在这家美容美发店消费	0.863
	2. 如果在其他美容美发店里做发型，我心里会有些不适应	0.750
	3. 当谈论美容美发话题时，我会不由自主地想起这家店	0.773
	4. 当其他人夸奖该美容美发店时，我心里面也感到高兴	0.803
	5. 在该美容美发店消费符合我的审美标准和个人风格	0.767
公司品牌忠诚 Cronbach's α = 0.817 AVE = 0.629 CR = 0.871	1. 该美容美发店是我做发型设计的首选	0.880
	2. 如果没有特殊情况，我会持续在该美容美发店消费	0.759
	3. 我会将该美容美发店推荐给身边的人	0.750
	4. 即使这家店稍贵，我也愿意在这里消费	0.777

3.3　共同方法偏差检验

考虑到共同方法偏差(common method bias)对构念的测量效度与数据的分析结果存在潜在影响，本研究采取多种方法对共同方法偏差进行预先程序控制。例如，在问卷的导语部分明确告知受访者本调查采用匿名填写，调研目的在于了解受访者对服务体验的真实感受，以及问卷选项没有对错好坏之分。在此基础上，本研究还对测量问项进行反复修改以求清晰、简洁和明确地表达，在问卷中增加反向问句，并且采用打乱提问顺序的方式进一步降低共同方法偏差的影响。

尽管如此，由于本研究是从消费者对员工品牌的感知视角获取数据，仍有可能因单一受访者数据来源而导致共同方法偏差的产生，因此需要对问卷调查数据进行事后检验。本研究主要采取两种方法检验共同方法偏差对构念测量的影响，其一是 Harmand 的单因子检验法。运用 SPSS 23.0 对所有构念测项进行探索性因子分析，未旋转之前的第一个因子方差解释量为 35.12%，小于 40%，表明共同方法偏差的影响不大。其二是潜变量之间的相关系数检验。由表 3 可知，本研究潜变量之间相关系数在 0.509～0.740，均小于 0.9，说明共同方法偏差的影响在可接受范围内。综合两种事后检验方法的结果可知，本文测量数据受到共同方法偏差的威胁较小。

4. 数据分析

4.1　信度与效度检验

4.1.1　信度检验

本研究运用 SPSS 23.0 对构念测量的信度进行检验，采用 AMOS 22.0 进行验证性因子分析。计算结果表明，所有潜变量的 Cronbach's α 系数取值都在 0.785 以上，说明变量的测量具有良好的内部一致性。组合信度（CR）取值均在 0.853~0.920，超过 0.7 的最低门槛水平（如表 2 所示），因此各测量变量的组合信度也较高。

4.1.2 效度检验

构念测量的效度检验主要包括收敛效度检验和区别效度检验。本研究通过验证性因子分析对测量模型与数据的拟合程度进行检验，在此过程中，参照 AMOS 22.0 软件输出的修正指标，合理增设变量测项残差之间的共变关系以修正模型，修正后测量模型与数据的拟合指标为：CMIN/DF = 1.460，RMSEA = 0.046，GFI = 0.904，NFI = 0.876，IFI = 0.938，TLI = 0.930，CFI = 0.937。检验结果显示测量模型的拟合指标绝大多数已达到适配标准，因此测量模型的整体拟合度比较理想。

收敛效度检验的结果如表 2 所示，所有潜变量的各测量题项的标准化因子载荷值均在 0.720~0.880，表明各测量题项能够有效地解释所测量构念的特质。并且，所有潜变量的 AVE 值均大于 0.5，说明各构念的分量表具有较好的收敛效度。

区别效度的检验见表 3，表中显示了各潜变量之间的相关系数与其 AVE 平方根。服务热情、专业能力和职业道德三个变量能够较好地区分，职业道德与服务热情的相关性要高于专业能力与服务热情的相关性，而专业能力与职业道德的相关性则较低（0.704>0.696>0.584）。每个潜变量与其他潜变量间的相关系数均小于该潜变量的 AVE 平方根，说明各潜变量之间能够较好地区分，因此，所测量构念的区别效度通过检验。

表 3　　　　　　变量的描述性统计、相关系数及区别效度检验结果

潜变量	1	2	3	4	5	6	7
1. 服务热情	<u>0.801</u>						
2. 专业能力	0.696***	<u>0.785</u>					
3. 职业道德	0.704***	0.584***	<u>0.813</u>				
4. 员工品牌依恋	0.732***	0.740***	0.641***	<u>0.809</u>			
5. 员工品牌忠诚	0.631***	0.645***	0.553***	0.669***	<u>0.835</u>		
6. 公司品牌依恋	0.611***	0.592***	0.589***	0.694***	0.610***	<u>0.792</u>	
7. 公司品牌忠诚	0.540***	0.645***	0.509***	0.656***	0.624***	0.688***	<u>0.793</u>
均值（M）	4.121	4.056	4.023	4.188	3.840	3.982	4.040
标准差（SD）	0.885	0.895	0.838	0.846	0.916	0.820	0.809

注：对角线上的数值为各潜变量的 AVE 平方根，＊＊＊表示 $p < 0.001$。

4.2　假设检验

本研究运用 AMOS 22.0 软件建立结构方程模型，并对全模型进行数据拟合分析。在此过程中，通过 AMOS 22.0 提供的修正线索，适当增加变量测项残差之间的共变关系以

修正模型，经修正后的整体模型拟合参数见图2。在修正后的全模型适配度统计指标中，CMIN/DF=1.306值介于1和2之间，RMSEA=0.031<0.05，NFI、GFI、IFI、TLI、CFI等拟合指标均大于或接近0.9，表明绝大多数模型拟合指标达到相应的检验标准，因此修正后的模型与数据具有良好的适配度。

结构方程模型的分析结果如图2所示，本研究所提出的全部假设均通过了检验。具体而言，服务热情对员工品牌依恋具有显著正向影响（$\beta=0.313$，$t=4.051$，$p<0.001$），支持假设H1；专业能力对员工品牌依恋具有显著正向影响（$\beta=0.410$，$t=6.010$，$p<0.001$），假设H2成立；职业道德与员工品牌依恋的β系数为0.187（$t=2.709$，$p<0.01$），说明职业道德显著正向影响员工品牌依恋，支持假设H3。公司品牌依恋对公司品牌忠诚具有显著正向影响（$\beta=0.361$，$t=4.766$，$p<0.001$），假设H4获得支持。员工品牌依恋对员工品牌忠诚影响的β系数为0.562（$t=8.387$，$p<0.001$），表明员工品牌依恋同样能够显著正向影响员工品牌忠诚，假设H5成立。员工品牌依恋对公司品牌依恋具有显著正向影响（$\beta=0.626$，$t=9.598$，$p<0.001$），假设H6成立。员工品牌依恋与公司品牌忠诚的β系数为0.238（$t=2.853$，$p<0.01$），说明员工品牌依恋显著正向影响公司品牌忠诚，假设H7成立。员工品牌忠诚对公司品牌忠诚具有显著正向影响（$\beta=0.202$，$t=2.997$，$p<0.01$），假设H8也获得支持。

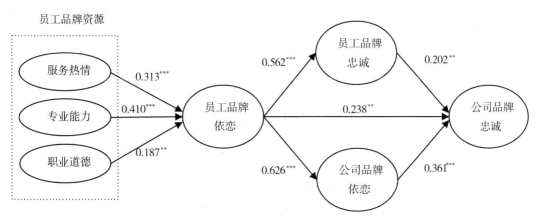

图2　变量间的路径关系

模型拟合：CMIN/DF=1.306，RMSEA=0.031，GFI=0.905，NFI=0.892，IFI=0.972，TLI=0.969，CFI=0.972。

注：＊＊、＊＊＊分别表示$p<0.01$、$p<0.001$。

需要指出的是，三种员工品牌资源对员工品牌依恋的影响程度有差异，专业能力对员工品牌依恋的影响要高于服务热情以及职业道德（0.410>0.313>0.187）。员工品牌依恋通过三条路径对公司品牌忠诚的影响也是不同的，员工品牌依恋对公司品牌忠诚的直接影响为0.238，员工品牌依恋对公司品牌依恋的影响要大于对员工品牌忠诚的影响（0.626>0.562）。另外，员工品牌依恋通过员工品牌忠诚转化为公司品牌忠诚的效应，小于通过公司品牌依恋所转化的效应（0.562×0.202=0.114<0.626×0.361=0.226）；员工品牌依恋

转化为公司品牌忠诚的总效应为 0.578(0.238+0.562×0.202+0.626×0.361)。

4.3 中介效应检验

本研究采用基于结构方程模型的多重中介分析方法，运用 SEM 软件 Mplus 7.4 进行 Bootstrap 抽样，检验员工品牌忠诚和公司品牌依恋的中介效应。与传统的方法相比，在该种方法下，样本不需要满足正态分布的条件；通过 Bootstrap 方法所得到的检验结果不仅能有效降低犯第一类错误的可能性，而且具有更高的统计功效(方杰等，2014)。本文运用 Bootstrap 方法对原始数据(N=324)重复抽样 2000 次之后，构建 95% 的无偏差校正的置信区间，最后得到中介效应检验的计算结果，如表 4 所示。在对员工品牌忠诚的中介效应检验中，效应值为 0.112，95% 的置信区间为[0.043，0.199]，不包含 0，说明员工品牌忠诚在员工品牌依恋和公司品牌忠诚之间具有显著的中介作用；在对公司品牌依恋的中介效应检验中，效应值是 0.227，95% 的置信区间为[0.124，0.354]，不包含 0，表明公司品牌依恋在员工品牌依恋和公司品牌忠诚之间具有显著的中介作用。员工品牌依恋对公司品牌忠诚的直接效应值为 0.211，95% 的置信区间为[0.053，0.366]，不包含 0，说明员工品牌依恋和公司品牌忠诚之间具有显著的直接作用。由此可见，员工品牌忠诚和公司品牌依恋在员工品牌依恋与公司品牌忠诚之间具有不完全中介作用。同时，多重中介总效应检验结果为 0.612，95% 置信区间为[0.471，0.734]。除此之外，本研究依据方杰等(方杰等，2014)提出的方法设置辅助变量以检验对比中介效应(路径 1 与路径 2 的对比)，对比中介效应值为 -0.128，95% 置信区间为[-0.256，-0.020]，不包含 0，因此对比中介效应显著，说明两种中介效应存在显著差异，并且公司品牌依恋在路径中所起的中介作用强于员工品牌忠诚。

表 4　　　　　　　　　　　**Bootstrap 多重中介效应检验结果**

作用路径	效应值	95%的置信区间	
		下限	上限
1. 员工品牌依恋→员工品牌忠诚→公司品牌忠诚	0.112	0.043	0.199
2. 员工品牌依恋→公司品牌依恋→公司品牌忠诚	0.227	0.124	0.354
3. 员工品牌依恋→公司品牌忠诚	0.211	0.053	0.366
多重中介总效应	0.612	0.471	0.734
对比中介效应(路径 1 与路径 2 的对比)	-0.128	-0.256	-0.020

5. 结论与讨论

5.1 研究结论与贡献

本研究以美容美发行业为研究情境，以发型设计师为研究对象，通过问卷调查和数据分析，从消费者视角考察了员工个人品牌对公司品牌的影响。实证研究得到了以下主要结论：第一，顾客对员工品牌存在较强的依恋倾向，其均值为4.188（最大值为5.0）；第二，员工品牌的三个特征或资源（服务热情、专业能力和职业道德）影响顾客的员工品牌依恋，其影响强度按大小依次为专业能力、服务热情和职业道德；第三，员工品牌依恋可以通过三种途径转化为公司品牌忠诚，即员工品牌依恋→公司品牌忠诚、员工品牌依恋→员工品牌忠诚→公司品牌忠诚和员工品牌依恋→公司品牌依恋→公司品牌忠诚，员工品牌忠诚和公司品牌依恋在其中发挥了部分中介作用。

本文的研究贡献在于：第一，研究员工品牌依恋及其影响因素，丰富了人品牌和服务管理研究文献。目前人品牌研究还是一个较新的领域，而在人品牌研究方面，焦点主要在名人品牌上。现有文献对公司/产品品牌依恋成因的讨论有较多涉及，而对人品牌依恋成因的研究尚不多。Thomson（2006）提出了人品牌依恋的A-R-C模型，识别了影响人品牌依恋的三个要素——自主、关联和能力。该模型解释名人品牌依恋的有效性得到了证实（Huang et al.，2015；Loroz & Braig，2015），但在应用于解释大学教授品牌（员工品牌）时，其解释力却比较有限（Jillapalli & Wilcox，2010）。本文从品牌依恋的资源观理论模型出发，根据刻板印象内容模型，抓住消费者与员工品牌的互动特性，识别了员工品牌依恋的三种员工品牌资源，即服务热情、专业能力和职业道德，并通过实证研究证实了这三种员工品牌资源对员工品牌依恋的正向影响。这一研究结果，增加了对员工品牌依恋的认识，弥补了现有品牌依恋文献的空白，也深化了人品牌研究领域。此外，这一发现也丰富了服务管理文献。在服务管理文献中，顾客对员工特征的感知多是二维的，或者是专业性（能力）和诚信可靠（道德）（Echchakoui，2015），或者是专业性（能力）和亲和力（热情）（Guenzi & Georges，2010；Hwang et al.，2013），本研究进一步将其扩展为能力、热情和道德三个方面。

第二，揭示员工品牌依恋向公司品牌忠诚转化的机制和途径，拓展了品牌间关系研究内容。品牌间关系研究文献多体现在公司品牌与公司品牌之间（如品牌联合）、产品品牌与产品品牌之间（如品牌延伸、要素品牌化）以及名人品牌与产品品牌之间（如品牌代言）等方面，而涉及员工品牌与公司品牌关系的研究尚不多见。尽管有学者研究了CEO品牌与公司品牌（Scheidt et al.，2018；刘伟等，2018）、运动员品牌与球队品牌（Carlson & Donavan，2013）的关系，但这毕竟是两种特殊的员工，其研究结论不具有一般性。本文基于情感迁移机制，发现了员工品牌依恋向公司品牌忠诚转化的三条路径和机制，即直接转化路径和通过员工品牌忠诚或公司品牌依恋的中介转化路径。本文对员工品牌与公司品牌之间关系的研究丰富了品牌间关系研究的内容。

第三，研究员工个人品牌化对公司品牌忠诚的影响，丰富了品牌价值共创研究文献。作为重要的利益相关者，员工在公司品牌价值共创中的作用日益受到重视，这在员工品牌化研究文献中已得到充分体现。但员工品牌化强调员工是公司品牌大使，而忽略了员工个人品牌化在公司品牌共创中的独特作用。本研究发现，员工个人品牌创建不仅可以形成个人品牌资产（忠诚），而且更重要的是，还是公司品牌忠诚的重要来源。因此，员工在公司品牌共创中的作用除了由员工（公司）品牌化来体现，还能够通过员工个人品牌化来得以实现。这一结论扩展了现有品牌价值共创观的内容。

第四，基于刻板印象内容模型识别员工品牌依恋的影响因素，拓展了刻板印象内容模型理论的应用领域。尽管刻板印象内容模型在营销和品牌管理方面已有不少应用，但本文将其应用到员工品牌依恋成因的识别之上，尚属首次。本研究发现，顾客对员工（品牌）的感知判断来自三个方面，除了能力和热情，道德也是一个独立内容。这不仅验证了刻板印象社会认知内容维度划分的文化普适性，而且佐证或回应了相关学者的研究（程婕婷等，2015；吴波等，2015），他们认为道德维度在社会认知中具有独立性，特别是在中国文化情境中。

5.2 管理启示

根据本文的研究结果，可以得到以下管理启示：

第一，重视员工品牌在公司品牌共创中的作用。当前，针对顾客的服务忠诚计划被很多企业所采用，这类忠诚计划遵循的基本上是满意-信任-忠诚范式，即通过监视顾客满意水平、减少服务失误以及促销策略来锁定顾客（Yim et al.，2008）。这种顾客关系管理实践主要是从顾客-公司（或公司品牌）的关系层面来维系与强化同顾客的关系，这种做法本身是毋庸置疑的，但是当众多同行普遍这样做的时候，其效果就会大打折扣。本研究发现，顾客对员工（品牌）的依恋关系是公司品牌忠诚的重要来源。这一研究结论可能为目前企业顾客关系管理提供了另一种思路。在员工主导型服务中，员工品牌是吸引顾客、留住顾客的关键资源，它是差异化和独特的，是难以复制的，因此，企业应该重视员工品牌在公司品牌共创中的独特作用。通过发展顾客与员工品牌的情感依恋关系，进而促成顾客对公司品牌的忠诚，企业可以缓解现有顾客关系管理效果不显著的困境。

第二，鼓励和支持员工品牌的创建。企业应该认识到，顾客对员工品牌的依恋是员工主导型服务中的客观规律，压制这种关系是不合情理的，也会给企业造成损失和伤害。因此，企业不仅应该乐观其成，还应该鼓励和支持员工创建个人品牌。本研究发现，员工品牌依恋的形成取决于员工品牌所拥有的三种资源，即专业能力、服务热情和职业道德。因此，除了员工自身应该加强这三方面的修炼之外，企业也应该为员工创建个人品牌提供相应支持。比如，企业可以通过多种方式加强员工专业培训，以提升员工的专业服务技能、人际交往能力和职业道德修养；通过多种媒体宣传员工事迹、展示员工形象，以彰显员工品牌的辨识度、知名度和美誉度；鼓励员工通过微信、微博等自媒体开展自我展示和多元人际互动，强化与消费者（粉丝）的关系黏性。

第三，预防员工品牌的劫持效应。本文研究发现，员工品牌依恋在影响公司品牌忠诚形成的同时，也会导致员工品牌忠诚。如果顾客所依恋的员工跳槽，有可能造成顾客的流失，即发生员工品牌劫持效应。对此，企业保持一定的警惕是应该的。针对这种现象，一方面，企业应提高品牌员工的工作满意度和企业忠诚度，采取相应措施以降低品牌员工的跳槽意愿，比如，为品牌员工提供合理的工作激励，保证品牌员工的职业安全，提升品牌员工对企业的归属感；另一方面，实证结果显示，消费者的公司品牌依恋将更有助于形成公司品牌忠诚。因此，为减少员工离职给企业带来的影响，企业还应该采取措施提高公司品牌感知价值和公司品牌依恋，以降低顾客转换意愿，比如，提供舒适的服务环境，提高企业的服务运营管理水平和平台支持服务能力，增加企业对顾客的关系利益。

5.3 研究局限与展望

首先,研究结论的普适性问题。本研究采用的是美容美发情境,而美容美发是典型的"员工主导型服务"。此类服务中的员工具有个人品牌化的潜质,容易形成个人品牌,在该情境中消费者更可能形成员工品牌依恋,并由此形成公司品牌忠诚。然而,对于其他非员工主导型服务或者组织消费领域,本研究的结论是否同样适用,尚待证实。鉴于此,今后的研究可以考虑非员工主导型服务或组织消费领域,以进一步验证和丰富本文的研究结果。其次,本研究仅从品牌依恋资源观视角研究了员工品牌依恋的形成因素。但实际上,还有一些因素也有可能影响员工品牌依恋的形成,如员工个性、声誉等,今后的研究可考虑这些因素的影响。最后,本文考察了员工品牌依恋对公司品牌忠诚的转化效应,但没有研究这种效应的调节因素。已有文献指出,公司品牌强度、依恋风格和关系长度等可能对上述机制存在调节作用,今后的研究可以考虑将这些变量纳入研究框架。

◎ 参考文献

[1] 方杰,温忠麟,张敏强,等.基于结构方程模型的多重中介效应分析[J].心理科学,2014,37(3).

[2] 罗公利,彭珍珍,边伟军.市场契合度与品牌延伸绩效的关系研究——基于技术关联的调节作用[J].济南大学学报(社会科学版),2020,30(01).

[3] 刘伟,纪思淼,齐捧虎.企业家形象、消费者企业家钦佩感与消费者品牌态度[J].外国经济与管理,2018,40(3).

[4] 庞隽,毕圣.广告诉求-品牌来源国刻板印象匹配度对品牌态度的影响机制[J].心理学报,2015,47(3).

[5] 魏华,汪涛,周宗奎,等.叠音品牌名称对消费者知觉和偏好的影响[J].心理学报,2016,48(11).

[6] 吴波,李东进.基于刻板印象内容模型的品牌感知研究评介[J].外国经济与管理,2013,35(3).

[7] 吴波,李东进,杜立婷.消费者品牌感知研究——对品牌意图能动框架的延伸[J].管理评论,2015,27(2).

[8] Aaker,J. L., Garbinsky, E. N., Vohs, K. D. Cultivating admiration in brands: Warmth, competence, and landing in the "golden quadrant"[J]. *Journal of Consumer Psychology*, 2012, 22(2).

[9] Bove, L. L., Johnson, L. W. Customer loyalty to one service worker: Should it be discouraged? [J]. *International Journal of Research in Marketing*, 2006, 23(1).

[10] Bowen,J. Development of a taxonomy of services to gain strategic marketing insights[J]. *Journal of the Academy of Marketing Science*, 1990, 18(1).

[11] Brambilla, M., Rusconi, P., Sacchi, S., et al. Looking for honesty: The primary role of morality (vs. sociability and competence) in information gathering[J]. *European Journal*

of *Social Psychology*, 2011, 41(2).

[12] Brambilla, M. , Sacchi, S. , Rusconi, P. , et al. You want to give a good impression? Be honest! Moral traits dominate group impression formation[J]. *British Journal of Social Psychology*, 2012, 51(1).

[13] Carlson, B. D. , Donavan, D. T. Human brands in sport: Athlete brand personality and identification[J]. *Journal of Sport Management*, 2013, 27(3).

[14] Chaudhuri, A. , Holbrook, M. B. The chain of effects from brand trust and brand affect to brand performance: The role of brand loyalty[J]. *Journal of Marketing*, 2001, 65(2).

[15] Cheng, J. , Wu, C. , Yen, C. , et al. Tour leader attachment and customer citizenship behaviors in group package tour: The role of customer commitment [J]. *Asia Pacific Journal of Tourism Research*, 2016, 21(6).

[16] Cuddy, A. J. C. , Fiske, S. T. , Glick, P. The BIAS map: Behaviors from intergroup affect and stereotypes[J]. *Journal of Personality & Social Psychology*, 2007, 92(4).

[17] Cuddy, A. J. C. , Fiske, S. T. , Glick, P. Warmth and competence as universal dimensions of social perception: The stereotype content model and the BIAS map[J]. *Advances in Experimental Social Psychology*, 2008, 40(7).

[18] Cuddy, A. J. , Fiske, S. T. , Kwan, V. S. , et al. Stereotype content model across cultures: Towards universal similarities and some differences[J]. *British Journal of Social Psychology*, 2009, 48(1).

[19] Echchakoui, S. Drivers of sales force equity in the service industry [J]. *Journal of Retailing and Consumer Services*, 2015, 27.

[20] Fedorikhin, A. , Park, C. W. , Thomson, M. Beyond fit and attitude: The effect of emotional attachment on consumer responses to brand extensions[J]. *Journal of Consumer Psychology*, 2008, 18(4).

[21] Fiske, S. T. , Cuddy, A. J. C. , Peter, G. , et al. A model of (often mixed) stereotype content: Competence and warmth respectively follow from perceived status and competition[J]. *Journal of Personality & Social Psychology*, 2002, 82(6).

[22] Fiske, S. T. , Malone, C. , Kervyn, N. Brands as intentional agents: Our response to commentaries[J]. *Journal of Consumer Psychology*, 2012, 22(2).

[23] Guenzi, P. , Georges, L. Interpersonal trust in commercial relationships: Antecedents and consequences of customer trust in the salesperson[J]. *European Journal of Marketing*, 2010, 44(1/2).

[24] Huang, Y. A. , Lin, C. , Phau, I. Idol attachment and human brand loyalty [J]. *European Journal of Marketing*, 2015, 49(7/8).

[25] Hwang, J. , Kim, S. S. , Hyun, S. S. The role of server-patron mutual disclosure in the formation of rapport with and revisit intentions of patrons at full-service restaurants: The moderating roles of marital status and educational level [J]. *International Journal of Hospitality Management*, 2013, 33(2).

[26] Japutra, A. , Ekinci, Y. , Simkin, L. Exploring brand attachment, its determinants and

outcomes[J]. *Journal of strategic Marketing*, 2014, 22(7).

[27] Jillapalli, R. K. , Jillapalli, R. Do professors have customer-based brand equity? [J]. *Journal of Marketing for Higher Education*, 2014, 24(1).

[28] Jillapalli, R. K. , Wilcox, J. B. Professor brand advocacy: Do brand relationships matter? [J]. *Journal of Marketing Education*, 2010, 32(3).

[29] Kervyn, N. , Fiske, S. T. , Malone, C. Brands as intentional agents framework: How perceived intentions and ability can map brand perception [J]. *Journal of Consumer Psychology*, 2012, 22(2).

[30] Khamis, S. , Ang, L. , Welling, R. Self-branding, "micro-celebrity" and the rise of social media influencers[J]. *Celebrity Studies*, 2017, 8(2).

[31] Loroz,P. S. , Braig, B. M. Consumer attachments to human brands: The "oprah effect" [J]. *Psychology & Marketing*, 2015, 32(7).

[32] Macintosh, G. Perceived risk and outcome differences in multi-level service relationships[J]. *Journal of Services Marketing*, 2002, 16(2).

[33] Park, C. W. , Eisingerich, A. B. , Park, J. W. Attachment-aversion (AA) model of customer-brand relationships[J]. *Journal of Consumer Psychology*, 2013, 23(2).

[34] Park, C. W. , MacInnis, D. J. , Priester, J. R. Beyond attitudes: Attachment and consumer behavior[J]. *Seoul National Journal*, 2006, 12(2).

[35] Park,C. W. , MacInnis, D. J. , Priester, J. , et al. Brand attachment and brand attitude strength: Conceptual and empirical differentiation of two critical brand equity drivers[J]. *Journal of Marketing*, 2010, 74(6).

[36] Rangarajan, D. , Gelb, B. D. , Vandaveer, A. Strategic personal branding-And how it pays off[J]. *Business Horizons*, 2017, 60(5).

[37] Scheidt, S. , Gelhard, C. , Strotzer, J. , et al. In for a penny, in for a pound? Exploring mutual endorsement effects between celebrity CEOs and corporate brands. [J]. *Journal of Product & Brand Management*, 2018, 27(2).

[38] Sheikh, A. , Lim, M. Engineering consultants' perceptions of corporate branding: A case study of an international engineering consultancy[J]. *Industrial Marketing Management*, 2011, 40(7).

[39] Sirianni, N. J. , Bitner, M. J. , Brown, S. W. , et al. Branded service encounters: Strategically aligning employee behavior with the brand positioning [J]. *Journal of Marketing*, 2013, 77(6).

[40] Speed,R. , Butler, P. , Collins, N. Human branding in political marketing: Applying contemporary branding thought to political parties and their leaders[J]. *Journal of Political Marketing*, 2015, 14(1-2).

[41] Stell, R. , Donoho, C. L. Classifying services from a consumer perspective[J]. *Journal of Services Marketing*, 1996, 10(6).

[42] Thomson, M. Human brands: Investigating antecedents to consumers' strong attachments to celebrities[J]. *Journal of marketing*, 2006, 70(3).

[43] Vlachos, P. A., Theotokis, A., Pramatari, K., et al. Consumer-retailer emotional attachment: Some antecedents and the moderating role of attachment anxiety[J]. *European Journal of Marketing*, 2010, 44(9/10).

[44] Vlachos, P. A., Vrechopoulos, A. P. Consumer-retailer love and attachment: Antecedents and personality moderators[J]. *Journal of Retailing and Consumer Services*, 2012, 19 (2).

[45] Yen, C., Chen, C., Cheng, J., et al. Brand attachment, tour leader attachment, and behavioral intentions of tourists[J]. *Journal of Hospitality & Tourism Research*, 2018, 42 (3).

[46] Yim, C. K. B., Tse, D. K., Chan, K. W. Strengthening customer loyalty through intimacy and passion: Roles of customer-firm affection and customer-staff relationships in services[J]. *Journal of Marketing Research*, 2008, 45(December).

The Role of Employee Brand: Transformation from Employee Brand Attachment to Corporate Brand Loyalty

Li Jianxin[1] Xie Dongshan[2] He Hao[3] Cao Shu[4]

(1, 2, 3, 4 School of Economic and Management, Changsha University of Science and Technology, Changsha, 410076)

Abstract: At present, there is a consensus on the role of employees in the co-creation of the company's brand, so employee branding has been attached great importance to. However, there is still a lack of relevant research on the impact of employee's personal brand building on the company's brand co-creation. Starting from the attachment relationship between consumers and employees' brands, this paper constructs a conceptual model of the causes and effects of employees' brand attachment based on theories such as resource view model of brand attachment and stereotype content model. The hypothesis model was verified by collecting data of hairdressing industry. It is found that service enthusiasm, professional competence and professional ethics can influence the formation of brand attachment. Employee brand attachment can not only directly affect company brand loyalty, but also be transformed into company brand loyalty through the intermediary mechanism of employee brand loyalty or company brand attachment. The paper also discusses the important implications of the research conclusions for corporate brand management and service management.

Key words: Employee brand; Employee brand attachment; Employee-dominated service; Stereotype content model; Brand loyalty

专业主编：曾伏娥

2020 年卷总目录

188

第 4 辑